O *Livro* dos FILÓSOFOS MORTOS

Título original:
The Book of Dead Philosophers

Originalmente publicado em língua inlesa por Granta Books com o título *The Book of Dead Philosophers*, copyright © Simon Critchley, 2008.

Tradução: Hugo Barros

Revisão: Sofia Moura

Capa: Edições Almedina
Na capa: Estátua de Cícero
Fotografia de Augurmm, cortesia Wikimedia. CC-BY-SA-4.0

Depósito Legal n.º

Biblioteca Nacional de Portugal — Catalogação na Publicação

CRITCHLEY, Simon

O livro dos filósofos mortos. – (Extra-coleção)
ISBN 978-972-44-2355-5

CDU 128

Paginação:
Aresta Criativa — Artes Gráficas

Impressão e acabamento:
?????

para
EDIÇÕES 70
novembro 2020

Direitos reservados para Portugal por

EDIÇÕES 70, uma chancela de Edições Almedina, S.A.
LEAP CENTER — Espaço Amoreiras
Rua D. João V, n.º 24, 1.03 — 1250-091 Lisboa — Portugal
e-mail: editoras@grupoalmedina.net

Esta obra está protegida pela lei. Não pode ser reproduzida, no todo ou em parte, qualquer que seja o modo utilizado, incluindo fotocópia e xerocópia, sem prévia autorização do Editor. Qualquer transgressão à lei dos Direitos de Autor será passível de procedimento judicial.

O *Livro* dos FILÓSOFOS MORTOS

Simon Critchley

70

*Se eu fizesse livros, faria um registo
com comentários de várias mortes.
Aquele que ensine os homens a morrer
irá ensiná-los a viver.*

Montaigne, «Da filosofia como
aprendizagem da morte».

Índice

Introdução 13
Aprender a morrer — Sócrates 19
Morrer a rir 27
Escrever sobre filósofos mortos 35

190 e tal filósofos mortos

Pré-socráticos, fisiologistas, sábios e sofistas
Tales 48 • Sólon 48 • Quílon 49 • Periandro 49 • Epiménides 49 • Anaximandro 50 • Pitágoras 51 • Tímica 53 • Heraclito 54 • Ésquilo 55 • Anaxágoras 56 • Parménides 57 • Zenão de Eleia 57 • Empédocles 59 • Arquelau 61 • Protágoras 61 • Demócrito 62 • Pródico 63

Platónicos, cirenaicos, aristotélicos e cínicos
Platão 65 • Espeusipo 67 • Xenócrates 67 • Arcesilau 67 • Carnéades 67 • Hegesias 68 • Aristóteles 68 • Teofrasto 70 • Estratão 71 • Lícon 71 • Demétrio 71 • Antístenes 72 • Diógenes 73 • Crates de Tebas 75 • Hipárquia 75 • Metrocles 76 • Menipo 77

Céticos, estoicos e epicuristas
Anaxarco 79 • Pirro 79 • Zenão de Cítio 81 • Aríston 83 • Dionísio 83 • Cleantes 84 • Crisipo 84 • Epicuro 86 • Lucrécio 89

Filósofos chineses clássicos
Confúcio 93 • Lao Tse 95 • Mozi 96 • Mengzi ou Mêncio 97 • Chuang Tse 98 • Han Feizi 102 • Zen e a arte de morrer 103

Romanos (sérios e ridículos) e neoplatónicos
Cícero 105 • Séneca 107 • Petrónio 110 • Epicteto 111 • Polemon de Laodiceia 113 • Peregrino Proteu 113 • Marco Aurélio 114 • Plotino 116 • Hipátia 118

As mortes dos santos cristãos
São Paulo 121 • Orígenes 124 • Santo Antão 125 • São Gregório de Nissa 128 • Santo Agostinho 129 • Boécio 134

Filósofos medievais: cristãos, islâmicos e judaicos
Beda 137 • João Escoto Eriúgena 138 • Al-Farabi 139 • Avicena 141 • Santo Anselmo 142 • Salomão Ibne Gabirol 144 • Pedro Abelardo 145 • Averróis 147 • Moisés Maimónides 148 • Xaabe Aldim Surauardi 150

Filosofia na Idade Média latina
Alberto, o Grande 151 • São Tomás de Aquino 151 • São Boaventura 154 • Raimundo Llull 155 • Sigério de Brabante 156 • João Duns Escoto 156 • Guilherme de Ockham 157

Renascimento, Reforma e Revolução Científica
Marsílio Ficino 159 • Pico della Mirandola 160 • Maquiavel 161 • Erasmo 163 • Thomas More 164 • Lutero 165 • Nicolau Copérnico 166 • Tycho Brahe 168 • Petrus Ramus 168 • Montaigne 169 • Giordano Bruno 172 • Galileu Galilei 174 • Francis Bacon 174 • Tommaso Campanella 176

Racionalistas (materialistas e não-materialistas), empiristas e dissidentes religiosos
Hugo Grócio 177 • Thomas Hobbes 177 • René Descartes 180 • Elisabete da Boémia 182 • Pierre Gassendi 184 • La Rochefoucauld 185 • Pascal 186 • Arnold Geulincx 189 • Anne Conway 190 • John Locke 191 • Damaris Cudworth 194 • Espinosa 196 • Malebranche 200 • Leibniz 201 • Vico 202 • Shaftesbury 203 • John Toland 204 • Berkeley 205

Philosophes, materialistas e sentimentalistas
Montesquieu 209 • Voltaire 210 • Radicati di Passerano 212 • Madame du Châtelet 215 • La Mettrie 216 • David Hume 218 • Rousseau 221 • Diderot 224

Muitos alemães e alguns não-alemães
Winckelmann 227 • Kant 228 • Burke 230 • Wollstonecraft 231 • Condorcet 232 • Bentham 233 • Goethe 235 • Schiller 236 • Fichte 236 • Hegel 237 • Hölderlin 240 • Schelling 241 • Novalis 242 • Kleist 243 • Schopenhauer 244 • Heine 246 • Feuerbach 247 • Stirner 248

Os mestres da suspeita e alguns norte-americanos insuspeitos
Emerson 251 • Thoreau 252 • John Stuart Mill 253 • Darwin 253 • Kierkegaard 255 • Marx 256 • William James 258 • Nietzsche 260 • Freud 263 • Bergson 265 • Dewey 266

O longo século XX — I: filosofia em tempos de guerra
Husserl 269 • Santayana 270 • Croce 272 • Gentile 272 • Gramsci 272 • Russell 273 • Schlick 275 • Lukács 276 • Rosenzweig 277 • Wittgenstein 279 • Heidegger 282 • Carnap 284 • Edith Stein 286 • Walter Benjamin 287

O longo século XX — II: Analíticos, continentais, uns quantos moribundos e uma experiência de quase-morte
Gadamer 291 • Lacan 293 • Adorno 294 • Levinas 297 • Sartre 299 • Simone de Beauvoir 302 • Hannah Arendt 303 • Merleau-Ponty 306 • Quine 307 • Simone Weil 308 • Ayer 310 • Camus 313 • Ricœur 314 • Barthes 314 • Davidson 315 • Althusser 317 • Rawls 318 • Lyotard 319 • Frantz Fanon 321 • Deleuze 322 • Foucault 323 • Baudrillard 326 • Derrida 327 • Guy Debord 330 • Dominique Janicaud 331 • Critchley 332

Palavras finais: a condição de criatura 333
Detalhes geográficos e agradecimentos 337
Bibliografia 341

Introdução

Este livro parte de uma hipótese simples: o que define atualmente a vida humana no nosso canto do planeta não é apenas o medo da morte, mas um insuportável *terror* de aniquilação. É ao mesmo tempo o terror da inevitabilidade do nosso desaparecimento, com a sua expectativa futura de dor e possível sofrimento inútil, e o horror do que jaz no túmulo além do nosso corpo fechado num caixão e descido à terra para servir de comida aos vermes.

Somos levados, por um lado, a negar o facto da morte e a correr precipitadamente para os prazeres líquidos do esquecimento, da intoxicação e da acumulação imbecil de dinheiro e bens. Por outro lado, o terror da aniquilação conduz-nos de forma cega à crença em formas mágicas de salvação e em promessas de imortalidade oferecidas por certas variantes da religião tradicional e muitas sofisticações *New Age* (e algumas bastante *older age*). Parecemos procurar não só a consolação transitória do alheamento momentâneo como a redenção miraculosa numa vida após a morte.

É em total oposição ao nosso desejo de evasão e fuga que o ideal da morte filosófica detém um tão grande poder de nos fazer pensar seriamente. Como disse Cícero, e este era um pensamento axiomático para grande parte da filosofia antiga que ecoa ao longo dos tempos, «filosofar é aprender a morrer». A principal tarefa da filosofia, segundo esta perspetiva, é preparar-nos para a morte, providenciar uma espécie de treino para a morte, o desenvolvimento de uma atitude para com a finidade que olha — e enfrenta — o terror do aniquilamento sem oferecer promessas de uma vida após a morte. Montaigne escreve sobre o costume dos egípcios, que, durante os seus elaborados festins, faziam entrar uma grande imagem da morte — geralmente um esqueleto humano — na sala do banquete, acompanhada por um homem que lhes gritava: «Bebei e alegrai-vos, porque quando estiverdes mortos sereis assim.»

Montaigne retira a seguinte moral desta história egípcia: «E assim formei o hábito de ter a morte continuamente presente, não apenas na minha imaginação, mas na minha boca.»

Filosofar, então, é aprender a ter a morte na boca, nas palavras que proferimos, na comida que comemos, na bebida que ingerimos. É desta forma que talvez possamos começar a confrontar o terror do aniquilamento, porque é, afinal, o medo da morte que nos escraviza e nos conduz ao alheamento temporário como ao desejo de imortalidade. Como escreveu Montaigne, «aquele que aprendeu a morrer desaprendeu de ser um escravo». Esta conclusão é surpreendente: a premeditação da morte não é mais do que a antecipação da liberdade. Tentar escapar à morte é permanecer preso e fugir de nós próprios. Negar a morte é odiar-se a si mesmo.

Era comum na Antiguidade pensar que a filosofia fornecia a sabedoria necessária para enfrentar a morte. Isto é, o filósofo olhava a morte de frente e tinha a força para dizer que era nada. O modelo exemplar para esta morte filosófica é Sócrates, a quem voltarei em detalhe mais adiante. No *Fédon*, ele insiste que o filósofo deve ser alegre diante da morte. Na verdade, vai mais longe e diz que «os verdadeiros filósofos se exercitam em morrer»([1]). Se tivermos aprendido a morrer filosoficamente, então o facto do nosso falecimento pode ser enfrentado com autodomínio, serenidade e coragem.

Esta sabedoria socrática encontra uma manifestação ainda mais radical, alguns séculos mais tarde, no estoicismo de Séneca, que escreve que «viverá mal quem não souber morrer bem». O filósofo, para ele, goza de uma vida longa, porque não se preocupa com a sua brevidade. O que o estoicismo tenta ensinar-nos é «algo grandioso e superior e quase divino», designadamente uma certa tranquilidade e calma perante a morte.

Séneca sabia do que falava, visto ter sido condenado à morte por Calígula, em 39, e exilado por Cláudio por acusação de adultério com a sobrinha do imperador, em 41. Por fim, quando era a figura intelectual mais importante no mundo romano e um dos seus mais poderosos administradores, foi forçado a cometer suicídio por Nero, em 65. Escreve, profeticamente:

> «Eu sabia o círculo dissoluto em que a Natureza me havia encerrado. Amiúde fazia-se ouvir o estrépito da queda de um edifício ao meu lado. Muitos dos que me estavam ligados através do fórum, do senado e do convívio diário foram levados numa noite, o que cortou as mãos outrora unidas pela amizade. Devo surpreender-me se os perigos que sempre me acompanharam possam um dia chegar até mim?»

([1]) Tradução portuguesa: *Fédon*, tradução de Maria Schiappa de Azevedo, 6.ª ed. (Coimbra: Almedina, 1998), 67e. *(N. do T.)*

Ainda que a morte concreta dos filósofos não seja sempre tão nobre quanto a de Sócrates ou Séneca, pretendo defender aqui o ideal da morte filosófica. Num mundo em que a única metafísica em que as pessoas acreditam é a do dinheiro ou da ciência médica, e em que a longevidade é valorizada como um bem inquestionável, não quero negar que isto é um ideal difícil de defender. Não obstante, acredito que a filosofia pode ensinar uma prontidão para a morte sem a qual qualquer noção de contentamento, e muito menos de felicidade, é ilusória. Por muito estranho que pareça, a minha única preocupação nestas páginas aparentemente mórbidas é o sentido e a possibilidade da felicidade.

Muito simplesmente, este é um livro sobre o modo como os filósofos morreram e o que podemos aprender com a filosofia quanto à atitude certa a ter perante a morte e o morrer. A minha esperança, para regressar à epígrafe de Montaigne, é «fazer um registo, com comentários, de várias mortes». A minha aposta é que ao aprendermos a morrer possamos igualmente ser ensinados a viver.

Permitam-me uma advertência e uma nota a propósito da estrutura de O *Livro dos Filósofos Mortos*. O livro contém breves, por vezes brevíssimas, entradas sobre vários filósofos, catalogando o modo como faleceram e associando-o com as suas principais ideias. As entradas compreendem desde uma frase ou duas até a um pequeno ensaio, no caso de filósofos de suma importância ou que eu aprecio particularmente. Por exemplo, o leitor encontrará discussões mais extensas e recorrentes de figuras como Sócrates, Diógenes, Epicuro, Lucrécio, Chuang Tse, Séneca, Santo Agostinho, São Tomás de Aquino, Montaigne, Descartes, Locke, Espinosa, Hume, Rousseau, Hegel, Schopenhauer e Nietzsche. Dediquei ainda bastante atenção a pensadores do século xx como Wittgenstein, Heidegger, Ayer, Foucault e Derrida. As entradas estão dispostas por ordem cronológica desde Tales, do século VI a. C., até ao presente. Estão divididos numa série de capítulos que refletem os principais períodos na história da filosofia. No entanto, a minha cronologia não será exata e os filósofos não serão tratados numa sucessão estritamente temporal, em particular quando tal servir os meus propósitos.

Não tentei descrever a forma como *todos* os filósofos mais significativos morreram. O olho experimentado observará algumas lacunas e irá inevitavelmente discordar com muitas das minhas escolhas. Alguns filósofos foram omitidos, porque não consegui encontrar nada de particularmente interessante para dizer acerca das suas mortes — como Frege, Gilbert Ryle ou J. L. Austin — ou porque as suas mortes são ainda muito recentes — como Richard Rorty, que morreu a 8 de junho de 2008, no momento em que terminava este livro. Em suma, concentrei-me nos filósofos que me cativam. Que, no entanto, já são uns quantos, cerca de 190.

Ao mesmo tempo que procuro expor muitas das figuras maiores e menores da história da filosofia ocidental, incluindo talvez um número surpreendente de mulheres filósofas, o leitor encontrará um punhado de santos, de filósofos chineses clássicos e filósofos medievais islâmicos e judeus, alguns dos quais ofereceram visões fascinantes sobre a morte (e entre os quais uns quantos que morreram espetacularmente).

As entradas podem não só ser lidas do início ao fim como desordenadamente. Não tenho qualquer objeção ao uso do livro como uma miscelânea, mas a minha esperança é que, se lido do início ao fim, surgirá uma série cumulativa de temas que acompanhará um argumento específico relativamente à forma como a filosofia poderá ensinar-nos a morrer e, em consequência, a viver.

Uma vez perguntaram a Matisse se acreditava em Deus. Respondeu: «Sim, quando estou a trabalhar.» Digamos apenas que este livro deu imenso trabalho. Embora a minha pesquisa envolvesse uma triagem de um vasto conjunto de fontes literárias, decidi não saturar o texto com notas de rodapé. O leitor terá de confiar em mim. Aqueles que quiserem investigar as minhas fontes e descobrir mais por si próprios, podem usar a bibliografia anotada no final. Aqueles que procurem um pouco mais de contexto e algumas indicações adicionais quanto à história da filosofia e dos filósofos serão convidados a ler as páginas finais desta Introdução.

Aprender a morrer — Sócrates

É costume considerar a filosofia como tendo início com o julgamento e a morte de Sócrates, condenado à morte no seguimento das falsas acusações de Meleto, Ânito e Lícon. Foram duas as acusações levantadas contra ele: a de corromper a juventude de Atenas e a de não venerar os deuses da cidade. No relato de Platão, surge ainda uma terceira acusação, designadamente a de que Sócrates introduzira os seus próprios «novos» deuses. Independentemente da veracidade da última acusação, Sócrates sempre afirmara seguir o seu próprio *daimon*, aquilo que Cícero designou por um «algo divino»: um deus pessoal ou espírito, que estaríamos inclinados a pensar como uma consciência. No entanto, o *daimon* de Sócrates não era uma mera «voz interior», mas um sinal exterior ou ordem que de imediato o faria parar nos seus intentos.

A morte de Sócrates é, por vezes, considerada como um espetáculo politico-judicial e execução de um dissidente inocente às mãos de um estado tirânico. Porém, não nos devemos esquecer que Sócrates contava entre os seus seguidores com algumas figuras bastante reacionárias. Crítias, discípulo de Sócrates, foi líder do regime antidemocrático dos Trinta Tiranos em 404-403 a. C. Deve ser ainda lembrado que, segundo

Xenofonte, a única vez que Sócrates aconselhou um dos seus discípulos a entrar na política, o destinatário foi um relutante Cármides, outro dos Trinta Tiranos que morreu no campo de batalha ao lado de Crítias. Finalmente, Alcibíades, o belo, carismático e dissoluto aristocrata que irrompeu embriagado n'*O Banquete* de Platão, desertou de Atenas para o lado do inimigo em duas ocasiões: uma para os espartanos e outra para os persas. Sócrates, sobretudo na versão de Platão em *A República*, não é grande fã da democracia e o seu ensino podia com razão ser visto como incentivando o desencanto para com a democracia entre os conservadores aristocratas.

A morte de Sócrates é uma tragédia em muitos atos. Na verdade, Hegel escreve que o julgamento e a morte de Sócrates é o momento em que a tragédia deixa o palco e entra plenamente na vida política, tornando-se a tragédia da decadência e colapso da própria Atenas.

Platão consagra não menos do que quatro diálogos aos acontecimentos respeitantes ao julgamento e morte de Sócrates (*Êutrifron, Apologia, Críton* e *Fédon*) e, além disso, temos a *Memorabilia* e a *Apologia* de Xenofonte. No *Fédon*, que é habitualmente considerado como o último dos quatro diálogos de Platão, as palavras de Sócrates estão impregnadas da crença pitagórica de Platão na imortalidade da alma. Sócrates afirma que a morte não é de todo um mal, mas, pelo contrário, um bem. Dito isto, a morte é uma de duas possibilidades:

> «Ou a morte é uma aniquilação, e os mortos não têm consciência de nada; ou, como nos é dito, é realmente uma mudança: uma migração da alma de um lugar para outro.»[2]

---

[2] Veja-se Platão, *Apologia de Sócrates*, 40c. *(N. do T.)*

Mas Sócrates insiste que, independentemente de qual dessas possibilidades for verdadeira, a morte não é algo que deva ser temido. Se é aniquilação, então é um sono longo e sem sonhos, e o que poderá dar mais prazer do que isso? Se é uma passagem para outro lugar, designadamente o Hades, então é algo que deve ser desejado, porquanto vamos encontrar velhos amigos e heróis gregos e poder conversar com Homero, Hesíodo e a restante companhia dos imortais.

Existe uma outra história que se conta a propósito de Sócrates, a de que, quando um homem lhe disse «os Trinta Tiranos condenaram-te à morte», ele respondeu: «e a natureza a eles». Da igual forma, vira o jogo contra os seus acusadores e jurados, declarando-lhes que deviam enfrentar a morte com confiança. Tendo sido condenado à morte, Sócrates conclui o seu discurso com estas palavras extraordinárias:

> «Mas são horas de nos separarmos, eu, para morrer, e vós, para viver. Qual de nós vai ter a melhor sorte, ninguém sabe, a não ser a divindade.»[3]

Estas palavras resumem a atitude filosófica clássica para com a morte: não é algo que deva ser temido. Pelo contrário, é algo em relação ao qual a vida deve ser vivida. As enigmáticas palavras finais de Sócrates — «Críton, devemos um galo a Asclépio»[4] — exprimem a visão de que a morte é a cura para a vida. Asclépio era o deus da cura, e a oferta de um

---

[3] Tradução portuguesa: *Apologia de Sócrates*, tradução de Manuel de Oliveira Pulquério (Lisboa: Edições 70, 1997), 42a. *(N. do T.)*
[4] Tradução portuguesa: *Fédon*, tradução de Maria Teresa Schiappa de Azevedo, 6.ª ed. (Lisboa: Edições 70, 1998), 118a. *(N. do T.)*

sacrifício era algo que pessoas que sofriam de uma qualquer maleita ofereceriam antes de dormir na esperança de acordar curadas. Assim, a morte é o sono curativo.

O que deve enfatizado na atitude de Sócrates perante a morte na *Apologia* é que, apesar de talvez constituir uma das duas possibilidades discutidas, nós não *sabemos* qual é a correta. Ou seja, a filosofia consiste em aprender a morrer, mas o que é aprendido não é *conhecimento*. Este é um ponto essencial. O que a filosofia ensina não é uma qualquer soma quantificável de conhecimento capaz de ser comprada ou vendida como um produto no mercado. Essa era a profissão dos sofistas — Górgias, Pródico, Protágoras, Hípias e os restantes – cujas ideias Sócrates desfazia implacavelmente nos diálogos platónicos. Conquanto Sócrates fosse descrito, ele próprio, como um sofista pelo satírico Aristófanes em *As Nuvens*, os sofistas eram uma classe de educadores profissionais que surgiu no século v a. C. e que oferecia instrução aos jovens e espetáculos públicos de eloquência em troca de honorários. Os sofistas eram mestres de eloquência, com «línguas de mel», como escreve Filóstrato, que viajou de cidade em cidade a troco de dinheiro.

Em oposição aos carismáticos e amiúde bem vestidos sofistas que ofereciam promessas de conhecimento, o pobremente trajado e algo feio Sócrates parecia encarnar um frágil paradoxo. Por um lado, Sócrates é declarado o homem mais sábio da Grécia pelo oráculo de Delfos. Por outro, Sócrates reitera constantemente que nada sabe. Como pode então o homem mais sábio do mundo não saber nada? Este aparente paradoxo evapora-se quando aprendemos a distinguir sabedoria de conhecimento e nos tornamos amantes da sabedoria, ou, por outras palavras, filósofos.

Por exemplo, em *A República*, o objeto de investigação é a justiça. «O que é a justiça?», pergunta Sócrates, e vários pontos de vista mais ou menos convencionais são discutidos, desmontados e rejeitados. Mas nos livros centrais de *A República*, Sócrates não dá aos seus interlocutores uma resposta à questão da justiça ou uma qualquer teoria da justiça. Em vez disso, é-nos dado um conjunto de histórias — sendo a mais famosa a Alegoria da Caverna — que nos aponta *indiretamente* para a questão a tratar. O caminho para a justiça, é-nos dito, só pode ser trilhado orientando a alma para Deus, o qual não é justamente uma questão de conhecimento, mas um trabalho de amor. A filosofia começa assim pelo questionamento das certezas no reino do conhecimento e pelo desenvolvimento de um amor pela sabedoria. A filosofia não é apenas epistémica, mas erótica.

Em tempo algum foi mais importante enfatizar esta distinção entre filosofia e sofística. Estamos rodeados por inúmeras artes sofísticas novas. Os televangelistas oferecem conhecimento imbuído de autoridade sobre a verdadeira palavra de Deus e realizam curas milagrosas em troca de doações proveitosas para a causa. Despontou toda uma indústria *New Age* onde o Conhecimento (com c maiúsculo) de algo chamado Eu (com e maiúsculo) é vendido em embrulhos caros e vistosos. Escrevo estas linhas na West Sunset Boulevard, em Los Angeles, não muito longe do sumptuoso Self-Realization Center [Centro de Autorrealização], com jardins deslumbrantes, um lago com um santuário, arquitetura *kitsch* hindu e dispendiosos programas para melhorar o autoconhecimento espiritual e a comunhão com Deus.

Penso que é justo dizer que as sociedades ocidentais, e não só as sociedades ocidentais, estão a experienciar uma profunda falta de sentido que arrisca aumentar até se tornar num abismo. Esta falta está a ser preenchida por diversas formas de obscurantismo que conspiram para promover a crença de que, primeiro, essa coisa chamada autoconhecimento é alcançável; segundo, tem um preço; e terceiro, é perfeitamente consistente com a busca de riqueza, prazer e salvação pessoal. Em oposição, Sócrates nunca declarou saber, nunca prometeu conhecimento aos outros e, aspeto crucial, nunca aceitou qualquer pagamento.

O que este desejo por certeza esconde é um profundo terror pela morte e uma insuportável ansiedade em estar completamente seguro de que a morte não é o fim, mas a passagem para uma vida além da morte. É verdade que, se a vida eterna tivesse um preço, quem não estaria disposto a pagar por ela? Em contraste, não deixa de ser surpreendente voltar a Sócrates e ao seu ceticismo. Ele não se limita a dar voz a uma incerteza relativamente a uma vida após a morte, mas levanta ainda a questão de qual é preferível: a vida ou a morte. O filósofo é o amante da sabedoria que não declara saber, mas que expressa uma dúvida radical em relação a todas as coisas, mesmo em relação ao estado que seria melhor, a vida ou a morte. «Só Deus saberá», como se lê numa tradução mais antiga das palavras finais de Sócrates no seu julgamento. De facto, Diógenes Laércio, autor do influentíssimo *Vidas dos Filósofos Ilustres* do século III, conta uma história fascinante de Tales, em regra considerado o primeiro filósofo.

«Ele afirmava que não havia diferença entre vida e morte. "Porque — disse alguém — não morres? Porque — disse ele — não há diferença."»

Ser um filósofo consiste, portanto, em aprender a morrer; consiste em iniciar o desenvolvimento de uma atitude adequada perante a morte. Como escreveu Marco Aurélio, é uma das «funções mais nobres da razão saber quando chegou o tempo de sair do mundo ou não». Sem saber e sem certezas, caminha o filósofo.

Morrer a rir

O *Livro dos Filósofos Mortos* não é um «Livro dos Mortos», seja ele egípcio ou tibetano. Estes requintados textos antigos descrevem minuciosamente os rituais necessários para a preparação para a vida após a morte. O *Livro dos Mortos dos Egípcios* contém 189 fórmulas mágicas para assegurar que a alma passa para uma vida astral ou solar. O *Livro dos Mortos Tibetano* descreve os rituais fúnebres necessários para interromper os ciclos ilusórios da existência e atingir a Iluminação (com i maiúsculo) que alegadamente se atinge com a realização do Nirvana.

A influência de abordagens deste tipo, da «Doutrina secreta» da Sociedade Teosófica da Madame Blavatsky, em finais do século XIX, passando pela versão psicadélica do *Livros dos Mortos Tibetano* de Timothy Leary, nos anos 60, alcançada com a ajuda de LSD, até à obsessão contemporânea com as experiências de «quase-morte» ou «fora-do-corpo» multiplicadas pelo livro de Raymond Moody, *Life after Life*, de 1976.

Esta é a posição que Nietzsche chamou de «Budismo europeu», embora exista também uma boa parte de budismo americano. O ponto crucial é que nos Livros dos Mortos egípcio e tibetano e nos seus epígonos contemporâneos, *a morte é uma ilusão.* A existência é um ciclo de renascimentos que só pode ser interrompido por uma passagem final para a Iluminação. Trata-se, portanto, de aceder ao Conhecimento (com c maiúsculo, novamente) que removerá o que Schopenhauer viu como os ilusórios véus de Maya e permitir que a alma se liberte a si própria.

Esta abordagem à morte está condensada nas palavras do influente poeta bengali Rabindranath Tagore: «A Morte não é a extinção da luz; é apagar a lâmpada, porque a alvorada chegou.» É possível detetar a influência de tais abordagens à morte e ao morrer nos textos ainda amplamente lidos de Elisabeth Kübler-Ross. Ela promoveu uma profunda análise psicológica a pacientes terminais baseada nos famosos cinco estádios da morte (negação, raiva, negociação, depressão e aceitação) que têm sido enormemente influentes nos cuidados paliativos. Em *Sobre a Morte e o Morrer* (1969), cada capítulo começa com uma citação de Tagore, e, no livro sugestivamente intitulado *Morte: Estágio Final da Evolução* (1974), presta um tributo um tanto hiperbólico ao *Livro dos Mortos Tibetano*.

Não pretendo negar os inequívocos efeitos benéficos de tais abordagens. A minha preocupação está no facto de promoverem a crença de que a morte é uma ilusão a superar mediante os preparativos espirituais corretos. No entanto, não é uma ilusão, é uma *realidade* que tem de ser aceite. Iria mais longe e defenderia que é em torno da realidade da morte que a nossa experiência deve ser estruturada. A mais perniciosa característica da sociedade contemporânea é provavelmente a relutância em aceitar esta realidade e fugir ao facto da morte.

O Livro dos Filósofos Mortos é, mais exatamente, um conjunto de lembranças da morte ou *memento mori*. Em lugar de ser o toque de clarim de um novo dogma esotérico, é um livro de cerca de 190 interrogações que talvez nos permitam começar a enfrentar a realidade da nossa morte.

Mas as boas notícias acabam aqui. Porque a história das mortes dos filósofos é também um conto de bizarrias, loucura, suicídio, assassinato, má sorte, *pathos*, *bathos* [baixeza, vulgaridade] e algum humor negro. Irão morrer a rir, prometo. Deixem-me enumerar alguns exemplos que irão ser discutidos muito ociosamente mais adiante:

> Pitágoras permitiu-se ser massacrado a atravessar um campo de feijões;
> Heraclito sufocou em excrementos de vaca;
> Platão morreu supostamente de uma infestação de piolhos;
> Empédocles atirou-se para o monte Etna na esperança de vir a tornar-se um deus, mas uma das suas sandálias de bronze foi cuspida pelas chamas confirmando a sua mortalidade;
> Diógenes morreu porque susteve a respiração;
> O mesmo fez o grande radical Zenão de Cítio;
> Zenão de Eleia morreu heroicamente mordendo a orelha de um tirano até ser mortalmente esfaqueado;
> Lucrécio suicidou-se por alegadamente ter enlouquecido após beber uma poção de amor;
> Hipátia foi morta por uma multidão de cristãos enraivecidos e a sua pele foi arrancada com conchas de ostras;
> Boécio foi cruelmente torturado antes de ser espancado até à morte por ordem do rei ostrogodo Teodorico;
> João Duns Escoto, o grande filósofo irlandês, foi supostamente esfaqueado até à morte pelos seus alunos ingleses;
> Avicena morreu de uma *overdose* de ópio depois de ter praticado atividades sexuais demasiado vigorosamente;

São Tomás de Aquino morreu a quarenta quilómetros do seu local de nascimento depois de bater contra o ramo de uma árvore;

Pico della Mirandola foi envenenado pelo seu secretário; Sigério de Brabante foi esfaqueado pelo seu;

Guilherme de Ockham morreu de peste negra;

Thomas More foi decapitado e a sua cabeça cravada numa estaca na Ponte de Londres;

Giordano Bruno foi amordaçado e queimado vivo pela Inquisição;

Galileu escapou por pouco ao mesmo destino, mas escapou com prisão perpétua;

Bacon morreu depois de encher uma galinha com neve nas ruas de Londres de modo a verificar os efeitos da refrigeração;

Descartes morreu de pneumonia em consequência de lições madrugadoras durante o inverno de Estocolmo à prodigiosa e transformista rainha Cristina da Suécia;

Espinosa morreu no seu quarto alugado em Haia quando toda a gente estava na igreja;

Leibniz, desacreditado como um ateu e esquecido como figura pública, morreu sozinho e foi enterrado à noite com apenas um amigo a assistir;

O belo e brilhante John Toland morreu numa pobreza tão extrema, em Londres, que nenhuma placa foi colocada no local do seu túmulo;

Berkeley, um crítico fervoroso de Toland, e de outros denominados «livres-pensadores», morreu num domingo à noite numa visita a Oxford enquanto a sua mulher lhe lia um sermão;

Montesquieu morreu nos braços da sua amada, deixando inacabado um ensaio sobre o gosto;

O ateu e materialista La Mettrie morreu de indigestão causada pela ingestão de uma quantidade enorme de trufas;

Rousseau morreu de uma hemorragia cerebral causada, talvez, por uma colisão violenta com um dogue alemão nas ruas de Paris dois anos antes;

Diderot sufocou até à morte com um damasco, porventura para mostrar que o prazer podia ser sentido até ao último suspiro;

Condorcet foi assassinado pelos jacobinos durante os anos sangrentos da Revolução Francesa;

Hume morreu tranquilamente na sua cama depois de recusar um pedido de esclarecimentos de Boswell acerca da atitude do ateu perante a morte;

A última palavra de Kant foi *Sufficit*, «basta»;

Hegel morreu numa epidemia de cólera e as suas últimas palavras foram: «só um homem alguma vez me compreendeu... E não me compreendeu» (presumivelmente, referia-se a si mesmo);

Bentham fez-se embalsamar e encontra-se sentado à vista do público numa caixa de vidro no University College de Londres de modo a maximizar a utilidade da sua pessoa;

Max Stirner foi picado no pescoço por um inseto e morreu da febre resultante;

A lápide de Kierkegaard permanece em oposição à do pai;

Nietzsche fez uma longa descida idiótica e cheia de baba até ao vazio depois de beijar um cavalo em Turim;

Moritz Schlick foi assassinado por um aluno louco que depois se filiou no Partido Nazi;

Wittgenstein morreu no dia seguinte ao seu aniversário e a sua amiga, a senhora Bevan, deu-lhe um cobertor elétrico dizendo «que conte muitos»; ao que Wittgenstein respondeu, fitando-a, «não haverá mais nenhum».

Simone Weil morreu de fome por solidariedade com a França ocupada na Segunda Guerra Mundial;

Edith Stein morreu em Auschwitz;

Giovanni Gentile foi executado por militantes italianos antifascistas;

Sartre disse: «Morte? Não penso nisso. Não tem qualquer lugar na minha vida»; 50 000 pessoas assistiram ao seu funeral;

Merleau-Ponty foi alegadamente encontrado morto no seu escritório com o rosto caído num livro de Descartes;

Roland Barthes foi atingido por uma carrinha de uma lavandaria após um encontro com o futuro ministro da Cultura;

Freddie Ayer teve uma experiência de quase-morte na qual, supostamente, encontrou os senhores do universo após engasgar-se com um pedaço de salmão;

Gilles Deleuze atirou-se da janela do seu apartamento de Paris de forma a escapar aos sofrimentos do enfisema;

Derrida morreu de cancro do pâncreas com a mesma idade do pai, que morreu da mesma doença;

O meu professor, Dominique Janicaud, morreu sozinho numa praia, em agosto de 2002, próximo do sopé de *le chemin Nietzsche* [o caminho de Nietzsche] nos arredores de Nice, em França, depois de sofrer um ataque cardíaco enquanto nadava.

A morte está próxima e vai-se aproximando constantemente. Engraçado, não é?

A minha perspetiva pessoal é mais próxima da de Epicuro e que é conhecida como remédio em quatro partes [*tetrapharmakos*]: não ter medo de Deus, não se preocupar com a morte, o que é bom é fácil de alcançar e o que é terrível é fácil de suportar. Ele escreve no final das quatro cartas que sobreviveram e que lhe são atribuídas:

> «Ganha o hábito de acreditar que a morte não é nada para nós. Porque todo o bem e mal consiste na experiência dos sentidos, e a morte é a privação da experiência dos sentidos. Logo, um conhecimento correto do facto da morte torna a mortalidade da vida objeto de contentamento, não por acrescentar um tempo ilimitado à vida, mas por remover o desejo de imortalidade.»

A perspetiva epicurista da morte teve grande influência na Antiguidade, como se pode ver em Lucrécio, e foi redescoberta por filósofos como Pierre Gassendi, no século XVII. Representa uma distinta e poderosa tradição menor no pensamento ocidental à qual foi prestada insuficiente atenção; quando a morte está, eu não estou; quando eu estou, a morte não está. Por conseguinte, a preocupação é inútil e a única maneira de obter a tranquilidade da alma é removendo o desejo ansioso por uma vida após a morte.

Por muito tentador que seja, o problema óbvio desta posição é que falha em providenciar uma cura para o aspeto da morte que é mais difícil de suportar: não a nossa morte, mas as mortes daqueles que amamos. É a morte daqueles que amamos que nos destroem, que descosem o nosso eu cuidadosamente feito à medida, que desfazem qualquer sentido que possamos ter. Na minha opinião, por muito estranha que pareça, só no luto é que nos tornamos verdadeiramente nós próprios. Ou seja, ser um eu não consiste num qualquer autoconhecimento ilusório, mas em reconhecer aquela parte de nós próprios que perdemos de forma irremediável. A dificuldade aqui reside inteiramente em imaginar que espécie de contentamento ou tranquilidade será possível relativamente às mortes daqueles que amamos. Não posso prometer resolver esta questão, mas o leitor irá encontrá-la colocada e desenvolvida em algumas das entradas mais adiante.

Escrever sobre filósofos mortos

Escrever um livro sobre o modo como os filósofos morrem é, evidentemente, uma maneira estranha de passar o tempo. Ainda mais, talvez, ler um livro deste género. Todavia, acaba por levantar algumas questões profundas sobre o modo como a história deve ser escrita e como a atividade da filosofia deve ser compreendida.

A dificuldade inicial e, enfim, insolúvel quanto à escrita da história da filosofia consiste em saber exatamente por onde começar. As versões mais antigas ainda existentes da história da filosofia são de um professor e dos seus alunos: o Livro Alpha da *Metafísica* de Aristóteles e o *Da Sensação* de Teofrasto. Em ambos os textos, os filósofos desenvolvem as suas visões pessoais de doutrinas anteriores. Por um lado, Aristóteles passa em revista de forma brilhante as doutrinas dos filósofos físicos pré-socráticos, que designa por *physiologi*, como Tales, Anaxágoras e Empédocles, e as suas conceções da causa material da natureza. Por outro lado, lança um olhar crítico sobre o seu professor, Platão, e sobre o ideal de causa da natureza dos pitagóricos. De certa forma, isto torna-se um padrão habitual da argumentação filosófica, com Aristóteles a descartar e a integrar a perspetiva materialista e idealista antes de introduzir a sua própria noção de substância, que é o núcleo daquilo que uma tradição mais tardia chamou «metafísica».

O caso de Teofrasto constitui um exemplo especialmente triste da pobreza da nossa situação face à Antiguidade filosófica. O «Das Doutrinas dos Físicos» de Teofrasto compreendia dezoito livros e foi a maior fonte na Antiguidade para o pensamento pré-socrático. Tudo o que resta é um fragmento, «Da sensação», que nos dá somente uma amostra tentadora do todo através de discussões sobre a natureza dos sentidos em Empédocles, Anaxágoras, Demócrito e Platão.

A nossa situação quanto ao espólio literário da Antiguidade que nos chegou é trágica. Como sabemos, o acervo de textos antigos perdeu-se em grande parte, por exemplo, quando uma multidão de cristãos em fúria destruiu a maior biblioteca do mundo clássico, em Alexandria, no final do século III. Sobraram apenas frações de um valioso todo cuja escala imaginamos com dificuldade. É como tentar desvendar o espólio da British Library com uma centena de clássicos da Penguin na mão.

A minha preocupação neste livro respeita ao que os académicos da filosofia antiga chamam «doxografia», isto é, um relato das vidas, opiniões e doutrinas dos filósofos, e por vezes das suas mortes. *Doxa* pode significar «opinião», no sentido comum da palavra, mas pode também significar «reputação», ou seja, a opinião de uns em relação a alguém. Em virtude da enorme importância da reputação, em especial a reputação póstuma, na cultura grega, a *doxa* passa também a significar «grande reputação» ou até «glória». Esta é uma noção-chave para os gregos, existindo uma crença disseminada de que a imortalidade dos homens consistia na glória da reputação de cada um, isto é, nas histórias narradas depois da nossa morte.

Entendida neste sentido amplo — que admito ser um pouco idiossincrático —, a doxografia pode ser vista como um relato das reputações gloriosas dos filósofos, e os doxógrafos eram aqueles que escreviam as biografias destas figuras exemplares. Como tal, o conceito de doxografia é um parente da hagiografia. De Sócrates a Espinosa e de Hume a Wittgenstein, é interessante verificar quão semelhantes são os relatos das vidas dos filósofos e dos santos. A diferença crucial está no facto de os filósofos serem exemplares não pela sua santidade, mas pela forma como mostram tanto as suas fraquezas como as suas forças. As vidas dos filósofos são, com frequência, muito pouco santas e é isto que tantas vezes nos atrai. É nos estranhos detalhes da vida de um filósofo que ele se torna acessível para nós: a predileção de Hobbes por jogar ténis e cantar no quarto, o gosto de Kant por queijo inglês e o horror da transpiração, e os carbúnculos de Marx.

O meu objetivo neste livro é mostrar que a história da filosofia pode ser abordada como uma história dos filósofos resultante da lembrança de exemplos, em geral nobres e virtuosos, mas por vezes vulgares e cómicos. Como veremos, o tipo de morte dos filósofos humaniza-os e revela-nos que, apesar do elevado alcance do seu intelecto, têm de lidar com a sorte que a vida lhes destina, tal como todos nós.

«Doxografia» é o neologismo do académico alemão Hermann Diels, cuja síntese monumental de biografia filosófica grega foi publicado em latim, em 1879, com o título *Doxographi Graeci* [Os Doxógrafos Gregos]. No entanto, por razões históricas absolutamente contingentes, o nosso principal guia para a abordagem «doxográfica» à história da filosofia, em particular em relação à morte dos filósofos, é Diógenes Laércio do século III.

Infelizmente, embora possamos achar *As Vidas dos Filósofos Ilustres* agradável e legível, dificilmente a podemos descrever como precisa, completa e filosoficamente profunda. Diógenes leva-nos num passeio informal, episódico e bastante sincrético pela Antiguidade. Por vezes, é imensamente divertido. O seu tradutor, Herbert Richards, diz justamente que «o homem era bastante tolo» e Jonathan Barnes e Julia Annas descrevem o seu *Vidas* como «informal e sem inteligência». Como iremos ver, também é verdade que polvilha o livro com os versos mais horríveis. Todavia, Richards prossegue dizendo: «o livro é de extrema valia para a história, especialmente para a história literária, da filosofia grega». Considero Diógenes Laércio uma companhia bastante acessível e gosto bastante de como ele colige factos acriticamente, sobretudo duvidosos e escandalosos. Também a minha abordagem tende para o escandaloso em alguns momentos. Ele tem ainda algumas histórias iniguláveis sobre a morte dos filósofos.

Diógenes Laércio começa por considerar a possibilidade de a filosofia ter surgido primeiro entre os «bárbaros», como os caldeus da Babilónia e Assíria, os gimnosofistas da Índia, os druidas que viviam entre os celtas e os gauleses, os trácios como Orfeu, os zoroastristas na Pérsia e os egípcios. Contudo, afirma de imediato que foi dos gregos que a filosofia emergiu e «até o seu nome recusa ser traduzido em língua estrangeira ou bárbara». Portanto, a filosofia fala grego e a sua história tem início na Grécia e, claro, na Europa. Esta é a narrativa típica da história da filosofia que reduz o não--grego, o não-europeu, as fontes «bárbaras» às chamadas «tradições de sabedoria», mas não filosofia propriamente dita. Nesta perspetiva, a ideia da filosofia comparativa é uma aposta falhada e não há nada com o qual comparar a filosofia grega.

A abordagem de Diógenes Laércio é plenamente emulada pelo inglês itinerante Walter Burley ou Gualteri Burlaei no seu *Liber de vitae et moribus philosophorum* [O Livro das Vidas e Opiniões ou Costumes dos Filósofos]. Este foi provavelmente escrito em Itália ou no Sul de França, por volta de 1340, e manteve-se o padrão da história da filosofia durante alguns séculos. John Passmore descreve corretamente o relato de Burley da história da filosofia como «livre e pouco fiável», embora inclua algumas curiosidades. Por exemplo, não só encontramos entradas de figuras como Hermes Trismegisto, Esopo e Zoroastro, mas também Eurípides, Sófocles, Hipócrates e escritores romanos tardios como Plauto, Virgílio e até Ovídio. Além disso, Burley observa de forma algo curiosa a origem étnica da maioria dos filósofos — «Tales, asianus» («Tales, asiático»), «Hermes, egipcius» («Hermes, egípcio») — e que rei hebreu reinava durante o seu tempo de vida.

A escrita da história da filosofia continua com Thomas Stanley, em 1687, na deslumbrante edição em três volumes de *History of Philosophy, containing the lives, opinions, actions and discourses of the philosophers of every sect, illustrated with effigies of divers of them* [História da Filosofia, compreendendo as vidas, opiniões, ações e discursos dos filósofos de todas as seitas, ilustrado com efígies de vários deles]. Na verdade, as «efígies» são especialmente belas e os volumes estão repletos de gravuras amplas e heroicas dos antigos mortos. Apesar do modelo de Stanley para a história da filosofia se basear ainda bastante no de Diógenes Laércio — trata unicamente da Antiguidade —, há muito que é novo.

Existe, em particular, um longo capítulo final sobre a filosofia «Caldaica», completado com texto e comentário acerca dos Oráculos de Zoroastro, além de algumas notas sobre filósofos persas e sabeus.

Stanley esclarece na dedicatória da sua *História*: «o erudito *Gassendus* foi meu predecessor». Esta é uma referência à *De Vita et Moribus Epicuri* [As vidas e opiniões ou costumes de Epicuro] (1647), que é uma comovente e extensa (compreende oito livros) defesa da filosofia epicurista contra as infâmias e distorções às quais foi submetida desde Zenão, os estoicos, Cícero, Plutarco até aos Padres da Igreja. A questão para Gassendi que eu gostaria de realçar aqui não é tanto «o que é a filosofia?» mas «o que é um filósofo?», indistinta da questão «como morre um filósofo?».

Segundo um certo William Enfield de Norwich, a *História* de Stanley é escrita com um «estilo pedante e obscuro». Seja como for, não há dúvida de que o trabalho de Stanley é totalmente eclipsado pela publicação da *Historia Critica Philosophiae* [A História Crítica da Filosofia], publicada em Leipzig entre 1742 e 1767, que foi a principal autoridade na história da filosofia no século XVIII. Foi adaptada livremente para inglês pelo já mencionado Enfield, em 1791.

O que mais impressiona neste compendioso trabalho é o seu tratamento da diversidade das tradições filosóficas, com discussões iniciais extensivas não só da filosofia dos caldeus, persas, indianos e egípcios, mas também dos hebreus, árabes, fenícios, etíopes, etruscos, as «nações do Norte» como os citas e os trácios, e os celtas (incluindo mesmo os bretões). (Já agora, a grande virtude dos celtas foi a sua rejeição da morte; Bruckner escreve: «Não se encontra povo superior a eles no magnânimo desprezo pela morte.»)

A ideia de que a filosofia possui uma fonte exclusivamente grega e de que tudo o que precede os gregos não é filosofia, tem a sua expressão moderna mais viva nos seis volumes de *Geist des spekulativen Philosophie* [O Espírito da Filosofia Especulativa, 1791-1797], de Dietrich Tiedemann. Este trabalho influenciou profundamente muitos dos textos posteriores da história da filosofia, e John Passmore descreve-o como «a primeira história da filosofia de estilo moderno». Tiedemann afirma claramente no seu prefácio que não irá tratar de «caldeus, persas e indianos», avaliando estas tradições como poéticas ou religiosas, mas não filosóficas em sentido estrito. O que também acontece com a abordagem de Tiedemann é que os elementos doxográficos na história da filosofia são minimizados e a ênfase é colocada, como o título sugere, no *espírito* especulativo da filosofia, que pode ser expresso sistematicamente, em lugar de na existência individual em carne e osso de um filósofo.

Esta desconsideração pela existência individual acompanha a crença de que o progresso na história da filosofia tem o mesmo carácter do progresso científico ou, quando muito, que as várias filosofias podem ser expostas numa forma científica na qual exibem um desenvolvimento lógico. Esta ideia é apresentada na *Geschichte der Philosophie* [História da Filosofia, 1789-1819] de Gottlieb Tenneman, na qual a filosofia é a passagem do espírito científico à verdade. Permitam-me afirmar que tenho grandes reservas quanto à possibilidade de o espírito da filosofia poder ser separado do corpo do filósofo e sou extremamente cético em relação à crença de que a filosofia faz progressos de tipo científico.

Tiedemann e Tenneman influenciam profunda e decisivamente Hegel nas suas *Lições sobre História da Filosofia* (1833-1836). Para Hegel, nada era menos filosoficamente significante do que saber como um filósofo viveu e morreu e a natureza das suas opiniões, hábitos ou reputação. A filosofia é definida como «o seu próprio tempo compreendido no pensamento». Por conseguinte, o que é apresentado numa filosofia é o mundo integral dos gregos, dos medievais ou de quem for. Além disso, segundo Hegel, a história da filosofia anterior não é tanto uma história de erros, mas um progressivo desvelar da verdade, uma verdade que tem a sua manifestação completa — surpresa das surpresas — na obra de Hegel.

Embora a conceção da história de Hegel tenha sido alvo de frequentes ataques, de Marx e Kierkegaard em diante, ainda se conserva como o modo de escrever a história da filosofia. A filosofia é um magistral cortejo de ideias do Oriente ao Ocidente, dos gregos a «nós, europeus» ou a «nós, americanos». Trata-se aqui daquilo a que Geoffrey Hartman designou celebremente de «espírito ocidentalizante». Mas esta «ocidentalização» é também uma «melhoração», por assim dizer. Somos aparentados dos gregos, mas de certo modo mais inteligentes, possuidores de joias intelectuais como a autoconsciência, uma lógica adequada e uma ciência empírica. A filosofia começa com uma manta de retalhos de múltiplas tradições, mas com uma única e antiga fonte grega — e por isso europeia.

Quando dizemos que esta versão da história da filosofia justificou e continua a justificar formas de eurocentrismo, usamos de um eufemismo. Até que ponto um tal eurocentrismo é ou não legítimo quanto à filosofia, é um amplo debate em que quero entrar diretamente neste livro. Permitam-se dizer, contudo, que sou cético quanto às duas abordagens eurocêntricas à filosofia e às tentativas de criticar o privilégio da filosofia grega dizendo que a verdadeira origem da filosofia reside na Pérsia, Índia ou China, e por isso na Ásia, ou no Egito, e por isso em África. A verdadeira origem da filosofia e, em grande medida, a virtude em nos focarmos nas vidas e mortes dos filósofos, está em tomar consciência de que se trata de uma questão confusa, plural e geograficamente dispersa.

O *Livro dos Filósofos Mortos* é mais uma história de filósofos do que uma história da filosofia. É uma história de como uma longa linhagem de criaturas mortais, materiais e limitadas enfrentaram os seus últimos momentos, fosse com dignidade ou delírio, com nobreza ou suores noturnos. A minha abordagem está, pois, em profundo desacordo com a de Hegel. Não observo a história da filosofia como um progressivo e lógico desvelamento do «Espírito», que culmina demonstrando que tem o seu destino na filosofia ocidental do presente. Isto representa uma «ocidentalização» como «melhoração», que julga como irrelevantes os factos das vidas dos filósofos. De facto, há algo intrinsecamente narcisista numa conceção de filosofia como esta, em que a única função da história é segurar um espelho para que possamos ver o nosso próprio reflexo e o nosso próprio mundo.

Pelo contrário, espero mostrar como a qualidade material de muitas vidas e mortes que iremos analisar afeta a passagem para algo como o «Espírito» e põe em causa uma certa forma de fazer filosofia. Nessa medida, existe algo intensamente arrogante, mesmo húbrico, na desconsideração por um filósofo das vidas e mortes dos outros filósofos. Num curso sobre Aristóteles de 1924, Heidegger afirmou:

> «A personalidade de um filósofo só tem interesse neste aspeto: nasceu num certo período, trabalhou e morreu.»

Esta afirmação é reveladora de uma postura majestosa, olímpica, para com a filosofia e a vida. Uma tal postura manifesta relutância e talvez incapacidade em considerar o filósofo como uma criatura que está sujeita a «todos os males de que a carne é herdeira». Na minha perspetiva, o filósofo que desconsidera as vidas e mortes dos filósofos é hostil à individualidade deles como à sua própria, à sua personificação e mortalidade. Conduz também — como no caso de Hegel e Heidegger — a uma versão triunfalista e de autoengrandecimento da história que desfigura por completo o passado.

Aquilo que aqui apresento é uma manta de retalhos desordenada e plural das vidas e mortes que não podem ser simplesmente arrumadas num coerente esquema conceptual. A minha esperança é que aquilo que vemos quando observamos estas muitas mortes não seja apenas o nosso próprio reflexo irrompendo ao nosso encontro, mas algo muito diferente de nós, remoto e apartado, algo a partir do qual possamos aprender. Está mais do que na hora de começarmos.

190 E TAL
FILÓSOFOS MORTOS

Pré-socráticos, fisiologistas, sábios e sofistas

O pensamento filosófico surgiu no mundo de língua grega há dois milénios e meio. Em primeiro lugar, deparamo-nos com os vários sábios e denominados «fisiologistas», como Tales e Anaxágoras, que tentaram explicar as origens do universo e as causas da natureza. Em seguida, olharemos para figuras por vezes nebulosas como Pitágoras, Heraclito e Empédocles, que definem o mundo do pensamento antes do nascimento de Sócrates e da luta entre filosofia e sofística em Atenas durante o período clássico dos séculos V e IV a. C.

É claro que podemos, com alguma justiça, afirmar que a Esfinge foi o primeiro filósofo e Édipo o segundo. Teria ainda o mérito de fazer começar a filosofia com uma mulher e continuar com um parricida incestuoso. A Esfinge faz aos seus visitantes uma pergunta, que é também um enigma, e talvez uma piada: o que é que tem quatro pernas de manhã, duas ao meio-dia, e três à noite? Se falhassem a resposta, ela matava-os. Por outro lado, quando Édipo adivinha a resposta ao enigma — o Homem gatinha quando é bebé, caminha sobre duas pernas quando é adulto e com uma bengala na velhice —, a Esfinge comete suicídio filosófico atirando-se do alto das rochas.

Tales (fl. no século VI a. C.)

Tales nasceu na outrora poderosa cidade portuária de Mileto, próxima da atual costa turca, cujo porto secou há muito graças à constante ação do silte.

Tales foi o provável criador da expressão «conhece-te a ti mesmo», célebre por ter previsto o eclipse solar de maio de 585 a. C. Acreditava que a água era a substância universal e caiu uma vez num poço quando foi levado a passear por uma rapariga trácia a ver as estrelas. Ao ouvir os seus gritos, ela disse: «Como podes esperar conhecer tudo sobre os céus, Tales, se nem consegues ver o que está debaixo dos teus pés?» Alguns pensam — talvez justamente — que isto representa uma acusação à qual a filosofia nunca escapou nos dois milénios e meio que se seguiram.

Tales morreu em idade avançada, vítima de calor, sede e fraqueza, enquanto assistia a uma competição atlética. Isto inspirou Diógenes Laércio a escrever o execrável verso:

> *Enquanto os jogos num dia de festa via*
> *O sol ardente feriu-o e Tales morria.*

Sólon (630–560 a. C.)

Sólon foi um famoso legislador ateniense que revogou as leis sangrentas de Drácon (embora tenha sido o nome de Drácon que passou a adjetivo). Plutarco comenta que Sólon sugeriu que as noivas roessem um marmelo antes de se deitarem. A razão para isso é pouco clara. Quando perguntaram a Sólon porque não tinha instituído uma lei contra o parricídio, respondeu que esperava que não fosse necessário. Morreu no Chipre com oitenta anos.

Quílon (fl. no século VI a. C.)
Um espartano a quem também é atribuído por vezes o aforismo «conhece-te a ti mesmo». Morreu após ter felicitado o seu filho por uma vitória olímpica no boxe.

Periandro (628–588 a. C.)
Como Tales, Sólon e Quílon, Periandro de Corinto foi considerado um dos sete sábios da Grécia. Para outros, como Aristóteles, foi apenas um tirano. No entanto, há uma história bizarra que conta o esforço a que Periandro se prestou para ocultar o local do seu túmulo: instruiu dois jovens a encontrar um terceiro num lugar predeterminado e a matá-lo e enterrá-lo. A seguir, providenciou que um grupo de quatro homens perseguisse os dois primeiros e os matassem e enterrassem. Em seguida, ordenou que um grupo maior de homens matasse os quatro. Quando finalizou os preparativos, foi ao encontro dos dois jovens, pois ele, Periandro, era o terceiro homem.

Epiménides (fl. possivelmente no século VI, possivelmente uma figura mítica)
Um nativo de Creta, cenário para o famoso paradoxo de Epiménides. A afirmação original de Epiménides foi «todos os cretenses são mentirosos». A intenção parece ter sido literal, na medida em que a grande mentira cretense consiste na crença de que Zeus é mortal, ao passo que qualquer pessoa razoável sabe que ele, na verdade, é imortal. Porém, no âmbito da lógica, este paradoxo assume uma forma mais apurada. Considere-se a frase «esta afirmação não é verdadeira». Ora, é esta afirmação verdadeira? Se sim, então não é; se não, então é. Este é um exemplo perfeito de um paradoxo.

Ou seja, trata-se de uma proposição cuja veracidade conduz a uma contradição e cuja negação conduz igualmente a uma contradição.

Diz a lenda que Epiménides foi enviado para o campo pelo pai para tomar conta de umas ovelhas. Mas em lugar de cuidar das ovelhas, adormeceu numa gruta durante cinquenta e sete anos. Quando acordou, foi em busca das ovelhas, acreditando que fizera somente uma curta sesta. Ao voltar a casa, tudo (obviamente) mudara e um novo proprietário tomara posse da quinta do seu pai. Por fim, encontrou o seu irmão mais novo, por essa altura um velho, e soube a verdade.

A fama de Epiménides cresceu e acreditou-se desde então que possuía o dom da profecia. Diógenes conta que os atenienses o chamaram quando a cidade sofria com a peste. Pegou de novo em algumas ovelhas e foi até ao Areópago, o grande rochedo no centro de Atenas. Ordenou que se fizesse um sacrifício nos locais em que as ovelhas decidissem deitar-se. Deste modo, ao que parece, Atenas viu-se livre da peste.

Segundo Flégon, na sua obra *Da Longevidade*, Epiménides viveu até aos 157 anos. Isto faz dele um centurião, excluindo a longa sesta na gruta. Os cretenses afirmam que viveu até aos 259 anos. Mas, como sabemos, todos os cretenses são mentirosos.

Anaximandro (610–546/545 a. C.)
Anaximandro, de forma algo obscura, afirmou que o Infinito ou aquilo que não tinha limites (*apeiron*) é a matéria original de todas as coisas existentes. Descobriu o seu próprio limite aos sessenta e quatro anos.

Pitágoras (580–500 a. C.)

Infelizmente, é agora quase unânime entre classicistas a tese de que Pitágoras nunca existiu. Parece que existiu um grupo de pessoas no Sul de Itália chamado «pitagóricos», que inventou um «fundador» para as suas crenças, e que viveu e morreu de um modo coerente com aquelas crenças. Mas não vamos permitir que a mera não-existência de Pitágoras nos detenha, dado as histórias que o envolvem serem tão empolgantes. São ainda ilustrativas de uma questão mais abrangente, a de que os discípulos de um pensador muitas vezes se limitam a inventar histórias e anedotas que elucidam a vida do mestre no qual querem acreditar. Talvez devêssemos desconfiar deste desejo por um mestre.

Seja como for, as doutrinas pitagóricas implicavam um voto de sigilo, e por isso sabemos muito pouco acerca da versão anterior àquela que aparece em Platão. Estas incluem a crença na imortalidade e na transmigração da alma e na ideia de que a realidade última do universo consiste no número. Os pitagóricos consideravam os números pares como femininos e os ímpares como masculinos. Ao número 5 chamou-se «casamento», porque era o resultado da soma do primeiro número par (2) e ímpar (3) (os gregos antigos consideravam o número 1 uma unidade e não um número propriamente dito, que tinha de exprimir uma multiplicidade). Os pitagóricos acreditavam ainda que o seu mestre estabelecera as proporções que constituíam a base da música. Isto teve uma influência enorme na noção de *musica universalis*, ou música das esferas, segundo a qual o cosmos inteiro era expressão de uma harmonia musical cuja tonalidade era dada pela matemática.

Os pitagóricos, por outro lado, observavam também um certo número de outras doutrinas muito mais mundanas, em particular envolvendo comida. Abstinham-se de ingerir carne e peixe. Por alguma razão, o salmonete é alvo de uma proibição especial, e Plutarco nota ainda que o ovo era por eles considerado tabu. Ao mesmo tempo, Pitágoras e os seus seguidores herdaram dos egípcios uma forte repulsa por feijões, devido à sua aparente semelhança com os genitais. Ao que parece, «feijão» pode ainda ser calão para «testículo». Mas existem muitas outras razões possíveis para esta aversão aos feijões.

Podemos encontrar alguns comentários fascinantes na obra *Philosophumena* ou *Refutação de todas as Heresias* do bispo cristão Hipólito, escrita por volta de 220. Segundo ele, se os feijões forem mascados e deixados ao sol, soltam um cheiro a sémen. Pior ainda, se pegarmos no feijão em flor e o enterrarmos na terra e uns dias depois o retirarmos, então, «veremos, em primeiro lugar, que terá a forma da *pudenda* feminina e, de seguida, após cuidado exame, uma cabeça de criança a crescer com ela». É óbvio, como muitos de nós sabemos às nossas custas, que os feijões devem ser evitados, porque produzem terríveis flatulências. Algo estranhamente, foi por causa de feijões que Pitágoras terá — alega-se — conhecido o seu fim. Mas estou a ir muito depressa.

Reza a lenda que Pitágoras deixou a sua nativa Samos, uma ilha próxima da costa jónica, por as políticas do tirano Polícrates lhe desagradarem. Fugiu com os seus seguidores para Crotona, no Sul de Itália, e exerceu considerável influência e poder na atual região da Calábria. Porfírio, na sua *Vida de Pitágoras*, conta que um certo Cilo, uma rica e poderosa figura local, se sentiu humilhado pela altivez com que os pitagóricos o trataram. Em resposta, Cilo e o seu séquito queimaram a casa na qual Pitágoras e os seus seguidores estavam reunidos. O mestre escapou unicamente porque os seus seguidores abriram caminho por entre o fogo com os seus próprios corpos. Conseguiu chegar até a um campo de feijões, onde parou e declarou que preferia morrer a atravessá-lo. Isto permitiu aos seus perseguidores apanhá-lo e cortar-lhe o pescoço.

No entanto, há ainda uma outra história, contada por Hermipo, de que, aquando da guerra entre as cidades de Agrigento e Siracusa, os pitagóricos tomaram o partido dos agrigentinos. Por incrível que pareça, Pitágoras foi morto pelos siracusanos, enquanto tentava evitar um campo de feijões. Trinta e cinco dos seus seguidores foram posteriormente queimados na fogueira por traição.

Diógenes Laércio consagra possivelmente os seus piores versos a este incidente, que começa assim: «Ai! Ai! Porquê, Pitágoras, esta profunda reverência pelos feijões?» O maravilhoso satirista Luciano, do século II, descreve Pitágoras no Hades em diálogo com o cínico Menipo, em que Pitágoras aborrece Menipo pedindo-lhe comida.

> Pitágoras: Deixa-me ver se há algo para comer na tua bolsa.
> Menipo: Feijões, meu caro amigo — algo que não deves comer.
> Pitágoras: Dá-me alguns. As doutrinas são diferentes entre os mortos.

Tímica (datas desconhecidas, século IV a. C.)

Perdoar-se-ia alguém que pensasse que a história da filosofia se assemelha a algo como um clube de rapazes. Neste livro, onde puder, tentarei corrigir esta visão. Note-se que em 1690, o classicista francês Gilles Ménage escreveu *Historia Mulierum Philosopharum* [História das mulheres filósofas].

Ménage — algo oportunisticamente, é verdade — identifica sessenta e cinco mulheres filósofas. No mundo antigo, a escola filosófica que atraía mais mulheres foi, sem dúvida, a pitagórica. Nela se incluíam Temistocleia, Teano e Myia, irmã, esposa e filha de Pitágoras, respetivamente.

Gostaria, porém, de voltar ao tópico dos feijões. Isto leva-nos a Tímica e a uma história contada por Jâmblico na sua *Vida de Pitágoras*. Depois da perseguição da comunidade pitagórica pelo tirano siciliano Dionísio, Tímica e o seu marido Mylias foram capturados e torturados. O objetivo do interrogatório era encontrar uma resposta para a seguinte questão: porque preferiam os pitagóricos morrer a pisar feijões? Tímica estava grávida e Dionísio ameaçou-a com tortura. Antes de ser morta, Tímica mordeu a própria língua e cuspiu-a para a cara do tirano por receio de que pudesse trair os segredos da seita pitagórica.

Heraclito (540–480 a. C.)
Heraclito era conhecido pela tradição como o «filósofo chorão» ou «o obscuro». Era, segundo Plutarco, acometido de terríveis doenças. Tudo que resta da sua obra são 139 fragmentos. Alguns são tão obscuros quanto sugere a sua alcunha: «As almas fazem uso do olfato no Hades.»([5]) Outros são ilustrações coloridas das suas opiniões sobre a relatividade do juízo, como «os burros preferem a palha ao ouro» e «os porcos lavam-se na lama, as aves em pó e cinza».

([5]) Adaptei a tradução de Carlos Alberto Louro Fonseca do fragmento 98 de Heraclito presente na nota 3 da página 216 da obra *Os Filósofos Pré-Socráticos*, 4.ª ed. (Lisboa: F. C. G., 1994). O leitor poderá encontrar aí uma tentativa de explicação para este fragmento. *(N. do T.)*

A razão para as lágrimas de Heraclito estava no comportamento humano, em particular no dos seus concidadãos de Éfeso. Como insiste o primeiro dos fragmentos que sobreviveram, todos deviam seguir o *logos*, um termo que significa algo como a lei, princípio ou razão para a existência do universo. Todavia, a vasta maioria não segue o *logos*, mas, ao invés, age como se estivesse a dormir e tem tanta consciência do que faz como um burro a comer palha.

Heraclito tornou-se um misantropo que vagueava pelas montanhas e fazia uma dieta de ervas e plantas (não são mencionados feijões). Lamentavelmente, a malnutrição causou-lhe um edema e regressou à cidade para encontrar uma cura. Foi através desta cura que conheceu o seu fim, visto ter pedido para ser coberto de excrementos de vaca. Ora, há duas histórias acerca da morte de Heraclito em excrementos de vaca. Ao que parece, acreditava que a sua ação extrairia os maus humores do seu corpo e secaria o edema. Na primeira história, os excrementos de vaca são molhados e o filósofo chorão afoga-se; no segundo, são secos e ele é cozinhado até à morte debaixo do sol jónico.

(Existe uma terceira história contada por Diógenes Laércio, que refere que os amigos de Heraclito foram incapazes de remover os excrementos de vaca do seu corpo e, tendo ficado irreconhecível, foi devorado por cães. Isto confirma o fragmento 97: «Os cães ladram àqueles que não reconhecem.» Infelizmente, também mordem.)

Ésquilo (525/524–456/455 a. C.)
Ésquilo não costuma ser visto como um filósofo, embora a meia dúzia de peças que sobreviveu esteja cheia de sabedoria profunda quanto à forma como os mortais devem, no

repetido verso da *Oresteia*, conhecer a verdade através do sofrimento. Num fragmento que nos chegou da tragédia *Níobe*, Ésquilo escreve:

> *Só, entre os deuses, a Morte não gosta de oferendas,*
> *Libações ou sacrifícios não vos ajudarão.*
> *Não tem altar nem ouvidos para hinos;*
> *Dela não se aproxima a Persuasão.*

Ésquilo lutou com grande distinção nas batalhas contra os persas em Maratona e Salamina, e a sua destreza militar foi mencionada orgulhosamente no epitáfio da sua lápide. Não obstante, a lápide de Ésquilo parece ser a origem da divertida, embora apócrifa, história da sua morte.

Era crença comum que Ésquilo morreu quando uma águia largou uma tartaruga viva na sua cabeça careca, aparentemente confundindo-a com uma pedra. Pelos vistos, o grande tragediógrafo foi representado na sua lápide inconsciente, enquanto uma águia — a ave de Apolo — levava a sua alma para o céu com a forma de uma lira. No entanto, a lira assemelha-se, e talvez fosse originalmente, a uma carapaça de tartaruga com algumas cordas. Presumivelmente, alguém ignorante da iconografia confundiu «águia-levando-a-alma-de-poeta-morto-para-o-céu--com-a-forma-de-uma-lira» com «águia-deixa-cair-tartaruga--na-cabeça-de-um-poeta-a-dormir-matando-ambos».

Anaxágoras (500–428 a. C.)
Estudante de Anaxímenes, Anaxágoras defendia que o ar era a substância universal, infinita, a partir da qual provimos.

Sugeriu que o *nous* (mente ou intelecto) era o princípio motor do universo e aconselhou os seus concidadãos a estudar a lua, o sol e as estrelas. Quando alguém lhe perguntou «não te preocupas com a tua pátria?», ele replicou «estou bastante preocupado com a minha pátria» e apontou para as estrelas.

Anaxágoras foi banido de Mileto depois de um julgamento no qual foi acusado de afirmar que o sol era uma massa de metal incandescente. Morreu no exílio e, segundo Plutarco, pediu que fosse dado um feriado às crianças no dia da sua morte.

Parménides (515–? a. C.)
Aparentemente um pitagórico na sua juventude, e criador da escola eleática, não há registo da morte de Parménides e restam apenas alguns factos valiosos sobre a sua vida, apesar de desempenhar um papel importante no diálogo epónimo de Platão com um Sócrates muito jovem. Porém, não sabemos com certeza se Sócrates e Parménides alguma vez se encontraram. O núcleo da sua metafísica singular está na distinção entre o ser, que é descrito como sendo «esférico como uma bola», e o não-ser, que provavelmente não se assemelhará em nada com uma bola. Não há qualquer relato de como Parménides passou de um estado a outro.

Zenão de Eleia (495–430 a. C.)
Zenão foi o autor do agora perdido *Epicheirêmata* (Ataques), escrito em defesa do seu mestre Parménides. Defendeu as doutrinas de Parménides de uma maneira inédita, assumindo a perspetiva do opositor e mostrando como ela conduz a paradoxos insolúveis. Por exemplo, Zenão argumenta contra o movimento dizendo que, se algo se move, então deve mover-se, ou para o lugar onde se encontra, ou para o lugar

onde não está. Dado que a última hipótese é impossível na medida em que nada pode ser ou atuar no lugar onde não está, uma coisa tem de estar no lugar em que está. Logo, as coisas estão em repouso e o movimento é uma ilusão.

Este argumento tem uma explicação adicional nos famosos paradoxos da seta e de Aquiles e a tartaruga. Uma seta que aparenta estar em voo está realmente em repouso, porque tudo o que ocupa um espaço igual a si mesmo deve estar em repouso nesse espaço. Dado que uma seta pode apenas ocupar um espaço igual a si mesma em cada instante do seu voo, a seta está imóvel.

De igual modo, se o veloz Aquiles dá à lenta tartaruga um avanço na sua corrida, então ele nunca a irá ultrapassar. Porquê? Pela simples razão de que, quando Aquiles chegar ao ponto de onde a tartaruga partiu, esta já terá avançado. E quando ele tiver percorrido essa distância, a tartaruga terá já avançado novamente, e assim por diante *ad infinitum*. Aristóteles mostra algum prazer em desfazer estes paradoxos na sua *Física*. Conta-se ainda que, quando Diógenes, o Cínico, ouviu alguém declarar que não havia movimento, se levantou e passeou.

O modo como Zenão morreu é heroico e dramático. Esteve envolvido na conspiração para depor o tirano Nearco, mas a conspiração foi descoberta e Zenão foi preso. Durante o interrogatório, Zenão disse que tinha algo a contar ao tirano a propósito de certas pessoas, mas apenas em privado, ao seu ouvido, por assim dizer. Quando Nearco foi chamado, Zenão agarrou a orelha do tirano com os dentes e não a largou até ser esfaqueado até à morte. (Demétrio, no seu *Men of the Same Name*, afirma que ele atacou não a orelha, mas o nariz.)

Empédocles (490-430 a. C.)

Talvez não exista figura entre os pré-socráticos tão estranha, e ao mesmo tempo tão sedutora, quanto Empédocles. Certamente que ninguém conheceu fim mais espetacular. Como refere Plutarco, ele deixou a filosofia num estado de grande excitação. São inúmeras as histórias sobre a transformação de Empédocles num deus. Escreveu dois longos poemas que não chegaram até nós, «Da natureza» e «Purificações», e descreveu-se como um «deus imortal, já não um mortal». Diógenes descreve-o vestido com túnicas de púrpura da realeza, um cinturão dourado, sandálias de bronze e uma coroa de louros délfica. Tinha cabelo grosso, andava sempre com pessoal doméstico atrás e tinha um séquito de criados composto por jovens rapazes. Há qualquer coisa de mágico e de mago em Empédocles, assim como algo de charlatão. No entanto, é igualmente considerado como um político radical e identificado com a democracia. Conta-se que persuadiu os seus concidadãos de Agrigento, na Sicília, a acabar com o seu partidarismo e a cultivar a igualdade na política.

Num dos fragmentos de Empédocles ainda existentes, ele refere-se à morte como «o grande vingador» e reza a lenda que manteve uma mulher viva durante trinta dias sem respiração ou pulso. Segundo Aécio, Empédocles acreditava que o sono resultava de um arrefecimento do sangue e a morte ocorre quando o calor o abandona por completo. Ora, se o calor é o veículo da vida, é portanto através do calor do fogo vulcânico que Empédocles conhece o seu fim numa demanda pela imortalidade. Diz a lenda que ele se atirou para o monte Etna em toda a sua elegância para confirmar os relatos de que se tornara divino. Todavia, a verdade foi revelada quando uma das suas sandálias de bronze, cuspida pelas chamas, foi encontrada na encosta do vulcão.

Há outras histórias, menos empolgantes, acerca da morte de Empédocles: a de que deixou a Sicília e foi para a Grécia e nunca mais regressou, a de que morreu de complicações relacionadas com um fémur partido a caminho de um festival, a de que escorregou e caiu no mar e se afogou devido à idade avançada.

Cerca de vinte e dois séculos depois, na sequência do entusiasmo e da desilusão que se seguiu à Revolução Francesa, foi esta combinação de húbris mística e radicalismo político que motivou o grande filósofo-poeta alemão Friedrich Hölderlin a escrever o drama em verso *A Morte de Empédocles*. Esta extraordinária tragédia moderna ficou por concluir e foi pouco apreciada nas suas três versões desde o final dos anos 1790. Hölderlin chama a Empédocles «o divino ébrio» e identifica-se claramente com ele como um reformador religioso e um político revolucionário. A sua morte, naquilo que Hölderlin chama «o mais nobre fogo», é vista como um sacrifício à natureza e a aceitação de um poder superior à liberdade humana: o destino.

Empédocles é sempre descrito como sério e majestoso e isto basta para ser coberto de ridículo por Luciano no *Diálogos dos Mortos*, que o representa no Hades a sair «meio cozido do Etna». Quando o cínico Menipo lhe perguntou a razão para ter saltado para a cratera, ele respondeu: «uma espécie de depressão, Menipo». Ao qual este replica sarcasticamente:

> «Não, apenas um acesso de vaidade e orgulho e uma certa dose de baboseira louca; foi isso que te fez em cinzas, calçado e tudo — e tu bem que o mereceste.»

(Noutro âmbito, mas na sequência do nosso tema pitagórico dos feijões, o fragmento 141 de Empédocles diz: «Desgraçados, miseráveis, afastai as mãos dos feijões!»)

Arquelau (datas desconhecidas, provavelmente nascido no início do século v a. C.)
Arquelau foi aluno de Anaxágoras e professor de Sócrates. É geralmente considerado a ponte entre a filosofia natural jónica e o pensamento ético ateniense. A causa da sua morte é desconhecida e os seus escritos perderam-se com exceção destas palavras enigmáticas: «O frio é um elo.»

Protágoras (485–410 a. C.)
Embora possamos alegar que o ardiloso e melífluo Ulisses foi o verdadeiro pai da sofística, Protágoras foi o primeiro e o mais importante dos sofistas, alguém que já conhecemos da Introdução. Platão dedica um diálogo a Protágoras no qual é apresentado a uma luz mais favorável do que muitos outros adversários de Sócrates. Ficou célebre por afirmar que «o homem é a medida de todas as coisas» e professou o agnosticismo a propósito da natureza dos deuses: «Sobre os deuses não sou capaz de dizer se existem ou não.» Protágoras foi ainda o primeiro a cobrar honorários por ensinar a bela eloquência e as delicadas artes da persuasão.

No *Vidas dos Sofistas*, do início do século III, Filóstrato afirma que não devíamos criticar Protágoras por cobrar honorários, «porque valorizamos mais as ocupações com as quais gastamos dinheiro do que aquelas em que nenhum dinheiro é gasto». Filóstrato sabia do que falava, dado que provinha de uma longa linhagem de sofistas e gozava de um considerável luxo material na corte da imperatriz síria profundamente intelectual Júlia Domna. (Por coincidência, ela própria era uma figura muito interessante, esposa do imperador romano Septímio Severo; Filóstrato chamava-lhe «Júlia, a filósofa». Após a morte de Severo numa campanha militar na Britânia, Júlia manteve-se uma figura extraordinariamente influente através dos seus filhos, os coimperadores Caracala e Geta. Diz-se que Caracala mandou assassinar Geta nos braços da mãe e que Júlia se deixou morrer de fome depois de Caracala, por sua vez, ter sido assassinado em 217.)

Atribui-se a Protágoras muitas obras, incluindo *Do Discurso Retórico sobre os Salários, dois livros de argumentos opostos.* Um exemplo claro de um uso monetário de argumentos opostos pode ser visto na seguinte história: quando Protágoras pediu ao seu discípulo, Euathlus, o seu salário, este respondeu, «mas eu ainda não ganhei um caso». Ao qual Protágoras ripostou:

> «Se eu ganhar este caso contra ti, tenho de receber um salário por ter ganhado; se tu ganhares, tenho de o receber, porque *tu* ganhaste.»

Protágoras parece ter morrido afogado num naufrágio depois de ter sido julgado e banido (ou, em alguns relatos, condenado à morte) pelos seus pontos de vista agnósticos em matéria religiosa. Também escreveu um tratado sobre luta livre.

Demócrito (460–370 a. C.)
Para alguns, «o príncipe dos filósofos». Platão, no entanto, nunca o menciona e circulou um rumor ao longo dos séculos de que tinha o desejo de queimar os seus livros. Muito tristemente, o desejo de Platão foi cumprido involuntariamente

pelos desastres da história e muito pouco da obra de Demócrito chegou até nós.

De Cícero e Horácio em diante, Demócrito ficou conhecido pelo epíteto «o filósofo que ri» (em oposição ao «filósofo chorão» Heraclito), e foi amiúde representado deste modo na iconografia medieval. Robert Burton, na sua gigantesca obra A *Anatomia da Melancolia* (1621), assina jocosamente «Demócrito Júnior». Demócrito foi discípulo do obscuro Leucipo, cujas obras não chegaram até nós, e cocriador do atomismo grego. Este consiste numa explicação materialista completa do mundo físico em termos de organização dos átomos no espaço. Cães, gatos, ratos e zigurates são apenas organizações distintas de átomos, uma teoria que prefigura fortemente a mundivisão científica moderna.

Escreve Demócrito: «Os loucos querem viver até à velhice por medo da morte.» Conquanto não fosse louco, Demócrito viveu até uma idade bastante avançada, morrendo aos 109 anos, e o modo como faleceu mostrou que não houve medo. Quando se tornou claro que o seu fim se aproximava, a sua irmã irritou-se, porque temia que o seu irmão morresse durante o festival das Tesmofórias e fosse impedida de prestar o devido tributo à deusa.

Lucrécio conta uma história diferente, nomeadamente de que quando Demócrito atingiu uma idade avançada e percebeu que as «faculdades conscientes do seu intelecto estavam a esgotar-se», foi com alegria que cometeu suicídio.

Pródico (são desconhecidas datas precisas, nasceu antes de 460 a. C.)
Uma piada conhecida na Antiguidade contava que Pródico, supostamente um sofista com grande apetite por dinheiro,

costumava oferecer lições de uma dracma ou cinquenta dracmas sobre semântica. Sócrates observa sarcasticamente no *Crátilo* que, se tivesse podido pagar a lição de cinquenta dracmas, teria aprendido tudo sobre a «correção dos nomes», mas teve de se contentar com a versão em promoção de uma dracma. Não obstante desconhecermos a data da morte de Pródico, ele estava vivo no tempo do julgamento e execução de Sócrates e conheceu um fim misteriosamente similar: uma história refere que Pródico foi morto pelos atenienses sob a acusação de corromper a juventude. O seu último fragmento, ainda existente, diz: «O leite é melhor quando o retiramos verdadeiramente da mulher.»

Platónicos, cirenaicos, aristotélicos e cínicos

Platão (428/427–348/347 a. C.)
Como Pitágoras, Anaxágoras, Cristo e a Virgem Maria, diz-se que Platão nunca foi visto a rir à gargalhada. Apesar disso, Nietzsche insiste que Platão tinha por hábito dormir com um exemplar das obras de Aristófanes, o grande poeta cómico. A verdade é que, considerando a extraordinária importância filosófica de Platão, temos relativamente pouca informação sobre a sua vida e nada sabemos de fiável sobre a sua morte.

Platão apenas se menciona duas vezes nas cerca de duas dúzias de diálogos, uma como tendo estado presente no julgamento de Sócrates, outras como estando ausente no momento da sua morte. Xenofonte, que escreveu muito sobre Sócrates, apenas menciona Platão uma vez e Demóstenes menciona-o duas vezes de passagem. Porém, há uma história questionável narrada por Apuleio que conta que Sócrates sonhou ter visto um jovem cisne no seu joelho. De uma só vez, as penas cresceram, abriu as asas e voou para o céu cantando as mais bonitas canções. No dia seguinte, o recém-nascido Platão foi apresentado pelo pai a Sócrates, que disse: «É este o cisne que vi.»

Na sua famosa carta VII, Platão dá-nos as poucas informações autobiográficas que possuímos. Infelizmente, a carta é considerada inautêntica entre muitos classicistas. Platão escreve sobre o início da sua carreira e as suas primeiras duas visitas à Sicília a convite de Dionísio, o Velho. Na verdade, pode dar-se o caso de ter feito três visitas à Sicília antes de se ter desiludido totalmente com a política. Nos séculos que sucederam à morte de Platão, conta-se que a apreciação que Dionísio fez dos esforços de Platão foi de tal ordem que o vendeu como escravo e Platão só foi salvo pelo filósofo cirenaico Aniceres que lhe comprou a liberdade. São Jerónimo afirma que Platão foi capturado por piratas e vendido como escravo, mas, «porque era um filósofo, era superior ao homem que o comprou».

O que mais sabemos? Platão tinha trinta e um anos quando Sócrates foi executado. Nunca casou. Segundo Plutarco, que muito fez para popularizar Platão, adorava figos. Na realidade, nem sequer sabemos por que razão se chamava «Platão», que significa «largo» em grego, aludindo, talvez, a um físico musculado, e ao qual podemos associar certas histórias de façanhas na luta livre.

De acordo com Cícero, Platão morreu na sua mesa de escrever. Mas segundo Hermipo, morreu numa festa de casamento aos oitenta e um anos e foi enterrado no recinto da Academia. O platónico renascentista Marsílio Ficino acrescenta que Platão morreu no dia do seu aniversário e que o número 81 reveste-se de um enorme significado, na medida em que é o número mais perfeito, a soma de 9 vezes 9. Mas há outra história que nos conta que morreu de uma infestação de piolhos. Porém, como assinala o erudito Thomas Stanley na *História da Filosofia* de 1687, aqueles que espalharam uma história tão maldosa sobre Platão «fazem-lhe muito mal».

Espeusipo (data de nascimento desconhecida, morreu em 339/338 a. C.)
Sobrinho de Platão e seu sucessor como chefe da Academia (originalmente um olival no exterior da cidade velha de Atenas, onde Platão oferecia instrução em filosofia aos que estivessem interessados). Espeusipo cometeu suicídio em virtude de uma doença dolorosa e paralisante.

Xenócrates (data de nascimento desconhecida, morreu em 314 a. C.)
Discípulo de Platão e sucessor de Espeusipo, morreu aos oitenta e dois anos depois de cair sobre uns objetos quaisquer de bronze durante a noite.

Arcesilau (316/315–241 a. C.)
Fundador daquela que ficou conhecida como «Média Academia», introduziu o ceticismo na escola, mas não escreveu. Arcesilau recusava aceitar ou negar a possibilidade da certeza, mas advogava uma suspensão do juízo, ou *epoqué*, acerca de todas as coisas. Morreu depois de beber demasiado vinho sem mistura.

Carnéades (241?–129? a. C.)
Carnéades foi o fundador da «Academia Nova» e um seguidor de Arcesilau. Também ele foi um cético que nada escreveu. Plutarco nota que falava com uma voz muito alta. Há uma história de Carnéades proferindo dois (presumivelmente muito ruidosos) discursos em Roma, em 155 a. C. No primeiro, argumentava a favor da justiça, enquanto no segundo, argumentava contra ela. Ao mostrar que era possível argumentar consistentemente a favor ou contra uma tese,

demostrou que a atitude filosófica correta seria a suspensão cética do juízo.

Segundo Victor Brochard em *Les Sceptiques grecs* (1887 — que por coincidência foi um dos últimos livros que Nietzsche parece ter lido antes do seu colapso mental), a velhice não tratou bem Carnéades. Ficou cego e sofreu de cruéis enfermidades e de uma apatia generalizada. Foi criticado por não ter a coragem de cometer suicídio, embora pareça ter estado próximo. Disse: «A natureza que me gerou irá igualmente destruir-me», e morreu aos oitenta e cinco anos.

Hegesias (datas desconhecidas, século III a. C.)
Seguidor pouco conhecido da escola cirenaica de filosofia, cujo nome advém da cidade de Cirene na atual Líbia, igualmente cidade natal de Carnéades. Os cirenaicos defendiam que o prazer experienciado no imediato é o único critério do bem. Porém, Hegesias era demasiado pessimista para defender esta forma de hedonismo. Do seu ponto de vista, como é relatado na *Historia Critica Philosophiae* de Brucker, o prazer era impossível e a única preocupação dos seres humanos seria evitar a dor. Estava tão completamente insatisfeito com a vida que escreveu um livro para provar que a morte, como cura para todos os males, era o maior bem. Tornou-se conhecido como *peisithanatos*, o «persuasor da morte». Advogava positivamente o suicídio, conquanto seja incerto se seguiu a sua própria recomendação.

Aristóteles (384–322 a. C.)
Os medievais chamavam-lhe simplesmente «O Filósofo». Temos conhecimento de alguns factos curiosos sobre Aristóteles: tinha olhos pequenos, os gémeos magros e falava com

ceceio, o que segundo Plutarco era parodiado por alguns. Usava anéis e tinha um estilo característico de vestir. Diz a tradição que, como Ésquilo, Aristóteles era calvo, o que confere um tom irónico à discussão sobre a mutilação na *Metafísica*. Aristóteles argumentava que uma taça não é mutilada se nela se fizer um buraco, mas apenas se a asa ou alguma outra parte for quebrada. De igual forma, um ser humano não é mutilado se perder alguma carne ou o baço, mas apenas se faltar alguma extremidade. Ora bem, Aristóteles concretiza de imediato esta ideia acrescentando que não é verdade para *todas* as extremidades, «mas apenas para aquelas que não podem crescer novamente quando completamente removidas». Conclui que «as pessoas calvas não são mutiladas». A razão para isto prende-se, supostamente, com o facto de o cabelo poder, pelo menos em princípio, crescer de novo. (Por razões que prefiro não revelar, acho esta conclusão tranquilizadora.)

Como é sabido, Aristóteles foi tutor de Alexandre antes de este ser Grande, entre os treze e os dezasseis anos. Contudo, Alexandre parece ter ficado mais impressionado com Diógenes, o Cínico, e disse, com uma humildade não muito convicta, que se não fosse ele próprio, a pessoa que mais gostaria de ser seria Diógenes. Quando Alexandre visitou Diógenes, colocou-se por cima dele, porquanto este estava sentado no seu barril, e disse-lhe que podia ter aquilo que quisesse, ao qual Diógenes respondeu: «Quero que saias da frente do sol». Conta-se ainda que Diógenes ofereceu a Aristóteles alguns figos secos, o que este aceitou e ergueu no ar, exclamando «Grande é Diógenes».

Depois de a notícia da morte de Alexandre em 323 a. C. ter chegado a Atenas, deu-se uma sublevação contra o jugo macedónio que acabou por conduzir à derrota e submissão de Atenas na guerra Lamíaca. Devido à associação de Aristóteles com Alexandre, os atenienses fizeram cair sobre ele a, por ora, já familiar acusação de impiedade. Deixou a cidade afirmando: «Não permitirei que os atenienses difamem duas vezes a filosofia.» Aristóteles retirou-se para a propriedade da sua mãe já falecida, em Cálcis, na ilha de Eubeia, onde morreu no ano seguinte.

De acordo com Eumelo, Aristóteles morreu com setenta anos, após ter bebido acónito, mas Apolodoro disse que ele tinha sessenta e três quando morreu de causas naturais, e há uma história que indica que Aristóteles terá morrido de uma doença de estômago da qual parecia sofrer há muito tempo.

Graças a Diógenes Laércio, temos o registo do seu testamento, embora este seja, muito provavelmente, uma invenção posterior. Aristóteles deixa uma generosa pensão a Herpilis, a sua concubina, um estatuto que não era de todo vergonhoso na Antiguidade, dizendo que «ela tem sido boa para mim». Por outro lado, Aristóteles instrui os seus executores a enterrar juntamente com os seus restos mortais os ossos da sua mulher, Pítia, que morrera dez anos após o seu casamento.

Teofrasto (372–287 a. C.)
Aluno de Aristóteles, seu sucessor como chefe da escola peripatética (assim chamada porque Aristóteles gostava de caminhar e conversar), executor do seu testamento e possível editor das obras do seu mestre.

Diógenes Laércio lista mais de 200 obras, somando qualquer coisa como 232 808 linhas, incluindo tratados sobre mel, cabelo, fruta e o entusiasmo. Segundo Plutarco, Teofrasto disse que a alma paga um preço elevado pelo aluguer do corpo. O que sobreviveu do vasto *corpus* são duas obras sobre botânica e «Da sensação», um fragmento de noventa e nove páginas (ver página 36).

Teofrasto morreu com oitenta e cinco anos e as suas últimas palavras simbolizam a morte filosófica. Quando os seus discípulos lhe perguntaram se tinha algumas palavras finais de sabedoria, Teofrasto disse:

> «Quero apenas dizer que muitos dos prazeres que a vida glorifica são simplesmente aparências. Porque quando estamos a começar a viver, olhai!, morremos. Nada é então menos proveitoso do que o amor da glória. Adeus e sede felizes. A vida contém mais desgostos do que satisfações. Mas como já não posso debater o que se deve fazer, continuem por favor a investigação sobre a conduta reta a seguir.»

Com estas palavras, Teofrasto deu o seu último suspiro. Chefes posteriores da escola peripatética não tiveram um fim tão nobre.

Estratão (data de nascimento desconhecida, morreu em 270 a. C.)
Estratão ficou tão magro que é dito nada ter sentido quando morreu.

Lícon (datas desconhecidas)
Vestia-se imaculadamente e de disposição atlética. Morreu aos setenta e quatro depois de sofrer consideravelmente de gota.

Demétrio (datas desconhecidas)
Mordido letalmente por uma áspide.

Antístenes (445–365 a. C.)
Um íntimo de Sócrates do qual quase nada sobreviveu. É por vezes considerado como o pai dos estoicos na medida em que isto lhes proporciona uma descendência direta de Sócrates. Mais veridicamente, é visto sobretudo como o primeiro dos cínicos, os filósofos parecidos com cães ou *kunikos*. Conta-se uma história, aqui e ali também atribuída a Diógenes, que alguém chamou a Antístenes um «perfeito cão» e que este ficou tão agradado com o epíteto que, após a sua morte, a figura de um cão foi gravada na pedra para assinalar a sua última morada. Quando lhe perguntaram qual o cúmulo da felicidade do homem, respondeu: «morrer feliz». Certo dia visitou Platão, que estava doente e vomitara para uma bacia. Ao examinar o vómito, Antístenes disse: «A bílis eu vejo, mas não o orgulho.»

Segundo Aristóteles, na *Metafísica*, a doutrina filosófica de Antístenes consistia em que algo só pode ser descrito se o for pelo seu nome específico: um nome para cada coisa. Desta forma, Antístenes parece ter concluído que a contradição é impossível e a falsidade perto disso. Ao qual se é tentado a responder: não é verdade.

Quando Antístenes estava a ser iniciado nos mistérios órficos, que consistiam em rituais secretos associados à possível passagem para a vida após a morte, o sumo sacerdote disse que aqueles que se tornassem iniciados partilhariam muitas maravilhas no Hades. Ao qual Antístenes replicou: «Assim sendo, porque não morres?»

Numa ocasião, quando Antístenes estava velho e enfermo, Diógenes visitou-o levando uma adaga. Quando Antístenes lhe perguntou o que poderia libertá-lo das suas dores, Diógenes mostrou-lhe a adaga, ao que aquele declarou: «Eu disse das minhas dores, não da minha vida.» Morreu de doença incerta.

Diógenes (data de nascimento desconhecida, morreu em 320 a. C.)
Contrariamente à opinião corrente, o cinismo não é cínico no sentido moderno da palavra. Diógenes, o Cínico, foi uma vez descrito como «um Sócrates que ficou louco», mas isto não valoriza a sanidade da sua abordagem à vida e a sua verdadeira afinidade com Sócrates, o moscardo da cidade-estado de Atenas.

Quando lhe perguntaram qual era a coisa mais bela do mundo, Diógenes respondeu «a liberdade de expressão». As suas palavras e atos manifestam uma obstinação e um protesto contínuo contra a corrupção, o luxo e a hipocrisia. O caminho para a liberdade individual requer honestidade e uma vida de austeridade material absoluta. Diógenes atribuiu ao seu mestre Antístenes o mérito de o ter introduzido a uma vida de pobreza e felicidade e, como ele, aceitou de boa vontade o epíteto «cão». Quando Platão lhe chamou de cão, replicou: «É bem verdade, porque volto uma e outra vez àqueles que me venderam.»

Diógenes é uma fonte de histórias maravilhosas: atirou fora o seu copo quando viu alguém beber com as mãos. Viveu num barril, rolando nele sobre areia escaldante no verão. Acostumou-se ao frio abraçando estátuas cobertas de neve no inverno. Afirmou que se podia aprender num bordel que não havia diferença entre o que custava dinheiro e o que não custava. Masturbava-se no mercado, dizendo que gostava que fosse tão fácil aliviar a fome esfregando no estômago vazio. Comia lulas cruas para evitar o trabalho de as cozinhar. Escarnecia do leiloeiro enquanto era vendido como escravo. Quando Lísias, o farmacêutico, lhe perguntou se acreditava nos deuses, respondeu: «Como posso não acreditar quando vejo um desgraçado esquecido pelos deuses como tu?» Quando lhe perguntaram qual o momento certo para casar, disse: «Para um jovem ainda não, para um velho nunca.»

Aparentemente, defendia a partilha comunitária de esposas e maridos e ensinava que as crianças também deviam ser tratadas em comunidade. Pensava igualmente que não havia nada de errado em roubar de um templo e comer qualquer tipo de carne, incluindo carne humana. Quando lhe perguntavam de onde vinha, Diógenes respondia que era um «cidadão do mundo» ou *kosmopolites*. Quem dera que mais pretensos cosmopolitas contemporâneos bebessem água com as mãos, comessem carne humana, abraçassem estátuas e se masturbassem em público. De facto, o «cosmopolitismo» de Diógenes é muito mais uma posição antipolítica do que qualquer espécie de internacionalismo vulgar.

Diógenes pensava que as lições de Platão eram uma perda de tempo. Numa ocasião, Platão definiu o ser humano como um animal, bípede e sem penas, pelo qual foi calorosamente aplaudido. Diógenes depenou uma galinha e levou para a sala de aulas, declarando: «Aqui está o homem de Platão.» Enquanto Platão falava à sua maneira de «copicidade» [*cupness*] e «mesicidade» [*tableness*] relativamente ao problema dos universais, Diógenes disse: «A mesa [*table*] e o copo [*cup*] eu vejo, mas não vejo a mesicidade e a copicidade.»

Diógenes Laércio atribui um certo número de escritos ao seu ilustre homónimo, nenhum dos quais sobreviveu, mas listou entre eles um tratado sobre a morte (assim como algo estranhamente intitulado «Gralha»).

Quando perguntaram a Diógenes como gostaria de ser enterrado, afirmou: «De barriga para baixo». Xeníades perguntou-lhe a seguir qual a razão para isso e recebeu a enigmática resposta: «Porque depois de algum tempo para baixo será convertido em para cima».

Diz-se que Diógenes morreu com quase noventa anos de idade. Segundo um relato, morreu depois de comer polvo cru e, segundo outro, cometeu suicídio sustendo a respiração.

Luciano descreve Diógenes no Hades ridicularizando o outrora poderoso e belo rei Mausolo, que foi enterrado no seu vasto e epónimo Mausoléu depois de conquistar grande parte da Ásia Menor. Somos todos iguais face à morte e reduzidos a nada no Hades. Somos todos cínicos perante a morte.

Crates de Tebas (365–285 a. C.)
Discípulo de Diógenes e outro cínico. Plutarco escreveu uma *Vida de Crates*, que se perdeu. Ao que parece, Crates passou os seus dias na pobreza e a rir. Ao saber que estava a morrer, Crates teria entoado para si próprio o encanto: «Vais, querido corcunda, estás de partida para a casa do Hades, dobrado e torcido pela idade.»

Hipárquia (datas desconhecidas, fl. no final do século III)
Hipárquia é a primeira mulher filósofa mencionada por Diógenes Laércio. Quando jovem, Hipárquia enamorou-se pela filosofia e pela pessoa de Crates, que era consideravelmente mais velho do que ela. Recusando muitos pretendentes de berço nobre e abastados, exigiu casar com Crates. Em desespero, os pais de Hipárquia chamaram Crates de modo a que ele a dissuadisse. Após falhar, e num gesto final, Crates arrancou todas as suas roupas e disse:

«Eis o noivo, eis as suas posses; fazei a vossa escolha em função disso; porque não sereis minha companheira, a não ser que partilheis os meus objetivos.»

Hipárquia escolheu e desde então viveu com Crates, vestindo-se como ele, seguindo o modo de vida do cínico.

Segundo o testemunho de Sexto Empírico, no século II, Crates e Hipárquia compartilhavam o hábito pouco comum de fazer sexo em público. O modo como morreu é desconhecido.

Metrocles (datas desconhecidas, final do século II a. C.)
Metrocles era irmão de Hipárquia. Alegadamente peidou-se enquanto ensaiava um discurso. Isto fê-lo cair num desespero tão grande que tentou suicidar-se morrendo de fome. Crates foi visitar o desesperado Metrocles e preparou-lhe uma refeição de tremoços. Como é óbvio, dado que os tremoços são membros da família dos feijões ou *fabaceae*, isto apenas o levou a repetir a indiscrição. Por motivos que me escapam, os tremoços eram muito populares entre os cínicos e são mencionados por Diógenes nos *Diálogos* de Luciano.

Crates conseguiu, enfim, consolar Metrocles convencendo-o de que tais indiscrições gasosas não eram nada de que ele devesse envergonhar-se e Metrocles, antigo aluno de Teofrasto, tornou-se um seguidor de Crates. Por conseguinte, a filosofia começa com o soltar de um peido, e alguns poderão dizer que o ar quente numa extremidade do corpo é simplesmente acompanhada por ar quente noutra extremidade.

Metrocles morreu em idade avançada, «sufocando-se a si mesmo», como nota secamente Diógenes Laércio. Esperemos que a causa não tenha sido os tremoços.

Isto faz-me recordar a seguinte passagem de *As Nuvens* de Aristófanes em que Sócrates, no seu papel de sofista charlatão, tenta convencer o crédulo Estrepsíades da causa do trovão. Sócrates diz:

> «Primeiro, pensa nos pequenos peidos que os teus intestinos geram. Depois, considera os céus: o seu peidar infinito é o trovar. Porquanto o trovão e o peidar são, em princípio, uma e a mesma coisa.»

Significa isto que as trovoadas são a forma flatulenta de a natureza fazer uma observação filosófica.

Menipo (fl. no século II a. C.)
Foi um fenício e inicialmente um escravo que praticou a usura, pelos vistos com grande sucesso, e que se tornou um cidadão de Tebas, e um rico, ao que parece. Conta-se que todo o seu dinheiro foi roubado e se enforcou em desespero. Menipo era um seguidor de Diógenes e talvez o mais cínico dos cínicos, no sentido moderno do termo. Era certamente o cínico mais propenso ao riso, a obscenidades deliciosamente cruéis. Embora nenhum dos seus escritos tenha sobrevivido, é conhecido graças ao género literário que inspirou: a sátira menipeia, cujos maiores expoentes são Petrónio e Luciano. No *Diálogo dos Mortos* deste último, Menipo é o anti-herói consumado, convocado ao Hades para rir das queixas dos outrora ricos e poderosos, como Midas e Creso, e as inanidades de filósofos como Sócrates, que é retratado a perseguir rapazes no Hades (há hábitos difíceis de perder). Menipo recusa pagar a Caronte, barqueiro do submundo, e ganha a admiração de Cérbero, o cão de três cabeças do inferno.

Trata-se de um cão a admirar outro. Cérbero termina o diálogo com ele, dizendo:

> «Sozinho fizeste a reputação da tua raça — tu e Diógenes antes de ti, porquanto vieste sem teres sido forçado ou empurrado, mas por tua própria vontade, rindo e escarnecendo de toda a gente.»

Gostaria agora de me voltar para três escolas filosóficas que exerceram enorme influência na Antiguidade tardia e depois: o ceticismo, o estoicismo e o epicurismo.

Céticos, estoicos e epicuristas

Anaxarco (datas desconhecidas, fl. no século IV a. C.)
Seguidor de Demócrito e professor de Pirro. Anaxarco afirmava que não sabia nada, nem sequer o facto de não saber nada.

Conquanto fosse conhecido como «o homem feliz», o eudemonista não teve um final feliz. Como Pirro, viajou com os exércitos conquistadores de Alexandre, *o Grande*. Diz-se que durante um banquete com Alexandre insultou Nicocreonte, o tirano de Chipre. O tirano nunca esqueceu o insulto, e quando o mau tempo forçou Anaxarco a atracar o seu navio em Chipre, foi capturado. Nicocreonte ordenou que Anaxarco fosse colocado num enorme almofariz e triturado até à morte com pilões de ferro. A certa altura, Anaxarco exclamou: «Batam, batam no saco que contém Anaxarco, que não ireis bater em Anaxarco.»

Quando Nicocreonte ordenou que a sua língua fosse cortada, diz-se que, como Tímica, Anaxarco a cortou com os dentes e a cuspiu contra o tirano.

Pirro (360–262 a. C.)
Pirro foi o fundador de uma importantíssima tradição do ceticismo antigo. Na medida em que não deixou nenhuns escritos, as suas ideias chegaram-nos através do seu pupilo

Tímon, um bailarino profissional que se tornou filósofo, que se chamava a si mesmo «ciclope», porque só tinha um olho.

Mas o mais claro e predominante relato do ceticismo pirrónico pode ser encontrado em Sexto Empírico, um médico do século II. Tal como com os outros céticos, sabemos muito pouco sobre a vida de Pirro. Diz-se que viveu até aos noventa anos. Sabemos que viajou para a Índia com Alexandre, o *Grande*, na condição de filósofo da corte, e que se terá encontrado com os ascéticos nus a quem os gregos chamavam «gimnosofistas». Jonathan Barnes nota que «não é de todo impossível que o pirronismo tenha um padrinho indiano».

Tímon, o bailarino de um olho, diz que «nenhum mortal pode verdadeiramente rivalizar com Pirro», e ficou famoso por manter constantemente o mesmo estado de tranquilidade. A bordo de um navio, durante a violenta tempestade que aterrorizou os restantes passageiros, Pirro apontou para um porco que continuava tranquilamente a comer e disse que era assim que uma pessoa sensata se devia comportar. Quando foi gravemente mordido por um cão e, por momentos, se assustou, pediu desculpa dizendo que «era difícil deixar de ser humano». Uma tranquilidade de alma como esta é o objetivo do ceticismo antigo, porque é aqui que encontramos o bem-estar. Neste aspeto, difere drasticamente das conotações modernas do ceticismo. Associamo-lo geralmente com a dúvida radical acerca da existência do mundo material, Deus ou a alma. Na filosofia moderna, por exemplo, com Descartes e Kant, o ceticismo representa uma ameaça perigosa e vertiginosa que deve ser respondida através da descoberta da certeza. Em contraste, na Antiguidade, o ceticismo é a resposta e não se limitava a uma experiência académica de dúvida, mas à expressão de um modo de vida integral. O ceticismo é eminentemente prático.

Em grego, *skeptikos* significa «inquiridor» e o cético alguém que não afirma saber, mas que persiste no seu inquérito. Há sempre dois lados para uma mesma história; isto é, podemos reunir provas que justificariam a crença x ou a sua negação y. Recorrendo a alguns exemplos antigos mais coloridos, os persas acreditavam que não havia nada de estranho em ter sexo com as filhas, enquanto Crisipo acreditava que era indiferente se se tinha sexo com a mãe, ao passo que a opinião e a lei tradicional do grego antigo teria estremecido diante das duas crenças.

Pelo contrário, o cético é apenas cético quanto à possibilidade da crença enquanto tal. O seu conselho é o de olhar para os dois lados de uma questão e praticar a suspensão do juízo, ou o que foi chamado de *epoqué*, em todos os assuntos. Nas palavras de Fílon, «não há nada seguro que possamos afirmar acerca de alguma coisa». O cético não declina nem escolhe, limita-se a suspender o juízo e a praticar o silêncio ou a *afasia*. Deste modo, o cético recusa afirmar ou negar que há vida depois da morte, se a alma é separada do corpo ou se há um céu ou um inferno. Ao nos abstermos de afirmar ou negar o que quer que seja, vivemos numa tranquilidade que se abre para todas as formas de inquérito e tornamo-nos completamente alheios a qualquer espécie de dogmatismo. Como seria de esperar, nada se sabe acerca de como Pirro morreu, embora negar que isso tivesse ocorrido fosse levar o seu ceticismo longe demais.

Zenão de Cítio (335-263 a. C.)

Fundador do estoicismo, foi encontrado a comer figos verdes e estendido ao sol. Era moreno, com um pescoço torcido e, segundo todos os relatos, algo áspero de carácter.

Curiosamente, Zenão não era grego, mas um fenício que acabou em Atenas, na miséria, devido a um naufrágio ao largo do Pireu, o porto de Atenas, com uma carga de púrpura. Naturalmente, *A República* de Platão tem lugar no Pireu, e foi contra Platão que Zenão escreveu a sua própria *República*, que era extraordinariamente radical, bastante admirada e estabeleceu a sua fama filosófica. Segundo Plutarco, Zenão defendia que a organização política não devia assentar nas cidades, cada uma confinada ao seu próprio sistema legal, mas, ao invés, que todos os seres humanos deviam considerar-se concidadãos. De uma maneira muito pouco grega, a cidadania era alargada a mulheres e escravos. Zenão declarava-se ainda contra a construção de templos e tribunais e denunciava o uso do dinheiro. Era a favor de uma comunidade aberta de esposas e maridos e advogava o vestuário unissexo. É provável que também tenha defendido o incesto e o canibalismo. É verdade que o radicalismo de Zenão era motivo de embaraço para os estoicos romanos mais tardios, como Séneca e Marco Aurélio, quando o estoicismo gozava da aprovação imperial nas classes mais altas da sociedade.

Zenão era célebre pela sua frugalidade, comendo comida crua e usando um manto fino. Aparentemente não tinha qualquer consciência dos efeitos da chuva, do calor e de doenças dolorosas. Voltando ao nosso tema dos tremoços, há uma história de Zenão bêbado e muito contente numa festa. Quando foi desafiado a dizer o quanto o seu carácter habitualmente desagradável havia mudado, respondeu: «Os tremoços também são amargos, mas quando são embebidos ficam molhados.»

Zenão dava as suas lições na *stoa*, os passeios cobertos ou pórticos que rodeavam o mercado ateniense. Os seus seguidores foram primeiro chamados zenonianos e mais tarde estoicos. Presidiu à sua escola durante cinquenta e oito anos e o modo como morreu, aos noventa e nove, é bizarro. Certo dia, ao deixar a escola, tropeçou e caiu, partindo um dedo. Estendido no chão com dores, bateu no solo com o punho e citou um verso de *Niobe* de Timóteo: «Venho por vontade própria; então, porquê chamar-me?» Morreu imediatamente, sustendo a respiração.

Por sinal, o modo como morreu ilustra bem a crença estoica de que a virtude consiste em seguir a lei da natureza e de que todos os fenómenos naturais e entidades — tremoços incluídos — são expressão da providência divina.

Aríston (fl. no século III a. C.)

Discípulo de Zenão, conhecido como «o calvo», proclamou a indiferença para com todas as coisas. Afirmou que o objetivo da vida era o desenvolvimento da indiferença para com o vício e a virtude aos quais podíamos estar igualmente expostos, a ambos ou a nenhum. Conta-se que, sendo calvo, morreu de insolação. A isto, Diógenes Laércio consagra o pior dos seus horríveis versos:

> *Porque, Aríston, velho e calvo, deixaste que o sol assasse a tua testa?*
> *Procurando mais calor do que era razoável, acendeste assim sem querer a fria realidade da morte.*

Dionísio (fl. no século III a. C.)

Por alguma razão, era conhecido como «O Renegado». Cometeu suicídio morrendo de fome.

Cleantes (331–232 a. C.)

Sucessor de Zenão, segundo líder dos estoicos e inicialmente um profissional de boxe.

Cleantes foi um filósofo de grande paciência e de pouca inteligência (desconhece-se se o pugilismo foi a causa). Como era alguém laborioso, Cleantes era por vezes conhecido por «o Burro».

Como Zenão, acreditava que a felicidade podia ser definida como «o fluir benéfico da vida». Por falta de dinheiro, escreveu as lições de Zenão em conchas de ostras e ossos de boi. Gozava do respeito do seu pupilo mais inteligente, Crisipo, embora tivessem tido um curioso desacordo a propósito da natureza do caminhar: Cleantes afirma que caminhar consistia na respiração que se estendia desde aquilo que os estoicos chamavam o «princípio regulador» da alma até aos pés. Crisipo defendia que caminhar era, em si mesmo, o princípio regulador.

Na velhice, Cleantes sofreu de inflamação severa das gengivas e recusou qualquer alimento. Depois de ter sido tratado com sucesso por médicos, persistiu no seu jejum, afirmando que já tinha feito demasiado caminho até à morte. Não comeu até morrer.

Crisipo (280–207 a. C.)

O terceiro líder dos estoicos, de 232 até à sua morte, de quem se dizia: «Se não tivesse havido Crisipo, não teria havido *Stoa*.»

Crisipo foi um filósofo de grande talento e alguma arrogância que, alegadamente, escreveu 705 livros nos quais tratava extensamente da lógica e da natureza das proposições. Aqui estão alguns exemplos da sua destreza em questões de lógica:

«O que não está na cidade também não está na casa; ora, não há nenhum poço na cidade; *logo*, também não o há na casa.»

E novamente, ainda mais desconcertante:

«Existe uma certa cabeça, e essa cabeça não é tua. Ora, assim sendo, existe uma cabeça que tu não tens, logo tu não tens cabeça.»

Maravilhoso como a lógica nos ajuda a conhecer-nos a nós próprios!

Diógenes Laércio relata escandalosamente que Crisipo permitia o casamento com mães, filhas e filhos, e no seu terceiro livro, *Da Justiça*, permitia que se comessem os cadáveres dos mortos. Fica-se com medo de pensar no serviço de *catering* nos funerais da família de Crisipo.

Existem duas versões sobre a sua morte, ambas envolvendo álcool. Na primeira, bebeu um trago de vinho doce não misturado com água, ficou com tonturas e morreu cinco dias depois. Mas a segunda é ainda melhor: depois de um burro (supõe-se que não o seu velho mestre, Cleantes) ter comido os seus figos, gritou para uma velhota: «Agora dê ao burro um pouco de vinho puro para empurrar os figos.» Após o que riu tão vigorosamente que morreu.

Mas talvez os últimos a rir sejamos nós, porque se abrirmos caminho pelo pequeno matagal de fragmentos que são tudo o que sobreviveu dos textos de Crisipo, podemos verificar que ele propôs as seguintes teses: 1) A morte representa a separação da alma do corpo; 2) Para os estoicos, a alma individual ou *microcosmos* é parte do «alma mundo» ou *macrocosmos*; 3) Como tal, a vida da alma não acaba com a morte, mas é parte daquilo que os estoicos viam como o eterno e eternamente recorrente ciclo da ordem do mundo; 4) Por conseguinte, num fragmento de Lactâncio, Crisipo conclui: «Como é óbvio não é impossível que também nós, após a nossa morte, regressemos novamente à forma que temos agora, depois que um certo período de tempo tenha decorrido.» Sendo assim, talvez possamos esperar ver no futuro algo mais de Crisipo.

Epicuro (341–271 a. C.)
Os estoicos opunham-se visceralmente aos epicuristas. O fundador destes, Epicuro, foi chamado de «o pregador do efeminamento» por Epicteto e os pontos de vista sobre a natureza e os deuses foram escarnecidos por Cícero. Clemente de Alexandria, o Cristão, chamava a Epicuro «o Príncipe do ateísmo». Timócrates declarava no seu *Alegria* que Epicuro costumava vomitar duas vezes por dia devido a excesso. Em resposta ao abuso nauseante de um certo Nausífanes, Epicuro chamou a este «um lorpa, um iletrado, uma fraude e um desmazelado» — e estava só a aquecer.

Outros estoicos foram mais conciliatórios e Séneca escreve em *Da Vida Feliz* que Epicuro não merece de todo a sua má reputação. O que mais surpreende nos dez livros de reportagem bombástica de Diógenes Laércio é a força e a extensão da sua defesa de Epicuro. «Estas pessoas são completamente loucas», afirma Diógenes dos acusadores de Epicuro e inicia a mais longa e detalhada discussão de qualquer filósofo nas *Vidas*, perfazendo 154 páginas.

Epicuro foi um autor prolífico e o seu mais importante tratado sobre a filosofia natural atingiu a escala de trinta e sete volumes. Tudo o que sobreviveu foram quatro cartas e fragmentos e testemunhos dispersos, preservados graças a Diógenes Laércio, que sobre ele, diz: «A sua bondade foi provada de todas as maneiras.»

Grande parte do problema com Epicuro tem que ver com as conotações que envolvem o termo «epicurista». Se, como vimos acima, os cínicos não eram cínicos, então Epicuro estava longe de ser um epicurista. Pelo contrário, advogava a moderação em todas as coisas. Dizia que estava preparado para competir com Zeus em felicidade contanto que tivesse bolos de cevada e alguma água. Epicuro acrescenta: «Mandem-me um pequeno pote de queijo; então, quando quiser, poderei banquetear-me sumptuosamente.» O epicurismo preocupa-se com o estado de felicidade que adviria de uma vida sem necessidades, preocupações e, acima de tudo, ansiedade. Uma pessoa nunca será feliz se estiver ansiosa relativamente ao que não possui. Viver sem ansiedade é gozar da felicidade dos deuses.

Por conseguinte, o epicurismo não tem que ver com bebida, festas, prazer com rapazes e mulheres ou consumo de peixe e outras iguarias a uma mesa extravagante. Preocupa-se com a *prudência* em todas as matérias. O epicurista sensato não casará ou constituirá família, nem irá «fazer disparates quando estiver ébrio». Quanto à fornicação, Epicuro diz que «ninguém é o melhor no prazer sexual». Não é claro, dada a compreensão extremamente ascética do prazer, o motivo para alguém querer um dia tornar-se um hedonista.

Os epicuristas viviam em pequenas comunidades, inspiradas na que Epicuro estabeleceu, nos arredores de Atenas, chamada «O Jardim». Sabemos muito pouco acerca da vida destas comunidades, exceto que incluíam servos domésticos e mulheres em condições de igualdade e que valorizavam bastante a amizade. Epicuro diz que a maior felicidade da vida é a posse de amizade e que o homem sensato «morrerá às vezes por um amigo».

A dolorosa verdade da pretensa busca pelo prazer de Epicuro pode ser observada nas circunstâncias da sua morte, cerca de sete anos depois de Platão. Epicuro possui uma saúde reconhecidamente frágil e um discípulo, Metrodoro, escreveu inclusive um livro chamado *Da Frágil Constituição de Epicuro*. Morreu com dores agonizantes provocadas por falha renal, depois de duas semanas de sofrimento devido a pedras nos rins. No entanto, faleceu alegremente, rodeado pelos seus amigos e discípulos. Numa carta final a Hermaco, Epicuro escreve:

> «No mais feliz, e último, dia da minha vida. Sofro de doenças da bexiga e dos intestinos, que são da maior severidade possível.»

Mas continua, de forma surpreendente:

> «No entanto, os meus sofrimentos são compensados pelo contentamento da alma que retiro das memórias dos nossos debates e descobertas.»

Dois milénios mais tarde, em 1649, com a ascensão da mundivisão científica moderna, foi este contentamento da alma que fascinou Pierre Gassendi na sua longa defesa da vida e opiniões de Epicuro que discuti acima (p. 40). Na minha opinião, não há filósofo mais relevante para os nossos tempos do que Epicuro, pois combina uma abordagem atomística e científica completa da natureza com uma posição ética que tem como alvo a prudência, a calma e a superação do terror do aniquilamento. A visão da morte de Epicuro é simples e poderosa e foi aflorada na Introdução deste livro (p. 32-3):

> «Contra outras coisas é possível obter segurança. Mas quando se trata da morte, nós, humanos, vivemos todos numa cidade sem muralhas.»

Ao contrário dos pitagóricos, platonistas e estoicos, a morte é compreendida como uma extinção completa e a alma nada mais é do que uma amálgama temporária de partículas atómicas. O corolário moral vital desta perspetiva é o de que é o medo da morte e o desejo por imortalidade que arruína a vida. O que deve ser cultivado é a ideia de que a morte não é nada para nós, decerto nada do qual se deva ter medo. Como diz Epicuro: «A prática de viver bem e a prática de morrer bem são uma e a mesma coisa.» Se a vida pode ser vivida como prática para a morte, então o «contentamento da alma» de Epicuro talvez seja mais do que um desejo vão.

Lucrécio, Tito Caro (fl. no século I a. C.)

Com Epicuro, damos por terminada a longa linhagem dos gregos antigos. Pouco sabemos sobre o autor do longo e didático épico latino consagrado aos ensinamentos de Epicuro, *De Rerum Natura* (Da natureza das coisas). Mas há uma afirmação infame de São Jerónimo, que escreve quatro séculos depois de Lucrécio, numa entrada que data do ano 94:

> «O poeta Tito Lucrécio Caro nasceu. Uma poção do amor levou-o à loucura e compôs, nos intervalos da sua

insanidade, vários livros que Cícero corrigiu. Cometeu suicídio aos 43 anos.»

Não temos nenhuma razão para crer ou descrer nesta história, pese embora fosse bastante útil aos propósitos cristãos de Jerónimo a denúncia dos excessos hedonistas do grande poeta pagão. Mas a história de Lucrécio ter ficado louco por uma poção do amor passou para a posteridade; Tennyson escreveu o seu «Lucretius», em 1868. No seu poema, ele imagina a história da perspetiva da mulher de Lucrécio, uma certa Lucila, que «achou o seu senhor frio». Isto não se dera por falta de amor da parte do poeta, mas porque estava «enterrado numa discussão mais pesada», como a função do hexâmetro latino ou os 300 pergaminhos deixados para trás pelo seu mestre Epicuro «que considerava divino». Pouco disposta a aceitar tal frieza, Lucila tornou-se colérica e rabugenta, empregando os serviços de uma bruxa para fabricar um filtro do amor. Longe de induzir o efeito amoroso desejado, a poção produziu em Lucrécio uma visão horrífica do universo epicurista com os átomos a colidir arbitrariamente no vazio. No seu delírio, a paixão de Lucrécio não é dirigida à sua mulher, mas à mais nobre virtude epicurista da tranquilidade, que ele personifica e à qual se dirige num peã doloroso:

Ó tu, noiva desapaixonada, divina Tranquilidade
Desejada pelos mais sábios dos sábios
Que falham em encontrar-te.

Após reconhecer o seu falhanço em cortejar a divina tranquilidade, espeta uma faca no peito e morre. Lucila deve ter ficado algo frustrada sexualmente com este desfecho.

Independentemente da validade da história de Jerónimo, encontramos as opiniões sobre a morte vivamente explanadas no seu Livro III do *De Rerum Natura*. Tendo argumentado a favor da mortalidade e, na verdade, da materialidade da alma, Lucrécio junta-se ao seu mestre Epicuro na defesa de que «a morte nada representa para nós». Não é nada que tenhamos de temer, porque

> «alguém que não existe não pode de maneira nenhuma ser infeliz e porque não importa se nasceu ou não em algum tempo aquele a quem a morte imortal retirou da vida mortal».[6]

Portanto, para quê chorar e lamentar a morte? Não é nada. É menos do que o sono, que é seu semelhante. A diferença está apenas no facto de, na morte, não acordarmos e as nossas formas corporais dispersarem na «fervilhante massa de matéria». Uma eternidade passou antes de nascermos. É isso causa de ansiedade? Claro que não. Se não, porque será a eternidade que se seguirá à nossa morte uma causa maior de ansiedade? Não devíamos recear também o que acontecerá ao nosso corpo depois da morte, e Lucrécio escreve, com um realismo cru:

> «Se é um mal ser maltratado na morte pelas dentadas das maxilas das feras, não estou a ver porque é que será menos doloroso ser consumido pelas chamas ardentes, colocado

---

[6] Tradução portuguesa: *Da Natureza das Coisas*, tradução de Luís Manuel Gaspar Cerqueira (Lisboa: Relógio d'Água, 2015), Livro III, vv. 867-869. [Tradução modificada.] *(N. do T.)*

numa pira ou ser sufocado, imerso em mel, ou ficar gelado, estendido sobre a superfície lisa de uma pedra fria ou ser comprimido por cima, esmagado pelo peso da terra.»[7]

Seja esmagado, consumido pelas chamas, sufocado ou imerso em mel, o filósofo sabe quando morrer e não recorre da sua sentença quando ela é proferida. Epicuro é mencionado apenas uma vez no poema de Lucrécio aquando da sua preparação para a morte. Fugir da morte é fugir de si mesmo, é sucumbir ao desejo de imortalidade, contra o qual Lucrécio oferece um argumento matemático: a soma de tempo na qual estamos vivos não vai reduzir a eternidade da nossa morte,

> «e uma sempre igual sede da vida mantém-nos sempre insatisfeitos. (...) E não será prolongando a vida que poderemos subtrair um só instante ao tempo da morte (...). Por isso, ainda que queiras somar séculos de vida, mesmo assim, porém, aquela morte continuará a ser eterna».[8]

O que é um ano ou década a mais ou a menos em comparação com a extensão de tempo que passamos mortos? Visto da perspetiva da eternidade, aquilo a que Espinosa chamou *sub specie aeternitatis*, a brevidade da vida ou a longevidade não é nada em comparação com a eternidade da nossa morte. Além disso, nada há a recear nesta eternidade, pelo contrário, é a base para o contentamento e a calma.

---

[7] *Idem*, Livro III, vv. 888-893. *(N. do T.)*
[8] *Idem*, Livro III, vv. 1084-1091. *(N do T.)*

Filósofos chineses clássicos

A filosofia clássica chinesa pertence a dois ricos e complexos períodos históricos: a parte final do período «Primavera e Outono» (722–481 a. C.) e o período dos «Reinos Combatentes» (403–221 a. C.), que terminou com a unificação da China sob a Dinastia Qin, a tomada de posse do primeiro imperador e a finalização da Grande Muralha. É ainda conhecido como o período dos «Cem Filósofos», o primeiro e mais proeminente dos quais foi o Mestre Kong ou Confúcio.

Kongzi ou Confúcio (551–479 a. C.)
Sem dúvida, nenhum outro filósofo influenciou mais os seres humanos do que Confúcio e ele é inseparável do que quer que «o ser chinês» signifique nos últimos dois milénios e meio. O sufixo «Zi» ou «Tzu» significa professor ou mestre, e o nome de Kongzi foi latinizado pelos missionários jesuítas para Confúcio. Ao que parece, a sua mãe costumava chamar-lhe «Qiu», que significa «montículo» ou «pequena montanha», por causa da invulgar elevação no topo da sua testa com a qual é frequentemente representado.

Como Sócrates, Confúcio não era particularmente bonito e dizia de si mesmo (e aqui pensamos nos cínicos): «Quando se diz que pareço um cão de uma família enlutada, de facto assim é, assim é.» O grande período da filosofia clássica chinesa coincide de forma fascinante com o pensamento grego antigo, e assim como este se caracteriza por intensos desacordos entre platónicos, cínicos, estoicos e epicuristas, também o pensamento chinês revela oposições amargas entre confucionismo, taoismo e escolas moistas.

Para Confúcio, o nascimento e a morte são fronteiras e os ritos religiosos de luto são ocasiões extraordinariamente importantes para manifestar adequadamente o valor da vida humana. Confúcio trouxe de volta os rituais antigos, porém esquecidos no seu tempo, associados com os serviços fúnebres e o luto, alguns dos quais ainda em uso na China. Quando a mãe morreu, foi enterrada com grande esplendor e solenidade e Confúcio demitiu-se de todos os cargos públicos e fez o luto em solidão durante três anos. Mostrou ainda uma dor extrema pela morte de um dos seus discípulos favoritos, Yan Yuan, e quando os seus discípulos insinuaram que ele mostrava uma tristeza excessiva, replicou: «Mostro? No entanto, se não por ele, por quem deverei eu mostrar uma tristeza excessiva?»

Conta a lenda que Confúcio soube quando ia morrer e teve a seguinte visão angustiante num sonho:

> «Durante muito tempo, o mundo esteve desregulado; ninguém sabia como seguir-me. A noite passada, sonhei que estava sentado diante das oferendas sacrificiais entre os pilares onde o caixão é colocado.»

Confúcio morreu com setenta e três anos, rodeado de um grande número de discípulos, e o seu caixão foi colocado entre os pilares como descrito no seu sonho. Os seus discípulos choraram-no durante três anos antes de regressarem às suas casas; com exceção de Tze Kung, um discípulo muito próximo, que sentiu que a dívida para com o seu mestre não fora paga e fez o luto por mais três anos.

Nos *Lun yü* ou *Analectos*, Confúcio expressa algum agnosticismo quanto à possibilidade de uma vida após a morte. Chi-lu pergunta a Confúcio: «Posso questionar-te acerca da morte? — ao que este último responde: — Ainda nem compreendes a vida. Como queres compreender a morte?»

Laozi ou Lao Tse (fl. século VI a. C.)
Não é totalmente claro se Laozi existiu realmente e se a ligação entre tal personagem e o autor do *Tao Te King* é uma fantasia enredada em lendas. Segundo a lenda, registada pelo primeiro grande historiador chinês, Sima Qian, Confúcio foi visitar Lao Tse e entraram fortemente em desacordo acerca da importância do ritual. No momento em que o reino de Zhou se desintegrava com a guerra, Lao Tse deixou o seu cargo como bibliotecário imperial e viajou para ocidente num búfalo. Quando chegou a Hangu Pass, o guarda da fronteira percebeu que Lao Tse partia para sempre e pediu-lhe que deixasse escrita alguma da sua sabedoria. Lao Tse acedeu de imediato ao pedido e surgiu assim o *Tao Te King*. Quando terminou, Lao Tse montou de novo no seu búfalo e nunca mais foi visto. Ninguém sabe onde morreu.

Escreveu:

> «A razão por que temos grandes sofrimentos é termos um corpo. Se ficarmos sem corpo, que sofrimentos vamos ter?»[9]

---

[9] Tradução portuguesa: *Tao Te King: Livro do Caminho e do Bom Caminhar*, tradução e comentários de António Miguel de Campos (Lisboa: Relógio d'Água, 2010), cap. 13, p. 59. (*N. do T.*)

Lao Tse tornou-se num corpo celeste quando o asteroide 7854 foi batizado com o seu nome. 7853 foi batizado com o nome de Confúcio.

Mozi (datas incertas, algumas fontes apontam para 470--390 a. C.)
Conta-se que Mozi foi o fundador do Moismo, uma escola filosófica consagrada à frugalidade, autorreflexão e ao que agora se chamaria justiça distributiva. Mozi, o negligenciado rival de Confúcio, acreditava que o confucionista preocupado com o ritual consumia demasiado dinheiro e empobrecia o povo.

Chuang Tse faz a seguinte observação satírica às custas de Mozi:

> «Desejava ter homens a trabalhar ao longo da vida, com um funeral pobre quando morressem. Tal lição é demasiado severa. Considerava o sofrimento pessoal como o ideal.»

Os moistas opunham-se implacavelmente ao que consideravam como um elitismo burocrático do confucionismo com a sua ideia arrogante e paternalista do povo comum ou «Min». Os moistas eram os proletários e democratas da filosofia clássica chinesa e os seus pontos de vista foram progressivamente marginalizados pelas sucessivas dinastias imperiais. Em consequência, não sabemos quase nada da vida de Mozi. Aparentemente, Mozi foi um artesão das classes baixas que acabou por deter um cargo oficial devido ao seu conhecimento em fortificações. Na verdade, há muito debate em torno do significado do nome «Mozi». Inicialmente, pensou-se que «Mo» fosse o nome da família ou do clã e «Ti» ou «Zi» fosse o nome próprio. Contudo, alguma investigação académica recente sugere que «Mo» é o nome genérico para alguém que foi marcado como um escravo criminoso. Segundo esta interpretação, os discípulos do Caminho de Mo opunham-se ao poder da classe dirigente, declarando-se seguidores dos escravos. Levou uma vida itinerante. Huai Nantze comenta: «Mozi não se sentou num único cargo a ponto de aquecê-lo.»

Mengzi ou Mêncio (372–289 a. C.)
Mengzi, defensor de uma versão idealizada e grandiosa do confucionismo contra os moístas, proclamou a bondade da natureza humana e procurou cultivar a retidão e a conduta exemplar em todas as coisas, aquilo que ele designava por vontade do Céu ou «Tian».

Em certa ocasião, Mêncio escreveu:

> «Quero peixe e patas de urso. Se não posso ter ambas, desisto do peixe e fico com as patas de urso.»

Mêncio desenvolve a analogia declarando que podemos desejar a vida e a retidão. Se não conseguimos ter as duas, então devemos abdicar da vida e procurar a retidão. Assim, por muito que se deteste a morte, podemos detestar algo mais do que a morte, nomeadamente não ter a conduta certa. Conclui, de forma típica:

> «Assim, existem coisas que desejamos mais do que a vida e coisas que detestamos mais do que a morte. Não são apenas as pessoas exemplares que pensam nestas coisas; todos os seres humanos o fazem. O problema é que só as pessoas exemplares são capazes de evitar perdê-las.»

Como uma pessoa não-exemplar, ficarei com o peixe e a vida e deixarei para outros a retidão e as patas de urso.

Zhuangzi ou Chuang Tse (369–286 a. C.)

Pessoalmente, considero Chuang Tse, de longe, o mais intrigante, profundo e espirituoso dos filósofos clássicos chineses. Ao contrário do moralismo grandioso de Mêncio, das proclamações sentenciosas de Lao Tse e da probidade de Confúcio, o universo filosófico de Chuang Tse é linguisticamente deslumbrante e filosoficamente inquietante.

O núcleo da versão do taoismo de Chuang Tse está na crença de que se deve permitir que tudo se comporte de acordo com a sua natureza. O comportamento reto consiste em permitir que as coisas sejam, sem as forçar a ser algo através de um esforço da vontade ou envolvendo-se numa especulação vazia. Esta é uma forma de abordar a ideia do «sem agir» ou «*wu wei*», que não significa ser passivo, mas apenas fazer o que concorda com a natureza de uma coisa. Portanto, para Chuang Tse:

> «A grande terra sobrecarrega-me com um corpo, impõe-me as agruras da vida, facilita-me na velhice e acalma-me na morte. Se a vida é boa, a morte também.»

Quando Chuang Tse estava prestes a morrer, os seus discípulos quiseram preparar um sumptuoso funeral ao estilo confuciano. Porém, ele recusou, e disse: «O sol e a terra serão o meu caixão.» Porque os discípulos objetassem, dizendo «estamos preocupados que o teu corpo seja comido por corvos e águias», Chuang Tse deu esta resposta admirável:

«Um corpo por enterrar será consumido por corvos e águias, mas um corpo enterrado será comido por formigas. Estão por isso a tirar comida da boca de corvos e águias e pô-la na das formigas. Por que razão se mostram a favor das formigas?»

Para Chuang Tse, tudo o que existe é bom. A morte nada mais é do que uma mudança de uma forma de existência para outra. Se conseguirmos encontrar a felicidade nesta existência, então porque não poderemos encontrá-la numa nova forma de existência como comida para as formigas, para os corvos ou até para os ursos? A existência é definida pelas suas transições entre uma forma e outra e todas as formas devem ser aceites por aquilo que são. Por isso, Chuang Tse escreve:

«A morte e a vida consistem em transformações permanentes. Não são o fim nem o início. Quando compreendermos este mecanismo podemos equiparar vida e morte.»

Já encontrámos esta ideia da igualdade entre vida e morte uma ou duas vezes neste livro, mas Chuang Tse faz aqui uma reivindicação ainda mais radical: se a vida e a morte se equiparam, então os mortos não devem ser chorados, mas o seu falecimento deve ser aceite e até celebrado. Podemos ilustrar isto com esta historieta extraordinária. Depois de a mulher de Chuang Tse ter morrido, Hui Tzu visitou-o para oferecer as suas condolências. Encontrou-o sentado, de pernas estiradas, batendo num recipiente e cantando: «Viveste com ela, ela educou os teus filhos e envelheceu.» Quando Hui Tzu sugeriu que isso talvez fosse um pouco desrespeitoso, Chuang Tse protestou, dizendo:

«Quando ela morreu, pensas que não sofri como toda a gente? Mas eu olho para trás, para o seu começo e para o tempo antes de ela ter nascido. Não só o tempo antes de ela ter nascido, mas o tempo antes de ter um corpo. Não só o tempo antes de ter um corpo, mas o tempo antes de ter um espírito. Outra transformação e ela tinha um corpo. Outra e ela nascia. Agora houve outra e ela morreu. É como a sequência das quatro estações: primavera, verão, outono e inverno. Agora ela está deitada pacificamente numa ampla divisão. Se a seguisse aos gritos e soluços, isso mostraria que não percebo nada do destino. Por isso, parei.»

O pó ao pó há de voltar, assim como nós à comida para formigas, diríamos entre dentes. A existência é a passagem de um estado sem forma que precede a vida para um estado sem forma que sucede à morte. Temos de abraçar as mudanças, bater no recipiente e cantar.

Num debate sobre a morte entre quatro mestres, Mestre Lai diz: «Se penso bem da vida, pela mesma razão devo pensar bem da minha morte.» Não devemos perturbar o processo de transformação da vida em morte, mas afirmá-lo, pois é uma transformação necessária. Quando o Mestre Yu adoeceu, não ficou triste, mas genuinamente curioso quanto à transformação que o esperava: talvez o criador transformasse o braço esquerdo num galo, o que lhe permitiria ficar acordado toda a noite; ou o seu braço direito podia tornar-se numa balestra, o que lhe permitiria caçar uma coruja para assar; ou as suas nádegas serem transformadas em rodas, o que lhe permitiria poupar uma quantidade enorme de dinheiro em roupa interior. Mestre Lai olhou para Mestre Yu e disse:

> «Quão maravilhoso é o criador! Em que é que te tornará a seguir? Para onde te enviará? Fará de ti um fígado de rato? Fará de ti a pata de um inseto?»

Não é difícil imaginar como este tipo de comportamento enfurecia a probidade moral de Confúcio, que, alegadamente, exclamou:

> «Que espécie de homens são eles, afinal?... Olham para a vida como um tumor inchado, um quisto saliente, e para a morte como uma ferida a drenar ou o rebentar de um furúnculo. Para homens como estes, haveria alguma dúvida em pôr a vida em primeiro ou a morte em último?»

Ao contrário de Confúcio, que acabou como comissário da polícia, Chuang Tse recusou todos os cargos públicos e passou a vida na pobreza e aparecia amiúde malnutrido. Certo dia, enquanto Chuang Tse pescava no rio Pu, o Senhor Wei, do reino de Chou, enviou dois ministros para o convidar a dirigir os assuntos de Estado. Segurando a cana de pesca, Chuang Tse disse:

> «Ouvi dizer que em Chu há uma tartaruga sagrada que morreu há já três mil anos e que o rei a guarda bem alto no seu templo ancestral, numa cesta de bambu coberta por um pano. Será que essa tartaruga preferia morrer para que a sua carapaça fosse assim preservada e venerada? Ou preferiria preservar a vida e continuar a arrastar a cauda no meio da lama?»

Os ministros disseram: «Preferiria preservar a vida e arrastar a cauda no meio da lama.» A isto, Chuang Tse respondeu:

«Ide-vos! Faço tenção de continuar a arrastar a minha cauda no meio da lama.»([10]) Mesmo se as nossas nádegas possam ter sido transformadas em rodas, sugiro que sigamos Chuang Tse e arrastemos as nossas caudas pela lama.

Han Feizi (280–233 a. C.)

Han Feizi foi o autor de O *Caminho do Governante*. Teve um fim não muito bonito às mãos de um governante caprichoso. Num tempo em que a eloquência era a arma política mais poderosa, Han Feizi gaguejava muito. No entanto, escrevia bem, mas isso foi a causa da sua desgraça. Os seus escritos caíram nas mãos do rei de Qin, que acabaria por ascender ao trono como o primeiro imperador da China, Qin Shi Huang. O rei expressou a sua profunda admiração pelos textos de Han Feizi ao seu ministro, Li Si. Ora, Li Si era um antigo colega de estudos de Han Feizi e extremamente invejoso do seu brilhantismo literário. Algum tempo depois, o rei de Qin havia sitiado o governante de Han, o rei An, que recusara sempre seguir o Caminho de Han Feizi. Na esperança de salvar o seu estado da destruição, o rei An enviou Han Feizi ao rei de Qin, que ficou inicialmente encantado. Porém, Li Si, de olhos verdes, persuadiu o rei que de Han Feizi teria sempre o interesse do inimigo Han em mente e nunca o de Qin. Han Feizi foi preso e antes de o rei lhe ter dado a oportunidade de lamentar a sua decisão (o que ele aparentemente fez), Li Si enviou veneno para a prisão. Han Feizi bebeu-o e morreu. Li Si tornou-se primeiro-ministro do primeiro imperador da China. Esta é outra razão para os filósofos se afastarem da política.

([10]) As três citações retirei-as da tradução portuguesa de *Chuang Tse* de António Miguel de Campos (Lisboa: Relógio d'Água, 2017), p. 135. *(N. do T.)*

Zen e a arte de morrer

Não sou um especialista em budismo zen e algumas das suas variantes ocidentais deixam-me algo cético. No entanto, o que é fascinante é a tradição dos poemas japoneses sobre a morte escritos por monges zen à beira da morte. Além de deixarem o testamento habitual, os monges escreveriam uma nota de despedida à vida na forma de um *haiku* ou outro poema elegíaco breve. Idealmente, o monge moribundo anteciparia o momento da sua morte, escreveria o seu poema, pousaria o seu pincel, cruzaria os braços, endireitaria as costas e morria.

Um exemplo extremo e ligeiramente cómico disto pode ser encontrado em Eisai (1141–1215), um dos fundadores do zen japonês. Foi para Quioto para mostrar às pessoas como morrer. Para este fim, o monge pregou à multidão, sentou-se imóvel na posição zen e morreu. Mas quando os seus seguidores se queixaram de que a sua morte havia sido demasiado repentina, ele ressuscitou e morreu exatamente da mesma maneira cinco dias mais tarde. Estes poemas sobre a morte revelam um minimalismo, rigor formal e beleza extremos, como este *haiku* de Koraku (m. 1837):

> *A alegria das gotas de orvalho*
> *Na relva enquanto*
> *Voltam a ser vapor.*

Ou este, de Dokyo Etan (m. 1721):

> *Aqui, na sombra da morte, é difícil*
> *Proferir a palavra final.*
> *Direi, pois, isto*

«Sem dizer».
Nada mais,
Nada mais.

Porém, muitos destes poemas são maravilhosamente autodepreciativos e humorísticos, como este *haiku* de Mabutsu (m. 1874):

Sonhar num barril:
Nunca se sabe quando
O fundo irá partir.

Ou o seguinte excerto do poema sobre a morte *kyoka*, de Kyoriku, que nos lembra a ideia de Chuang Tse do cadáver como comida para formigas:

Até agora pensei
Que a morte só ocorria
Aos pouco talentosos.
Se, também, os de talento
Devem morrer,
Dão seguramente
Melhor estrume.

Romanos (sérios e ridículos) e neoplatónicos

Cícero, Marco Túlio (106-43 a. C.)
Regressando do este para oeste, é agora o momento de nos voltarmos para Roma e considerar o que pode significar morrer como um romano. Como veremos, é uma questão bastante sangrenta. Em *De Finibus Bonorum et Malorum* (Dos fins do bem e do mal), Cícero escreve:

> «A morte de um grande comandante é célebre; mas a maioria dos filósofos morre nos seus leitos. Ainda assim, faz diferença o modo como morrem.»

Cícero está a pensar na morte de Epicuro, cujo prazer intelectual dominou a sua dor física extrema. Porém, longe da sua cama, a morte violenta de Cícero mais parece o desaparecimento de um comandante do que de um filósofo. Morreu de forma nobre no meio da desintegração da República Romana que sempre tentou defender contra a sua queda no despotismo. Embora Cícero não tivesse nenhum conhecimento prévio da conspiração para assassinar César nos Idos de Março, Bruto foi um amigo íntimo e, de facto, gritou o nome de Cícero enquanto brandia o punhal ensanguentado (um comportamento não muito discreto politicamente). No seu último trabalho filosófico, *De Officiis* (Dos deveres), Cícero justifica incansavelmente o assassinato de César como um ato legítimo de tiranicídio. Mas qualquer ideia de uma restauração da República Romana teve vida curta. Bruto e os outros «libertadores» foram expulsos de Roma, e o cônsul, Marco António, tinha a clara intenção de tomar o lugar de César.

Sabendo-se em perigo, Cícero planeou fugir de Roma para a Grécia, em julho de 44 a. C. No entanto — inexplicavelmente —, Cícero regressou, inicialmente em triunfo. Denunciou António numa série de quatro orações, chamadas *Filípicas* em homenagem às denúncias de Demóstenes de Filipe da Macedónia. Após a formação de um novo triunvirato, composto por Octávio, António e Lépido, foram emitidas proscrições para a execução de Cícero. O seu irmão e sobrinho conheceram o mesmo fim. Um grupo de soldados, liderados por Herénio, arrombaram a porta da casa de Cícero, mas ele não se encontrava em casa. Um escravo libertado, Filólogo, que fora educado por Cícero, informou os soldados de que o seu mestre tinha escapado há pouco e ia em direção ao mar.

Ao perceber que Herénio e os seus homens o perseguiam, Cícero enfrentou os seus agressores. Herénio matou-o, cortando-lhe primeiro a cabeça e depois, por ordem de António, as suas mãos, as mãos que tinham escrito as *Filípicas* contra António. A cabeça e as mãos de Cícero foram enviadas a António, em Roma, que ordenou que fossem penduradas por cima do rostro onde os oradores romanos falavam. Como podemos imaginar, isto foi algo desencorajador para a liberdade de expressão.

Pela sua traição, a cunhada de Cícero ordenou Filólogo a cortar a sua própria carne, pedaço a pedaço, e em seguida a assá-la e comê-la — o primeiro churrasco *self-service* do mundo.

Séneca, Lúcio Aneu (4 a. C.–65)
O suicídio dramático de Séneca, no meio da turbulência da Roma imperial, é descrito na Introdução (veja-se pp. 15-6). Não obstante, permitam-me algumas palavras sobre as suas reflexões em relação à brevidade da vida humana.

Séneca escreve: «Não é que tenhamos pouco tempo para viver, mas antes que o desperdiçamos bastante.» O problema da vida não é a sua brevidade, mas o facto de nós a dissiparmos como se ela nunca fosse acabar, como se a vida durasse infinitamente. Vivemos numa imortalidade contrafeita, em que acreditamos no nosso desejo de imortalidade e ocultando o medo da morte que lhe subjaz. Séneca afirma: «Agem como mortais em tudo o que receiam, e como imortais em tudo o que desejam.» A atitude filosófica correta é exatamente a contrária.

Para Séneca, o filósofo é a pessoa que está em casa para todos os seres humanos e que irá sempre arranjar tempo. Como comenta Wittgenstein em *Cultura e Valor*: «É assim que os filósofos se devem cumprimentar: "toma o teu tempo!"» O filósofo irá ensinar-vos a tomar o vosso tempo e a morrer. Para Séneca, a ansiedade é originada pelo medo do futuro e este medo é a causa dos lamentos pela brevidade da vida. Dá o exemplo do imperador persa, Xerxes, que, ao mobilizar o seu enorme exército nas vastas planícies, chorava por daí a cem anos nem uma alma estar viva naquele corpo de homens. A maioria já imaginou o mundo sem nós ou sem aqueles que amamos. Porém, tal ansiedade relativamente ao futuro é paralisante e causa do sentimento da brevidade da vida.

O filósofo, para Séneca, goza de uma vida longa, porque não se preocupa com a sua brevidade. Vive no presente e, na minha opinião, a única imortalidade que a filosofia pode prometer é permitir-nos habitar o presente sem preocupação com o futuro. Todas as honras, cargos oficiais, monumentos e edifícios públicos serão em breve destruídos e esquecidos. Mas não o filósofo, como afirma Séneca:

> «A vida do filósofo estende-se amplamente: ele não está confinado pelas mesmas limitações que os outros. Só ele é livre das leis que limitam a raça humana, e todas as idades o servem como a um deus. Algum tempo passou: ele apreende-o na memória. O tempo é presente: ele usa-o. O tempo virá: ele antecipa-o. Esta combinação de todos os tempos num dá-lhe uma vida longa.»

O que um filósofo procura e tenta ensinar é algo «grande, supremo e quase divino». É uma serena firmeza da mente, uma tranquilidade, na qual a mente procura seguir um rumo constante, permanecendo num estado de equilíbrio. Mas isto não é a tranquilidade de Lucrécio e Epicuro, com a sua crença materialista na mortalidade da alma. Para os estoicos, como Séneca, Epicteto e Marco Aurélio, o ser humano é um composto de alma e corpo no qual a morte representa a separação entre ambos. Mas embora o estoicismo influencie o cristianismo, esta noção da alma não é cristã. A alma, para os estoicos, é «sopro divino» que se manifesta na nossa racionalidade, à qual também se chama «princípio regulador». Esta alma racional é parte de uma alma mundo que é divina. Assim, e de acordo com uma imagem muito usada pelos estoicos e que vimos atrás com Crisipo, a alma individual é o microcosmo do macrocosmo animado e divino. No momento da morte, é a este macrocosmo que regressamos, a esta substância universal e, em última instância, divina.

Séneca escreveu: «Aquele que não souber como morrer não saberá viver bem.» A coisa importante é estar preparado para a morte, ser corajoso. A morte pode chegar a qualquer instante. E, como vimos, ao ter o imperador Nero como empregador, Séneca sabia do que falava. Séneca conclui o seu ensaio «Da tranquilidade da alma» com histórias de filósofos que permaneceram calmos face ao destino. Quando Zenão de Cítio perdeu todos os seus bens num naufrágio, disse: «o destino convida-me a ser um filósofo menos sobrecarregado», um comentário repetido mais tarde por Espinosa. Sempre que os filósofos são ameaçados por imperadores ou aspirantes a imperador, o que deve ser mantido em todas as ocasiões é a tranquilidade.

Quando Júlio César condenou Júlio Cano à morte, o que mais impressionou foi a calma que este mostrou enquanto aguardava a sua execução. Cano jogava um jogo de damas quando o chamaram para ser morto. Contou as peças e disse para o seu companheiro: «Procura não afirmar falsamente que ganhaste depois da minha morte.» Ao ver o sofrimento dos seus amigos, disse-lhes: «Porque estão tristes? Perguntam-se se as almas são imortais: descobrirei em breve.» Séneca conclui: «Ninguém levou a filosofia tão longe.»

O que nos conduz, indiretamente admito, aos efeitos benéficos do álcool. Séneca oferece-nos um argumento fascinante a favor do vinho e, verdade seja dita, a favor da intoxicação como um meio para manter a calma. Escreve:

«De vez em quando, devemos até chegar ao ponto da intoxicação, afundar-nos na bebida, mas não ser completamente inundado por ela.»

Portanto, da próxima vez que se afundarem, ou mesmo se afogarem, na bebida, pensem em Séneca e tentem manter a calma.

Petrónio, Tito Níger (morreu em 66)
Petrónio foi o *arbiter elegantiae* de Nero, o seu conselheiro em matérias de luxo e extravagância. Era um homem notoriamente dissoluto, que passava os dias a dormir e as noites em prazeres desmedidos. Como Séneca, e sob acusação de traição, Petrónio foi obrigado a cometer suicídio. Todavia, ao contrário de Séneca, a sua morte foi encenada cuidadosamente como uma espécie de anti-Sócrates, fazendo pouco do ideal da morte filosófica. Tácito escreve que, depois de fazer um corte nas veias, Petrónio ligou-as, apenas para as reabrir e ligá-las novamente, de acordo com o seu humor. Petrónio não discutiu a imortalidade da alma ou as teorias dos filósofos, mas conversou com amigos, contou piadas e cantou músicas ligeiras e engraçadas. A alguns dos seus serviçais dava generosas ofertas, a outros uns açoites. Jantava, bebia, comprazia-se em dormir e acabou por sair desta vida de uma forma um pouco idêntica ao modo como a viveu.

Petrónio foi também o autor da *Satyricon*, uma sátira mordaz que não tentava tanto produzir hilaridade quanto uma cómica repulsa pela Humanidade. O anti-herói do *Satyricon* é Trimalquião, o escravo grosseiro e vulgar que lambe as botas até ao topo da hierarquia e que pretende ser uma caricatura do imperador Nero. Comparado a um «porco grande e brilhante», Trimalquião escreve o próprio epitáfio, redigido naquilo que Beckett chamaria um «latim de chiqueiro». Lê-se:

> *Aqui jaz C. Pompeu Trimalquião*
> *Podia ter tido qualquer trabalho em Roma,*
> *Mas não teve.*
> *Leal, corajoso e honesto,*
> *Começou com um tostão no bolso,*
> *E deixou aos seus herdeiros trinta milhões;*
> *E NUNCA OUVIU SEQUER UM FILÓSOFO.*

Epicteto (55–135)

Inicialmente um escravo romano, as lições extremamente populares de Epicteto foram publicadas postumamente como *Discursos*, e o curto manual didático *Manual de Epicteto* pelo seu aluno Arriano (ele próprio o autor do relato mais importante que chegou até nós das campanhas de Alexandre, o *Grande*). Epicteto era coxo, possivelmente devido a maus-tratos que sofreu quando era escravo. Viveu uma vida de grande simplicidade numa cabana com um simples tapete de palha e uma lamparina de barro (consta que a sua lamparina de ferro fora roubada).

O imperador Domiciano, um facínora terrível e um tirano cruel, guardava uma profunda suspeita relativamente aos filósofos e exilou-os a todos de Roma, em 95, incluindo Epicteto. Fundou uma escola filosófica de grande sucesso em Nicópolis, na Grécia, que acabou por ser visitada pelo imperador Adriano.

Apesar de ser uma figura bastante influente nos séculos vindouros, Epicteto é uma espécie de mestre do truísmo moral estoico, exposto de uma forma serena, mas ao mesmo tempo segura e muito acessível. Encoraja a autoconfiança, a aceitação da providência e a paciência em todas as situações.

O modo como morreu não ficou registado, mas existem alguns comentários significativos sobre a mortalidade, um dos quais acabou curiosamente como epígrafe à excentricidade literária monumental de Laurence Sterne, *A Vida e Opiniões de Tristram Shandy* (1759-67):

> «Não são as coisas [*pragmata*] que perturbam os homens, mas as opiniões [*dogmata*] que têm sobre as coisas. Deste modo, a morte não é algo de terrível ou teria parecido assim a Sócrates. Mas o terror consiste na nossa opinião sobre a morte; isso é que é terrível.»

O terror da morte reside, portanto, na opinião que temos a seu respeito, nos dogmas que assumimos como verdades. Se olharmos minuciosamente para as próprias coisas, as *pragmata*, então o terror desaparece. Se mantivermos a morte constantemente diante de nós, e nas nossas bocas, o nosso terror em relação a ela e ao nosso apego às coisas terrenas desaparecerá. O pensamento completa-se num derradeiro comentário do *Manual de Epicteto*:

> «Deixa que a morte e o exílio, e todas as outras coisas que parecem terríveis, estejam diariamente debaixo do teu olhar, mas sobretudo a morte; e nunca nutrirás qualquer pensamento abjeto, nem cobiçarás em demasia o que quer que seja.»

É claro que não é sem ironia ver este pensamento acabar como epígrafe ao *Tristram Shandy*. Afinal, o que será este romance senão uma exploração extraordinária e exaustiva do facto de os seres humanos se perturbarem mais com as opiniões, com aquilo a que Sterne chama de os seus «cavalinhos de pau», do que com as próprias coisas? O universo do pai loquaz de Tristram, Walter Shandy, é inteiramente criado a partir de opiniões bizarras: sobre nomes, narizes, a melhor técnica de parto de forma a proteger a delicada rede do cerebelo, e por aí fora, durante centenas de páginas.

A réplica de Sterne a Epicteto parece ser a de que os seres humanos não conseguem pura e simplesmente *evitar* mergulhar em opiniões e esse é o motivo pela qual continuamos aterrados com a morte.

Polemon de Laodiceia (nasceu em 85)
Um sofista obscuro e prolixo cuja extraordinária morte está registada em *Vidas dos Sofistas* de Filóstrato.

Polemon adorava falar e jurou que «nunca o sol me verá reduzido ao silêncio!». Para defender a sua ideia, ordenou que a sua família o enterrasse vivo. Enquanto estava a ser fechado no sepulcro, gritou: «Rápido, rápido!» Terminada a tarefa, podia ouvir-se a sua voz de dentro do túmulo: «Dêem-me um corpo e declamarei.»

Esta história confirma a troça de Clemente de Alexandria relativamente aos sofistas de que eram como sapatos velhos: «Tudo neles se gastou ou deixa entrar água; só a lingueta [*tongue*] se conserva.»

Peregrino Proteu (100-165)
Peregrino foi um cínico que começou como cristão e se autoproclamou «Proteu», à semelhança da personagem homérica capaz de múltiplas e repentinas transformações.

A sua transformação final, fatal e mais célebre foi cremar--se a si mesmo à maneira de Empédocles, saltando para uma chama olímpica, em 165. No entanto, ao contrário de Empédocles, Peregrino não se imolou longe da multidão enlouquecida, mas à vista de todos. Pior ainda, Peregrino já tinha declarado que ia tornar-se numa tocha olímpica humana em inúmeros e patéticos discursos públicos. O satirista Luciano assistiu, de facto, a este acontecimento e em *A Morte de Peregrino* declara: «Ai, a estupidez! Ai, a vanglória!» Luciano explica o suicídio de Peregrino por um amor da fama e um puro desejo de atenção. Depois de ter assistido à autocremação, Luciano dirige-se a um grupo de cínicos que rodeavam a pira:

> «Vamos embora, seus tolos. Não é um espetáculo agradável olhar um velho que foi queimado, com as narinas cheias de um fumo ignóbil.»

Marco Aurélio (121–180)

«O maior dos homens» para Voltaire, «o homem perfeito», segundo Oscar Wilde. No extremo oposto da escala social ao escravo Epicteto, Marco Aurélio foi imperador romano de 161 até à sua morte, em Vindobona (atual Viena), em 180. Os seus *Pensamentos* foram escritos durante as campanhas militares nos últimos dez anos da sua vida. Em boa verdade, Marco Aurélio vê a vida como uma guerra, «um exílio no estrangeiro; a fama póstuma, o esquecimento»[11]. Num mundo destes, onde encontrar algo sólido que nos guie

---

[11] Tradução portuguesa: *Pensamentos para Mim Próprio*, tradução de José Botelho (Editorial Estampa, 1970), Livro II, §17, p. 27. *(N. do T.)*

e preserve no nosso caminho? A resposta é clara, e claramente estoica:

> «Que pode então guiar-nos? Única e exclusivamente a filosofia. E ela consiste em velar o Deus interior, para que permaneça isento de ultraje e prejuízo, que triunfe dos prazeres e sofrimentos...»([12])

Tal perspetiva da filosofia culmina na atitude correta para com a mortalidade. Marco Aurélio diz que o filósofo deve «aguardar a morte de alma serena»([13]). Isto significa cultivar o sentimento de tranquilidade que já vimos em Séneca:

> «A perfeição moral consiste em passar cada dia como se fosse o último, em evitar a agitação, o torpor, a falsidade.»([14])

Como é natural, os *Pensamentos* acabam com uma reflexão sobre a morte. Marco Aurélio pergunta: «Que procuras ainda? Prolongar a tua vida?»([15]) O objetivo da vida é seguir a razão e o espírito divino e aceitar o que a natureza nos envia. Viver desta maneira significa não temer a morte, mas desprezá-la. A morte só aterra aqueles que que são incapazes de viver no presente. Marco Aurélio conclui: «Parte, pois, de boa vontade para corresponder à de quem te liberta.»([16])

([12]) *Ibid. (N. do T.)*
([13]) *Ibid. (N. do T.)*
([14]) *Ibid.,* Livro VII, §69, p. 95.(*[N. do T.)*
([15]) *Ibid.,* Livro XII, §31, p. 163. *(N. do T.)*
([16]) *Ibid.,* §36, p. 164. *(N. do T.)*

Plotino (205-270)
Com o último grande (alguns dirão o maior) filósofo pagão, podemos identificar uma mudança na relação do filósofo com a morte, uma mudança que antecipa e influencia o cristianismo. Em parte, isto deve-se à natureza da filosofia de Plotino, com a forte ênfase na separação da alma imortal do corpo mortal, mas sobretudo devido ao modo como a vida era celebrada.

Uma importante biografia de Plotino foi escrita pelo seu discípulo Porfírio (232/3-305), que foi também editor dos seus escritos, coligidos com o título *As Enéadas*. O texto de Porfírio é muito semelhante a um evangelho e Plotino é descrito como um «homem divino», dotado de poderes sobrenaturais. Porfírio declara, inclusive, ter experienciado uma comunhão mística com Plotino após a sua morte. Muitos destes traços são retomados nas vidas dos santos e na tradição hagiográfica da qual falarei no próximo capítulo.

Um misticismo adulatório impregna não só a biografia de Porfírio como a organização dos escritos do seu mestre. *As Enéadas* foram divididas de uma forma bastante artificial em 54 tratados, cada um em seis capítulos de nove partes. A razão para isto é numerológica; como explica Porfírio: «Deu-me prazer encontrar a perfeição do número seis juntamente com os noves.» (Porfírio era, ele próprio, uma figura fascinante e autor de uma obra monumental em quinze volumes com um título um tanto explícito: *Contra os Cristãos*. Sem surpresa, os cristãos mandaram-nos para a fogueira em 448).

Porfírio inicia a sua biografia com as palavras: «Plotino, o filósofo dos nossos tempos, parecia envergonhado por estar no corpo.» O objetivo primeiro da filosofia de Plotino é superar a individualidade usando o intelecto para atingir a união com aquele que é chamado de «Uno». É deste «Uno», ou intelecto universal divino, que o indivíduo participa e ao qual pode reunir-se depois da morte. A este respeito, a cena da morte de Plotino é bastante reveladora. Quando estava prestes a falecer, Plotino proferiu a seguinte sentença: «Tenta trazer de volta o deus em nós para o divino no Todo.» Com estas palavras, uma cobra rastejou para debaixo da cama em que Plotino estava deitado e desapareceu por um buraco na parede, tendo ele dado o seu último suspiro.

Que poderá isto significar? Quem sabe, isto: o intelecto é o deus em nós que pode reunir-se à divindade do Todo, assim como a cobra pode perder a pele e rastejar de volta para o seu buraco — mas, pensando bem, talvez não seja isto.

Curiosamente, Plotino antecipa ainda o cristianismo na sua proibição do suicídio. Como já vimos em inúmeros exemplos, mais recentemente no estranho par Séneca e Petrónio, não havia vergonha alguma no suicídio no mundo antigo. No final da primeira *Enéada*, Plotino pergunta: «De que modo parte o corpo?» Isto é, de que modo a alma imortal se separa do corpo mortal? Plotino responde que esta separação ocorre quando «o corpo é incapaz de prender» a alma. Contudo, suponhamos que alguém arranja forma de destruir o seu corpo através de um ato suicida? Plotino insiste que jamais devemos forçar o corpo a deixar a alma, citando como autoridade o oráculo caldeu: «Não removerás a tua alma.»

Passando das nossas almas aos nossos cus, Porfírio comenta que o seu mestre sofria frequentemente de males da tripa. Mas em circunstância alguma Plotino se submetia a um enema, afirmando que era pouco digno para um velho sujeitar-se a esta espécie de tratamento. Portanto, para bem das nossas almas, o cuidado com os nossos cus não deve impedir a nossa passagem para o Todo.

Hipátia (370–415)

De acordo com as provas recolhidas por Gilles Ménage em *The History of Women Philosophers*, Hipátia sucedeu a Plotino na direção da escola platónica e de todo o lado filósofos acorreram para a ouvir. Embora pouco se conheça da sua obra, tudo leva a crer que foi uma platónica e uma devota e brilhante expositora das doutrinas de Plotino. Diz--se que lecionou e escreveu livros e tratados sobre matemática e astronomia.

Há uma história, possivelmente apócrifa, no *Lexicon Suda*, que conta que, quando um dos seus estudantes se enamorou dela, Hipátia mostrou-lhe alguns tecidos cobertos de sangue menstrual e disse: «Meu jovem, é isto que tu amas, mas não amas a beleza em si mesma.»

Este reparo não só curou o jovem devoto da sua paixão como reforçou a distinção plotiniana entre a mera aparência da beleza e a sua verdadeira forma. Segundo uma fonte, Hipátia tinha amantes, segundo outra, terá permanecido virgem. Seja como for, parece ter inspirado inveja, o que levou à sua morte violenta.

Hipátia era uma amiga íntima de Orestes, o prefeito pagão de Alexandria, e corriam rumores de que era ela a razão para a oposição de Orestes a Cirilo, que fora eleito para o patriarcado de Alexandria, em 412. Depois das turbas cristãs terem queimado a famosa Biblioteca de Alexandria e destruído as sinagogas judaicas em 414, voltaram a sua atenção para a mais famosa filósofa da cidade. Quando se dirigia para o auditório onde dava as lições, Hipátia foi puxada para fora da sua carruagem por um bando de cristãos e foi arrastada para a Igreja de César. Depois de lhe arrancarem as roupas, Hipátia foi morta com fragmentos de vasos partidos. Depois da sua pele ter sido removida com conchas de ostras, o seu corpo foi cortado em bocados e queimado num local chamado Cinaron. Ela tinha quarenta e cinco anos. Uma declaração atribuída a Hipátia, afirma: «Não há nada mais terrível do que ensinar superstições como se fossem verdades.»

Com o estranho martírio invertido de Hipátia às mãos dos cristãos, passamos do paganismo para o cristianismo. Qual a relação entre a filosofia clássica da Antiguidade e o cristianismo? Esta é uma questão imensa, mas no *Stromateis* (Miscelâneas) do início do século III, Clemente de Alexandria afirma que a filosofia era para o mundo grego o que a lei de Moisés era para os judeus, «um tutor escoltando-os para Cristo». Neste sentido, a filosofia não está errada enquanto tal, é apenas uma preparação para a *verdadeira* filosofia, designadamente o cristianismo. Como veremos, esta é uma visão com algumas consequências fatais.

As mortes dos santos cristãos

São Paulo (10?–67?)

São Paulo foi o segundo e, sem dúvida, o mais importante fundador do cristianismo. Numa característica escolha de palavras, chamou-se a si mesmo «um hebreu de Hebreus» e foi instruído na tradição da lei oral farisaica. Contudo, Paulo cita as escrituras hebraicas na tradução grega e foi mesmo um cidadão romano, o que era notável para um judeu daquele tempo. Ademais, é graças ao extraordinário ativismo itinerante de Paulo que o cristianismo se desenvolveu de um culto local originário de aldeias da Palestina até uma religião que se estabeleceu nas mais importantes cidades do mundo antigo.

Alguns, porventura muitos, filósofos profissionais talvez questionem a tentativa de pensar Paulo como um filósofo. É verdade que Paulo não era um amante da filosofia e julgava (como muito cristãos evangélicos de hoje) que vivia os últimos dias do fim da história. Felizmente para nós, estava enganado. Seja como for, é difícil encontrar um pensador ocidental cujos conceitos tenham tido uma maior influência, uma influência que ainda se sente na filosofia moderna como algo repulsivo (Nietzsche) ou atraente (Kierkegaard).

A lógica do discurso de Paulo é profundamente antitética, aquilo a que Lutero chama «uma linguagem deliciosa... um discurso inaudito que a razão humana simplesmente não consegue compreender». Em lado algum esta afirmação é mais verdadeira do que quando Paulo escreve sobre a morte. O pecado entrou no mundo através da ação de um homem, Adão, e com o pecado veio a morte. Para Paulo, o pecado e a morte abandonam o mundo por meio da ação de outro homem, Cristo, o segundo Adão, que morre pelos nossos pecados. Paulo afirma em *Romanos*:

> «Portanto, como pela falta de um só veio a condenação para todos os homens, assim também pela obra de justiça de um só veio para todos os homens a justificação que dá a vida.»[17]

É a morte de Cristo na cruz que põe um fim ao pecado e à morte para que possamos viver, para que possamos nascer novamente. Paulo diz de Cristo:

> «De facto, se estamos integrados nele por uma morte idêntica à sua, também o estaremos pela sua ressurreição.»[18]

Portanto, o que morre na cruz não é apenas Cristo, o Deus-homem, mas a antiga existência, pecaminosa e condenada à morte. Através da identificação com a paixão de Cristo, os cristãos morrem para os seus eus para que nasçam na vida eterna. Assim, para mostrar da forma mais evidente o paradoxo essencial do cristianismo, Cristo mata a morte e ao

---

[17] Rm 5, 18. Tradução portuguesa: *Bíblia Sagrada*, 3.ª reimpressão (Lisboa/Fátima: Difusora Bíblica, 2012). *(N do T.)*
[18] *Ibid.*, Rm 6, 5. *(N. do T.)*

morrer pelos nossos pecados renascemos para a vida. Logo, ser um cristão é pensar única e exclusivamente na morte, pois é somente meditando na mortalidade que o caminho da salvação pode ser encontrado. Neste caso, e esta é a questão que Kierkegaard colocará dezoito séculos mais tarde: quantos supostos cristãos são realmente cristãos?

A «verdadeira» vida de Paulo está registada nos Atos dos Apóstolos, que a tradição acredita terem sido escritos pelo mesmo autor do Evangelho de Lucas. Todavia, os Atos não relatam a morte de Paulo, mas, ao invés, terminam com o seu definhamento durante dois anos em Roma, em prisão domiciliária. No entanto, Paulo era aparentemente livre de escrever e pregar o Evangelho e os Atos finalizam com as palavras: «Anunciando o Reino de Deus e ensinando o que diz respeito ao Senhor Jesus Cristo, com o maior desassombro e sem impedimento.»[19]

Paulo acabou em Roma depois de ter estado preso dois anos em Cesareia, na Palestina, por fazer um discurso malsucedido em aramaico, onde uma multidão o tentou matar. Na medida em que era um cidadão romano, tinha o direito de ser julgado em Roma, o que justifica a sua derradeira viagem em que leva o Evangelho até ao coração do Império.

Segundo Eusébio, em *A História da Igreja*, Paulo teve um fim macabro às ordens de Nero (que é agora o responsável por três mortes neste livro): «Diz-se que, no seu reinado, Paulo foi mesmo decapitado em Roma.» A história tradicional conta que Paulo foi sepultado nas catacumbas e que, alguns séculos mais tarde, a Basílica de São Paulo Fora dos Muros foi construída sobre o local onde se situaria o seu

---

[19] *Ibid.*, Act 28, 31. *(N. do T.)*

sarcófago. Devemos acreditar em tais histórias de martírio? De acordo com Voltaire, «só podemos rir às gargalhadas de todos os embustes que nos contam sobre os mártires». Contudo, não devemos subestimar o poder da embustice.

Orígenes (185-254)

Em *Contra os Cristãos*, o pagão Porfírio expressa a sua admiração exasperada pelo cristão Orígenes como «o mais eminente filósofo do nosso tempo». Gregório de Nissa chama-lhe «O Príncipe dos Filósofos» e, para São Jerónimo, foi o maior professor da igreja cristã primitiva. Como Plotino, Orígenes foi aluno do filósofo Amónio, mas, ao contrário de Plotino, procurou clarificar a doutrina cristã e oferecer a mais detalhada crítica textual do Antigo e Novo Testamento.

Contam-se muitas histórias a propósito da extraordinária castidade de Orígenes. No Evangelho segundo São Mateus, Cristo diz:

> «Há eunucos que nasceram assim do seio materno, há os que se tornaram eunucos pela interferência dos homens e há aqueles que se fizeram eunucos a si mesmos, por amor do Reino do Céu. Quem puder compreender, compreenda.»[20]

Infelizmente, Orígenes parece ter interpretado estas palavras literalmente e quando ensinava em Alexandria castrou-se de modo a trabalhar livremente com estudantes do sexo feminino da doutrina cristã. Embora a coragem requerida para executar este ato faça de todos nós uns cobardes, a fé

---

[20] *Ibid.*, Mt 19, 12. (N. do T.)

de Orígenes era tão forte que ele foi certamente capaz de o compreender. Eusébio, eufemisticamente, descreve a autocastração de Orígenes como um «ato de obstinação». Impediu-o de ser ordenado e nunca foi canonizado. No Deuteronómio está escrito:

> «Nem o castrado nem o que for mutilado sexualmente serão admitidos na assembleia do Senhor.»[21]

Orígenes morreu de uma forma particularmente horrível. Depois de Décio se tornar imperador, em 249, começou o seu breve reinado com uma perseguição generalizada aos cristãos. Segundo nos diz Eusébio no seu extenso relato biográfico, terríveis padecimentos atingiram Orígenes:

> «Cadeias e tormentos corporais, agonia no ferro e escuridão da sua prisão; dias a fio com as pernas apartadas no tronco do torturador.»

Supostamente, Orígenes enfrentou estes horrores com coragem até acabar por morrer.

Santo Antão (251–356)

O elegante relato do bispo Atanásio *A Vida de Antão* é o texto fundador do monasticismo cristão. *Monachós* em grego significa «viver sozinho» e a vida monástica significa retirada do mundo, castidade, oração constante e trabalho manual. Para Antão, esta retirada significava longos anos passados no interior das montanhas áridas do deserto egípcio.

---

[21] *Ibid.*, Dt 23, 2. *(N. do T.)*

A Vida de Antão tornou-se um *bestseller* instantâneo e exerceu enorme influência de Agostinho a Lutero e depois. Tornou-se um modelo para a hagiografia. A razão para ter incluído Antão prende-se com o desejo de querer mostrar a conexão autoconsciente entre a morte do santo cristão e a do filósofo, exemplificada por Sócrates. O que Antão representa, na minha opinião, é a cristianização da morte filosófica pela qual «as vidas dos filósofos» se tornam «as vidas dos santos».

Existem muitos paralelos impressionantes entre Antão e Sócrates: a rejeição dos valores convencionais, o facto de ambos viverem uma vida de austeridade pessoal e humildade intelectual. Mas esta humildade é combinada com uma clarividência devastadora. Numa ocasião, dois filósofos pagãos foram visitar Antão por mera curiosidade. Antão perguntou-lhes por que motivo estes homens sábios desejavam falar com alguém tão estúpido quando ele. Os filósofos, simpaticamente, responderam que Antão não era estúpido, mas excecionalmente sábio. Antão, de imediato, fez a seguinte inferência:

> «Se vieram visitar um homem estúpido, o vosso esforço foi em vão; mas se pensam que sou sábio e possuo a sabedoria, seria boa ideia imitarem o que aprovam, pois é correto imitar as boas coisas. Se tivesse ido ter convosco, iria imitar-vos, mas dado que foram vocês a vir até mim crendo que sou sábio, deviam ser cristãos como eu.»

Os filósofos pagãos partiram, espantados com a agilidade mental de Antão. Noutra ocasião, um grupo de anciãos veio visitar Antão para pedir aconselhamento e ele decidiu testá-los questionando-os sobre uma passagem das Escrituras. Cada homem deu a sua opinião até que o último foi questionado e respondeu simplesmente: «Não sei.» Como Sócrates, Antão disse que esta era a única resposta correcta.

Com Antão, a morte do santo cristão substitui e transforma a «arte de morrer» ou *ars moriendi* do filósofo pagão. Antão soube quando ia morrer e instou os seus seguidores de que não queria o seu corpo embalsamado e mumificado à maneira egípcia. Pediu um simples funeral em que fosse sepultado na terra e deixou a sua túnica gasta e o seu velho casaco de pele de cordeiro a Atanásio, o seu biógrafo. Quando acabou de falar, «esticou os pés um pouco e olhou para a morte com alegria».

A simplicidade sublime da morte de Antão pode ser comparada com a morte de São Bento na hagiografia de Gregório, *o Grande*, de finais do século VI. Bento previu o dia da sua morte, e rodeou-se dos seus discípulos, pois estava demasiado fraco para se manter de pé sem apoio. Nas palavras de Gregório, «dispôs-se» para a morte «participando do corpo e sangue do Senhor». Alimentado espiritualmente, com as mãos erguidas para o céu, morreu a meio de uma oração.

É importante, penso eu, em culturas como a nossa, em que o cristianismo se tornou- tão banalizado, recordar-nos desta atitude cristã sem dúvida mais rigorosa e exigente perante a morte. A este propósito, as palavras dos Padres do Deserto dos séculos IV e V são absolutamente fascinantes. Evágrio, um seguidor de Orígenes, diz:

> «Tem sempre a tua morte em mente e não te esqueças do juízo eterno, e assim não haverá qualquer falta na tua alma.»

João, *o Anão*, diz:

> «Renuncia a tudo o que é material e a tudo o que é carnal. Executa o teu trabalho em paz. Sê perseverante na vigília, na fome e na sede, no frio e na indigência, e no sofrimento. Fecha-te num túmulo como se já estivesses morto, para que em todos os momentos tenhas presente que a morte está próxima.»

A atitude cristã perante a morte pode conduzir igualmente a algo que soe a uma fria indiferença a ouvidos modernos. Cassiano relata uma história de inícios do século v:

> «Um certo monge habitava uma gruta no deserto. Alguns familiares disseram-lhe: "o teu pai está muito doente, às portas da morte; vem e recebe a tua herança." Respondeu-lhes: "Morri para o mundo antes dele e os mortos não herdam dos vivos."»

Vimos já com São Paulo que ser cristão significa morrer para si e para o mundo de modo a nascer novamente. Do ponto de vista terreno, carnal, o verdadeiro cristão já está morto e, portanto, as relações com familiares não têm qualquer importância. Mas iremos ver esta austeridade cristã posta em causa de forma surpreendente nas duas entradas que se seguem.

São Gregório de Nissa (335–394)
Um dos mais brilhantes e influentes Pais da Igreja, Gregório deixou-nos um texto de uma sensibilidade extraordinária sobre a vida e morte de Macrina, sua irmã. Visitou-a no

convento, onde se encontrava já terrivelmente doente. Com detalhes simples e subtis, Gregório conta os seus últimos dias e horas. A sua oração final revela a severidade da atitude cristã perante a morte:

> «Tu, Senhor, libertaste-nos do medo da morte. Tu fizeste do fim da vida o início da verdadeira vida para nós. Tu que por um período descansaste os nossos corpos no sono e os acordaste novamente à trombeta do Juízo Final.»

Como tal, não devemos temer a morte, pois não é o fim mas o início da verdadeira vida que irá consumar-se com o Segundo Advento de Cristo e a ressurreição dos mortos. Gregório testemunhou a morte de Macrina e descreveu-a numa linguagem ao mesmo tempo hagiográfica e pessoal:

> «Entretanto caiu a noite e uma lamparina foi trazida. De repente, abriu a orbe dos seus olhos e olhou para a luz, procurando sem dúvida repetir a oração de graças na Iluminação das Velas. Mas a sua voz falhou e cumpriu o seu intento no coração e movendo as mãos, ao mesmo tempo que os seus lábios se agitavam em consonância com o seu desejo íntimo. Mas quando acabou a oração de graças e a sua mão se aproximou da face para fazer o sinal da cruz, o que significou o fim da oração, expirou profundamente e terminou a sua vida e oração em simultâneo.»

Santo Agostinho (354–430)
O relato de Gregório da morte da irmã é secundado com maior expressividade na famosa descrição de Agostinho da morte da sua mãe, Santa Mónica, no final do Livro IX das *Confissões*.

O desejo final de Mónica foi ver o seu filho convertido ao cristianismo, e quando isto ocorre da forma dramática que Agostinho descreve no Livro VIII das *Confissões*, ela pergunta: «Que faço ainda aqui?»[22] Mónica é acometida de febre e quando se torna claro que ia morrer, o irmão de Agostinho pergunta-lhe — numa inútil tentativa de conforto — se ela se importa de estar tão longe de casa, em Óstia, perto de Roma, ao invés de estar em Tagaste, na atual Argélia. Ela responde:

> «Nada há longe para Deus, nem já que temer que ele não reconheça, no fim do mundo, o lugar de onde me há de ressuscitar.»[23]

Como outros que já vimos neste livro, Mónica não mostra qualquer preocupação pelo cuidado prestado ao seu cadáver — «Sepultai este corpo em qualquer lugar»[24] — e pede somente que se lembrem dela «diante do altar do Senhor»[25].

Ainda assim, Agostinho não se consola com as derradeiras palavras da mãe e cai num profundo sofrimento. Num autodilaceramento característico, pergunta a si mesmo, revelando uma profundidade subjetiva sem dúvida nunca antes vista antes de Agostinho e só muito raramente igualada desde então, por exemplo, em Rousseau:

---

[22] Tradução portuguesa: *Confissões*, tradução de Arnaldo do Espírito Santo, João Beato e Maria Cristina de Castro-Maia de Sousa Pimentel, 2.ª ed. (Lisboa: INCM, 2004), Livro IX, §28, p. 224. *(N. do T.)*
[23] *Ibid. (N. do T.)*
[24] *Ibid.*, Livro IX, §27, p. 223. *(N. do T.)*
[25] *Ibid. (N. do T.)*

«Que era então aquilo que, dentro de mim, me doía tao vivamente, senão a ferida recente nascida do hábito tão doce e tão grato de vivermos juntos, que de repente se rompia?»[26]

O relato prossegue dizendo que a sua «alma estava ferida»[27] pela morte da mãe, pois «se me dilacerava a vida, que, da minha e da dela, se tinha tornado numa só»[28]. É como se Agostinho sentisse que a sua individualidade se dividiu com a morte da mãe. Como se parte do seu eu estivesse ausente ou, de facto, tivesse já morrido, e isto fá-lo sofrer imensamente. Agostinho já chorara pela morte do seu querido, embora anónimo, amigo no Livro IV das *Confissões*. Escreve que «esta dor fez-se trevas o meu coração e tudo o que via era morte»[29]. Na sua miséria, Agostinho faz então o surpreendente comentário:

«Bem disse alguém, em relação a um amigo seu, que ele era metade da sua alma. Porque eu sentia que a minha alma e a alma dele eram uma só alma em dois corpos.»[30]

Agostinho vê a sua alma como que partida e a sua vida como metade de uma vida. Curiosamente, este é também o motivo pelo qual Agostinho teme a morte: se ele morrer, então o amigo que ele tanto amava iria também morrer por completo. Amor meio-vivo é, ainda assim, melhor do que um amor inteiramente morto.

---

[26] *Ibid.*, Livro IX, §30, p. 225. *(N. do T.)*
[27] *Ibid. (N. do T.)*
[28] *Ibid. (N. do T.)*
[29] *Ibid.*, Livro IV, §9, p. 73. *(N. do T.)*
[30] *Ibid.*, Livro IV, §11, p. 74. *(N. do T.)*

No entanto, a profunda dor no Livro IV das *Confissões* é a de um pagão. O cenário muda radicalmente depois da sua conversão ao cristianismo. A dor que Agostinho sente pela morte da sua mãe é uma dor dupla, pois ele sente ainda *culpa* pela intensidade da sua dor. Porquê? Porque mostra quão longe ainda se encontra do domínio dos sentimentos humanos e insuficientemente ligado a Deus. Escreve, numa frase extraordinária:

> «doía-me a minha dor com uma outra dor, e atormentava-me com uma dupla tristeza.»[31]

A dor pela sua mãe duplica-se com a dor que sente por não morrer para o seu eu e viver em Cristo. Este é um momento fascinante, pois, embora Agostinho saiba que a sua mãe viverá eternamente através de Cristo, não consegue consolar a sua dor. É por isso que sente culpa e uma necessidade existencial de abrir-se ainda mais num ato de confissão a Deus:

> «E agora, Senhor, confesso-me a ti nestas páginas. Leia quem quiser e interprete como quiser, e se achar que é pecado ter eu chorado minha mãe durante uma escassa parte de uma hora, minha mãe por algum tempo morta a meus olhos, ela que me tinha chorado durante muitos anos para que eu vivesse a teus olhos, não se ria de mim, mas antes, se é de grande caridade, chore ele próprio pelos meus pecados, diante de ti, Pai de todos os irmãos do teu Cristo.»[32]

---

[31] *Ibid.*, Livro IX, §30, p. 226. *(N. do T.)*
[32] *Ibid.*, Livro IX, §33, p. 227. *(N. do T.)*

Deve soar a mistificação para os egos mais delicados, e para as suas lágrimas fáceis, que ocupam tanta da cultura popular contemporânea, que Agostinho deva sentir-se envergonhado por chorar «uma escassa parte de uma hora» a morte da sua mãe. Mas isto tem de ser explicado em termos cristãos: ele sofre pelo pecado que ainda corrói a natureza de Agostinho e o torna imperfeito.

Digamo-lo outra vez, não é fácil ser cristão. A correta atitude cristã perante a morte mostra-se na reação de Agostinho ao falecimento aparentemente trágico do filho, Adeodato, aos dezassete anos. Agostinho confessa que o seu filho nasceu «de mim, carnalmente do meu pecado»([33]) através da primeira mulher. Mas Agostinho é capaz de olhar para a sua morte com paz de espírito, porque ele e o seu filho foram batizados juntos um par de anos antes: «e abandonou-nos a preocupação pela vida passada»([34]).

A *Vida de Agostinho* foi escrita pelo bispo Possídio trinta anos depois da sua morte. Agostinho adoeceu com uma febre terrível durante o cerco e bloqueio de catorze meses de Hipona por «um grupo heterogéneo de selvagens vândalos e alanos, juntamente com uma tribo de godos e povos de diferentes raças». Quando Honorato lhe perguntou se os bispos e o clero deviam ou não retirar-se da Igreja perante um inimigo, Agostinho escreveu uma resposta longa e mordaz, defendendo que era obrigação do clero ficar com o seu rebanho e não o entregar ao «lobo» pagão.

Agostinho morreu com setenta e seis anos, depois de servir como bispo ou padre de Hipona, na atual Argélia, durante

---

([33]) *Ibid.*, Livro IX, §6, p. 212. *(N. do T.)*
([34]) *Ibid.*, Livro IX, §6, p. 213. *(N. do T.)*

quarenta anos. Na hora da sua morte, pediu solidão e reclusão. Agostinho tinha os salmos de David copiados e leu-os «chorando copiosa e continuamente». Não deixou testamento, pois um homem pobre não tem nada para deixar.

Boécio, Anício Mânlio Severino (data de nascimento desconhecida, possivelmente cerca de 475, morreu em 524)
Boécio, conhecido pela tradição como o último dos romanos e o primeiro dos escolásticos medievais, foi um filósofo extraordinariamente importante, visto ter sido através das suas traduções que os trabalhos sobre lógica de Aristóteles sobreviveram no Ocidente. Boécio planeou traduzir a obra completa de Platão e Aristóteles para latim, um projeto que teve um fim com a sua morte violenta quando estava ainda nos seus quarenta. *A Consolação da Filosofia* foi um dos mais importantes livros da Idade Média e depois, existindo centenas de cópias manuscritas. Algum tempo mais tarde, em 1593, uma Isabel I em idade já avançada traduzia a *Consolação* em vinte e quatro (alguns dizem vinte e sete) horas.

Como Cícero e Séneca antes dele, Boécio era uma importante figura política. Ganhou a confiança do rei ostrogodo Teodorico, que governou a Itália e muito do Império Romano do Ocidente após a capital ter sido transferida para Constantinopla. Com trinta anos, Boécio tornou-se *magister officiorum*, chefe dos assuntos civis e militares, que controlava o acesso ao rei. Os detalhes da sua queda abrupta do poder não são claros, mas parece ter estado implicado numa conspiração contra Teodorico. O senado desse tempo era pouco mais do que um joguete para o rei, e Boécio foi preso, condenado à morte e enviado para o exílio enquanto aguardava execução. Foi neste período de espera ansiosa que Boécio escreveu *A Consolação da Filosofia*.

Quando se lê a *Consolação*, devemos ter em mente que é um livro escrito por um homem que acredita ter sido injustamente condenado à morte. É, portanto, numa cela de prisão que a Filosofia aparece, em forma de mulher e oferecendo consolação. E que mulher ela era: «Por vezes» — escreve Boécio —,

> «era de média estatura humana, ao passo que outras vezes parecia tocar o próprio céu com o topo da sua cabeça.»

Boécio está cheio de justa indignação e diz a Filosofia:

> «E agora vês o resultado da minha inocência — em vez de recompensado por uma bondade real, punido por um crime que não cometi.»

O livro é, quanto à sua forma, um diálogo entre Boécio e Filosofia sobre a natureza da felicidade. E nisto reside o enigma central do texto: Boécio é ostensivamente um cristão num império que, por essa altura, estava já inteiramente cristianizado, e no entanto, Cristo nunca é sequer mencionado. De facto, a conceção da filosofia oferecida pela mulher de quinze metros é tremendamente platónica. O exemplo mais óbvio é o caso do aval à conceção da criação de Platão, segundo a qual a matéria eterna é formada às mãos de um demiurgo ou artesão do mundo, em oposição ao Deus judaico-cristão que cria o universo do nada. A Filosofia afirma ainda que a felicidade, a bondade e Deus são idênticos e que podemos participar neles não através da mediação de Cristo, mas, de um modo bem mais platónico, voltando o nosso intelecto para as emanações da sua substância.

Que consolação oferece a filosofia ao homem condenado à morte? O livro termina com uma distinção entre juízo humano e divino. Ainda que o juízo humano, como no caso de Teodorico, possa ser injusto, a Filosofia insiste que isto é, em última instância, anulado pelo «olhar de um juiz que tudo vê». A consolação da filosofia é o conhecimento de que Deus recompensa o bom e castiga o mau — se não neste mundo, então no outro.

Desconhece-se o alcance da consolação de Boécio pela filosofia. Foi torturado de forma cruel antes de ser espancado até à morte.

Com o espancamento de Boécio e o colapso do conhecimento do que sobreviveu do mundo clássico, gostaria de iniciar uma viagem pela filosofia medieval. Isto levar-nos-á primeiro ao Norte bárbaro da Inglaterra e Irlanda, ao Sul islâmico e judaico de Córdoba, Bagdad e Pérsia, e em seguida às grandes universidades medievais de Paris e Oxford. Será uma grande viagem.

Filósofos medievais: cristãos, islâmicos e judaicos

Beda, *o Venerável* **(672/3–725)**
Beda é o único inglês que entrou no *Paradiso* de Dante. Alguns poderão considerar este facto um pouco generoso demais. Contudo, o facto de Beda ter entrado no paraíso é particularmente bem-vindo na medida em que parece ter revelado alguma ansiedade com a morte no momento do seu falecimento. Na epístola hagiográfica de São Cuteberto sobre a morte de Beda, reconhecemos um tom surpreendentemente distinto daquele que observámos em Antão e Agostinho. No momento da sua morte, Beda preferiu citar as palavras de Paulo: «É terrível cair nas mãos do Deus vivo.»([35]) Num momento humano raro e intenso na morte de um santo, Beda é visto a quebrar e chorar face à pavorosa partida da alma do corpo e ao futuro julgamento de Deus. Cuteberto recorda uma bela e curta canção pouco sentimental sobre a morte que Beda cantou no seu dialeto nativo nortumbriano:

Antes da viagem inevitável,
Ninguém se torna sábio de pensamento

([35]) Hebreus 10, 31. Tradução portuguesa: *Bíblia Sagrada*, 3.ª reimpressão (Lisboa/Fátima: Difusora Bíblica, 2012). *(N. do T.)*

Senão aquele que, por necessidade, medita,
Antes da sua partida daqui,
Que bem e mal dentro da sua alma,
Serão julgados após o dia da sua morte.

João Escoto Eriúgena (810-877)

O seu nome é um pleonasmo, que significa «João, *o Escocês*, nativo da Irlanda (Erin). No século IX, a Irlanda chamava-se «Scotia Maior» e *scottus* significava um Irlandês (alguns séculos mais tarde veio a significar alguém da Escócia, como se pode ver com João Duns Escoto ou João, *o Escocês*).

Eriúgena é o mais importante e original filósofo europeu nos longos e negros séculos que separaram Agostinho de Anselmo. Para alguns, só Aquino se equipara a ele. Os seus escritos deslumbram pelo brilhantismo dialético e profunda erudição, por um conhecimento perfeito do grego antigo, uma língua que foi desaparecendo do Ocidente exceto entre os monges irlandeses. As razões para o esquecimento a que Eriúgena foi votado são variadas. Para o caso não ajudou o facto de a sua obra filosófica maior, *Periphyseon: Da Divisão da Natureza*, ter sido colocada no Índex da Igreja Católica. No século XIII, o papa Honório III descreveu os textos de Eriúgena como estando «repletos de vermes de perversidade herética» — um belo elogio!

O problema da Igreja com Eriúgena prende-se com a sua conceção da natureza profundamente platónica, que incluía Deus e a criação. A natureza é um todo e é percebida como um processo dinâmico de emanação do Uno divino. Esta posição coloca Eriúgena perigosamente muito próximo da acusação de panteísmo, ou a identidade de Deus com a natureza. Nesta medida, Eriúgena pode ser visto como precursor de «heréticos» como Giordano Bruno, «ateus» como Espinosa e «dialéticos ímpios» como Hegel. Feuerbach escreveria mil anos mais tarde: «Ateísmo é Panteísmo ao contrário.»

Eriúgena gozava do patrocínio magnânimo do rei Carlos, *o Calvo*, e passou toda a sua vida adulta em França. Conta-se uma história relacionada com um incidente ocorrido quando o calvo monarca e o filósofo irlandês se encontravam sentados a uma mesa frente-a-frente. O rei disse: «Quid distat inter sottum et Scottum?» («O que separa um louco de um irlandês?») Ao que Eriúgena observou sarcasticamente: «Apenas uma mesa.» O poeta contemporâneo Paul Muldoon dá-nos uma versão atualizada desta piada no seu audacioso *Madoc* (uma história alternativa da filosofia dos gregos em diante):

«Qual a diferença entre um irlandês e um charco?» E de súbito uma voz diz: «A garrafa.»

William de Malmesbury conta a história certamente apócrifa em que Eriúgena é chamado a Inglaterra por Alfredo, *o Grande*, e posteriormente esfaqueado até à morte pelos seus alunos, quiçá por alguns monges ingleses pouco satisfeitos. Pelos vistos, as armas do crime não foram facas, mas estiletes de escrita. Mais uma prova, como se fossem ainda necessárias, de que a caneta é mais poderosa do que a espada.

Al-Farabi (870–950)
A história complexa e muitíssimo importante do lugar da filosofia, ou daquilo a que os muçulmanos chamam «falsafa», no mundo islâmico, não pode ser contada aqui. Pese embora muitos leitores desconheçam por completo este período da história da filosofia, é apenas através do trabalho

monumental dos grandes filósofos medievais islâmicos que o conhecimento da filosofia grega, em particular Aristóteles, foi transmitido ao Ocidente cristão. Al-Farabi, conhecido como «Segundo Mestre» (segundo, isto é, só atrás de Aristóteles), é por hábito considerado como o iniciador desta tradição. Avicena, Averróis e Maimónides, todos eles reconhecem a sua dívida para com o Segundo Mestre e muitos dos seus escritos foram traduzidos para latim.

A fama de Al-Farabi advém sobretudo dos seus comentários em torno de Aristóteles, em particular os seus trabalhos sobre lógica, mas também sobre a *Retórica* e a *Poética*. O termo «comentário» tem, no entanto, conotações menos felizes e deprecia a originalidade da filosofia de Al-Farabi. A sua obra representa uma tentativa extraordinariamente ambiciosa de combinar o rigor lógico e o empirismo de Aristóteles com a intuição mais mística do Uno de Plotino e do pensamento neoplatónico.

O título de uma das obras de Al-Farabi que data do ano 900 delineia este ambicioso plano: *A Harmonização das Opiniões de Dois Sábios, o Divino Platão e Aristóteles*. O objetivo de uma harmonia filosófica deste tipo não pode ser dissociada de uma ambição mais religiosa da salvação da alma na próxima vida.

Não sabemos se Al-Farabi conseguiu alcançar a outra vida e sabemos muito pouco sobre a sua vida cá em baixo. Nasceu no Turquestão, foi educado em Damasco e Bagdad e trabalhou em Alepo, no Norte da Síria. De acordo com uma fonte, morreu em Alepo depois de uma longa viagem ao Egito, mas, segundo alguns biógrafos medievais, foi violentamente assassinado por salteadores na estrada entre Damasco e Ascalão.

Avicena ou Ibne Sina (980–1037)

Se não sabemos o suficiente acerca da vida de Al-Farabi, talvez saibamos um pouco demais sobre Avicena. Começou a escrever uma autobiografia, que foi terminada pelo seu discípulo Al-Juzajani. Nasceu em Bucara, no atual Uzbequistão, e trabalhou em várias cortes na Pérsia antes de gozar do patrocínio de Abu Ya'far, o príncipe de Isfahan. Avicena escreveu perto de 450 livros, desde a metafísica à medicina, incluindo *O Cânone da Medicina*, o manual médico comummente usado na Europa durante sete séculos. Infelizmente, porém, o médico não parece ter sido capaz de curar-se a si próprio. Perto do final de *A Vida de Ibne Sina*, o seu discípulo escreve:

> «O Mestre era vigoroso em todas as suas faculdades, com a faculdade sexual a ser a mais vigorosa e dominante das suas faculdades concupiscíveis, e uma que exercitava bastante.»

Porém, o apetite sexual de Avicena era de tal ordem que as suas *performances* priápicas fizeram-lhe mal e adoeceu gravemente com aquilo a que o seu discípulo designou vagamente de «cólica». «Assim — prossegue Al-Juzajani —,

> «administrou um enema a si mesmo oito vezes num só dia, a ponto de parte dos seus intestinos terem ulcerado e uma escoriação ter surgido.»

A história continua:

> «Certo dia, querendo soltar os gases da cólica, ordenou que dois *danaqs* [unidade de medida em árabe] de aipo fossem incluídos no enema.»

No entanto, as instruções de Avicena não foram seguidas e o doutor acrescentou «cinco *dirhams*» (outra unidade de medida, da qual tem origem o termo *dram* [copinho]) de sementes de aipo, o que agravou as escoriações. Além disso, um dos seus servos, que tinha roubado uma grande soma de dinheiro a Avicena, administrou-lhe uma enorme quantidade de ópio tentando matá-lo.

Neste estado periclitante, Avicena viajou para Isfahan, mas estava tão fraco que era incapaz de se manter de pé. Todavia, continuou a tratar-se a si mesmo até conseguir caminhar. Ainda assim, prossegue Al-Juzajani, «não tinha cuidado e tinha relações sexuais com frequência». Por fim, Avicena não resiste à doença, afirmando: «O governador que costumava governar o meu corpo é incapaz de governar.» Morreu uns dias mais tarde, com cinquenta e oito anos, e consta que terá dito: «Prefiro uma vida curta, mas larga, a uma estreita, mas comprida.» Quando questionaram Avicena a propósito dos seus excessos, respondeu:

> «Deus, que é louvado, foi generoso quanto às minhas faculdades internas e externas; por isso, uso cada faculdade como deve ser usada.»

O seu discípulo conclui a sua biografia com as palavras: «Queira Deus julgar os seus feitos meritórios.»

Santo Anselmo (1033/4–1109)
Justa ou injustamente, Anselmo é famoso por um argumento, que veio a ser chamado, mais tarde, de argumento ontológico a favor da existência de Deus. Trata-se de um argumento de

uma elegância singular moldado para persuadir o insensato que o salmista cita, dizendo: «Não há deus.»[36]

Para Anselmo, podemos conceber algo maior do que o qual nada pode ser pensado. Se isto é verdade, então somos obrigados a reconhecer que tal conceção existe no intelecto. Até o insensato tem de concordar. Mas se podemos conceber algo maior do que o qual nada pode ser pensado, existirá esta conceção somente no intelecto? Não terá de existir na realidade, o que é ainda maior? Se não existisse na realidade, então não seria algo maior do que o qual nada pode ser pensado. Porquê? Pela simples razão de que existiria algo maior do que aquilo que apenas existe no intelecto. Logo, se podemos conceber algo maior do que o qual nada pode ser pensado, é seguro que esse algo existirá forçosamente na realidade como no intelecto. Ora, Deus é esse algo maior do que o qual nada pode ser pensado. Assim sendo, Deus existe no pensamento e na realidade. Todos aqueles que consigam conceber o conceito de Deus não podem negar que tal ser exista, nem mesmo um insensato.

A isto sinto-me tentado a responder: não sou sequer um insensato. Pois o que é *conceber* Deus? O que significa para a conceção de Deus que *exista* no intelecto, onde quer que este se localize? Exista Deus ou não, negarei simplesmente que possamos conceber um tal ser da mesma forma que não penso que possamos conceber a morte, que a morte não pode ser localizada no intelecto. Num sentido mais profundo, não posso conceber a morte nem Deus. Ambos excedem o intelecto.

([36]) Referência à passagem bíblica dos Salmos 14, 1: «Os insensatos proferem no seu coração: Não há Deus!» *(N. do T.)*

Apesar de nascido em Piemonte, no Norte de Itália, em 1033 ou 34, Anselmo foi escolhido para suceder a Lanfranco como bispo de Cantuária, em 1093. Infelizmente, o seu tempo como bispo foi marcado por graves conflitos políticos com dois monarcas ingleses: William Rufus e Henrique I. Como consequência, Anselmo passou muitos anos no exílio e morreu em Roma pouco antes da Páscoa, em 1109. Uns dias antes da morte, com o seu leito rodeado de companheiros monges, um deles comentou que Anselmo morreria provavelmente pela Páscoa. Ao que parece, Anselmo respondeu:

> «Se é a Sua vontade, de bom grado obedecerei; mas se Ele preferir que fique convosco tempo suficiente para resolver a questão da origem da alma que tenho revolvido na minha cabeça, será com gratidão que aceitarei a oportunidade, porque duvido que alguém a resolva depois de ter morrido.»

Lamentavelmente, Deus não permitiu a Anselmo os dias extra, e, como ele previu, ninguém foi, entretanto, capaz de resolver o problema.

Salomão Ibne Gabirol ou Avicebrão (1021-1058)
Nascido em Málaga, na Espanha árabe, há uma lenda que conta como o grande judeu neoplatónico e poeta foi assassinado por um invejoso poeta muçulmano que o enterrou debaixo de uma figueira.

Estranhamente, a árvore produziu frutos com tanta doçura que levantou suspeitas, o cadáver de Ibne Gabirol foi desenterrado, e o perpetrador preso e enforcado (embora não numa árvore, segundo consta).

Pedro Abelardo (1079-1142)

Abelardo foi retratado por Pedro, o *Venerável*, como «o Sócrates dos gauleses, o Platão do Ocidente, o nosso Aristóteles, príncipe dos eruditos». Na sua *Historia calamitatum*, ou *História das Minhas Calamidades*, Pedro Abelardo descreve Orígenes como «o maior dos filósofos cristãos». A ironia cáustica aqui é que Abelardo conheceu um destino similar a Orígenes, com a diferença de que Orígenes castrou-se a si próprio de forma a consagrar-se ao ensino de estudantes do sexo feminino, ao passo que Abelardo foi castrado devido a uma incapacidade de refrear o seu desejo por uma das suas.

Após derrotar Guilherme de Champeaux num debate público, Abelardo foi considerado como o mais importante filósofo em Paris, alguém sem rival. Conta que começou «a pensar em si mesmo como o único filósofo do mundo». No auge da sua fama, quando estava na casa dos trinta, iniciou uma paixão sexual com uma jovem estudante, Heloísa, que nessa altura tinha dezassete anos. Pedro escreve que «os nossos desejos não deixaram nada por experimentar no amor, e se o amor inventasse algo novo, acolhíamo-lo com agrado». Heloísa era sobrinha de um dos cónegos de Notre--Dame, Fulbert, que alguns suspeitavam ser na verdade seu pai, tal era o seu sentimento de posse e raiva contra Abelardo.

Heloísa engravidou, e Abelardo levou-a para a sua casa no campo, na Bretanha, onde deu à luz um filho, inexplicavelmente chamado Astrolábio, possivelmente em honra do antigo instrumento astronómico que servia para determinar a posição das estrelas.

Fulbert ficou furioso e Abelardo ofereceu-se para casar com Heloísa, na condição de tudo ser mantido em segredo de modo a proteger a sua reputação. Inicialmente, Fulbert concordou. Numa das suas cartas, Heloísa escreve que preferia ser a rameira de Abelardo a ser a sua noiva secreta. Aliás, o que espanta o leitor na sua célebre correspondência é o afeto sincero e o poder inteligente do discurso de Heloísa em oposição à arrogância impessoal, autoprotetora e algo pedante de Abelardo.

Algum tempo depois, Fulbert quebrou o acordo com Abelardo e começou a espalhar a notícia do seu casamento. Abelardo respondeu retirando Heloísa para um convento, onde continuaram a encontrar-se e se diz que faziam amor apaixonadamente no refeitório.

Fulbert suspeitou, não sem razão, que Abelardo tentava livrar-se de Heloísa e salvar-se a ele próprio fazendo-a tornar-se freira. Enfurecido, Fulbert manda alguns dos seus serviçais e amigos invadir o alojamento de Abelardo. Nas palavras de Abelardo, «eles cortaram partes do meu corpo com as quais cometi o mal e das quais se queixaram». À semelhança de Orígenes, este ato impediu Abelardo de ser ordenado.

Embora Abelardo tenha regressado ao ensino e à escrita, o seu destino estava traçado. Entrou num famoso debate com Bernardo de Claraval, poderoso líder dos cistercienses, que acabou por ser, na verdade, o julgamento de Abelardo. Por proposta de Bernardo, as teses teológicas de Abelardo foram condenadas como heréticas pelo papa, em 1140. Os seus livros foram queimados, os seus seguidores foram excomungados e acabou confinado a um mosteiro em silêncio perpétuo.

Abelardo morreu dezoito meses depois no mosteiro de Chalon-sur-Saône, para onde foi enviado pelo seu amigo e protetor, Pedro, o *Venerável*. A carta final de Pedro para Heloísa descreve uma morte serena, rodeado pelos seus livros. Heloísa morreu vinte e dois anos mais tarde, a 16 de maio de 1163 ou 64. Uns dizem que morreu, como Abelardo, com sessenta e três anos.

Averróis ou Ibne Rushd (1126-1198)

Averróis e Avicena entraram ambos no *Limbo* de Dante, juntamente com os filósofos pagãos, não obstante Avicena, como vimos, merecesse talvez algo pior.

Nascido em Córdova, na Espanha árabe, Averróis tornou--se conhecido no Ocidente cristão como «O Comentador» pelos seus extensos comentários de Aristóteles. A influência de Averróis no desenvolvimento da filosofia cristã medieval, primeiro em Alberto, *o Grande*, e, mais tarde, em São Tomás de Aquino e outros, não pode ser subestimada. Esta influência gerou também uma enorme controvérsia e levou ao desenvolvimento do «averroísmo» entre os filósofos cristãos.

Sem demora, os averroístas defenderam a autonomia da filosofia e a sua separação das questões de teologia e fé religiosa. O mais extremado dos averroístas foi Sigério de Brabante, que teve um fim terrível, como veremos a seguir. Em 1277, o papa João XXI pediu ao bispo de Paris para verificar as possíveis heresias que andavam a ser disseminadas na Universidade de Paris. A preocupação residia no facto de filósofos como Averróis estarem a ser contratados para produzir interpretações puramente filosóficas e, por conseguinte, não-teológicas de Aristóteles e muitas outras coisas. Depois de uma aturada investigação, uma comissão de dezasseis teólogos emitiu uma condenação bastante influente contra qualquer conceito filosófico que declarasse ser independente da teologia cristã.

Estes acontecimentos reproduzem um debate que Averróis teve com Al-Gazali (1058-1111), conhecido como «a prova do Islão». Este escrevera um poderoso ataque à filosofia em *A Incoerência dos Filósofos* (*Tahafut al-Falasifah*), no qual acusou os filósofos de infidelidade (*al-kufr*) e de propagarem doutrinas inimigas do Islão. Embora o alvo principal do ataque de Al-Gazali fosse Avicena, Averróis ofereceu uma réplica minuciosa maravilhosamente intitulada *A Incoerência da Incoerência* (*Tahafut al-Tahafut*). Defendeu que a filosofia não é proibida pelo Alcorão, mas que, pelo contrário, deve ser encorajada por aqueles que possuem uma capacidade intelectual adequada.

Seja como for, por volta de 1195, Averróis parece ter-se tornado vítima de perseguição política e foi exilado da corte do sultão em Marraquexe, no atual Marrocos, para uma pequena cidade perto de Córdoba. Felizmente, a sua desgraça foi curta e regressou à corte do sultão, onde acabou os seus dias.

Apesar de ter sido inicialmente enterrado em Marraquexe, os seus restos mortais foram mais tarde levados para Córdoba numa mula. Conta-se que o peso dos seus ossos foi equilibrado nas costas da mula pelas suas obras de filosofia. Não é claro se isto significa que ele escreveu demasiado ou pesava muito pouco.

Moisés Maimónides, Rabi Moshe ben Maimon (1135–1204)
É uma ironia com a qual o mundo contemporâneo pode aprender, que aquele que muitos consideram o maior filósofo judeu de todos os tempos tenha surgido do mundo islâmico. Em conjunto com a sua extensa obra em lei judaica e a Torá, a sua obra filosófica mais importante, *Guia dos*

Desamparados, escrita em árabe, mostra a influência de Aristóteles na defesa de uma filosofia racional do judaísmo. Maimónides era designado por «Rabi Moisés» em sinal de grande respeito por Alberto, *o Grande*, e Tomás de Aquino.

Como Averróis, Maimónides nasceu em Córdoba, na época um vibrante centro da cultura e saber judaicos sob o califado almorávida, que concedia aos cidadãos completa liberdade religiosa. As circunstâncias modificaram-se dramaticamente com a conquista de Espanha pelos intolerantes e fanáticos almóadas em 1148, que exigiram a conversão forçada de todos os não-muçulmanos ou a expulsão.

Diante desta opção, Averróis ofereceu refúgio à família de Maimónides. A família decidiu passar por muçulmana em público, enquanto continuava a praticar e a estudar o judaísmo em privado. Permaneceram em Córdoba desta maneira durante onze anos antes de fugir para Fez, que estava igualmente sob domínio almóada, mas onde podiam passar sem ser reconhecidos na condição de estrangeiros. Quando um rabi com quem Maimónides estudara foi preso e executado, em 1165, a família fugiu primeiro de barco para a Palestina e, depois, para o Egito, onde se instalaram, em Al-Fustat, que faz agora parte do atual Cairo.

Uns anos mais tarde, Maimónides foi escolhido para ser o chefe da comunidade judaica em Al-Fustat. Em circunstâncias económicas difíceis, ganhou a vida como médico, acabando finalmente como médico da corte do sultão Saladino. Maimónides foi enterrado em Tiberíades, na atual Israel, onde o seu túmulo ainda é visitado como um templo. No seu comentário à Mishná, ficou famoso por formular treze princípios de fé que todos os judeus deviam seguir. O décimo terceiro diz respeito à crença na ressurreição dos mortos — sorte de alguns.

Xaabe Aldim Surauardi (1155–1191)
Um sufi iraniano que desenvolveu uma influente filosofia mística e foi fundador daquela que ficou conhecida como Escola da Iluminação. Foi executado em Alepo, na atual Síria, a mando do filho de Saladino por cultivar crenças místicas heréticas. *É, por vezes, simplesmente chamado de Maqtul,* «*O Morto*».

Filosofia na Idade Média latina

Alberto, *o Grande*, ou Alberto Magno (1200-1280)
Alberto recebeu o título de *Magnus* dos seus contemporâneos antes da sua morte. Era igualmente conhecido como *Doctor Universalis* (Doutor Universal). Embora a sua influência filosófica se tenha feito sentir sobretudo através da escrita do seu aluno de longa data Tomás de Aquino, foi um importante filósofo por seus próprios méritos. A pedido do seu confrade dominicano, foi-lhe solicitado que fornecesse uma explicação da nova interpretação de Aristóteles que surgira em Espanha de fontes judaicas e árabes. A sua explicação ocupou trinta e nove volumes.

Durante uma palestra, em 1278, a memória de Alberto falhou de repente e a força da sua mente deteriorou-se rapidamente. Segundo *A Vida dos Santos* de Butler, morreu tranquilamente e sem qualquer doença, sentado na sua cadeira, rodeado dos seus confrades, na sua cidade natal de Colónia.

São Tomás de Aquino (1224/5-1274)
São Tomás de Aquino, o mais influente filósofo e teólogo do Ocidente cristão, era conhecido por *Doctor Angelicus* (Doutor Angélico). Conta-se uma história sem dúvida apócrifa do período em que estava na Sorbonne, em Paris, e lhe

perguntaram o que pensava sobre a natureza do Sacramento na missa cristã. Supostamente, Tomás mergulhou em oração e contemplação por um período inusitado de tempo antes de escrever a sua opinião sobre a matéria. Quando acabou, diz-se que atirou a sua tese aos pés de um crucifixo e embrenhou-se uma vez mais na oração. Os outros frades dominicanos contam que Cristo desceu da cruz, pegou no manuscrito, leu-o, e disse: «Tomás, escreveste corretamente sobre o Sacramento do Meu Corpo.» Nesse instante, Tomás foi miraculosamente suspenso em pleno ar.

Ora, isto não é um milagre menor dado que Tomás não era um homem pequeno. Era, nas palavras de G. K. Chesterton, «um homem-touro imenso, gordo, lento e silencioso». Grandes pedaços tiveram de ser cortados das mesas de jantar para que Tomás se pudesse sentar e comer com os seus confrades. Porque era tão grande e silencioso, Tomás era designado pelos seus colegas estudantes em Paris por «o boi mudo». Alberto, *o Grande*, retorquiu: «vocês chamam-lhe um boi mudo; deixem-me dizer-vos que esse boi mudo irá mugir tão alto que o seu mugido encherá o mundo.» E bem que Tomás mugiu. Escreveu mais de oito milhões de palavras, dois milhões sobre a Bíblia, um milhão sobre Aristóteles e o resto foi dedicado ao ensino universitário e a compêndios para uso dos estudantes de teologia. Como Timothy McDermott assinala, «o maior destes trabalhos lê-se como uma enciclopédia na Internet», com artigos como se fossem páginas *online* com ligações para outros tópicos e artigos que se podem ler em paralelo.

Dado o volume da escrita de Tomás, é inútil tentar oferecer um resumo. Diz-se amiúde que o êxito de Tomás consistiu em realizar uma síntese entre Aristóteles e a cristandade. Mas que significa isto? Voltemos a Averróis e à sua separação entre a filosofia e teologia ou entre os reinos da razão e da fé. Tomás rejeita esta separação, afirmando que, embora a teologia comece com as verdades reveladas da fé, as suas conclusões decorrem do uso da razão. Se a razão sem fé é vazia, a fé sem a razão é cega.

Tomás argumenta sempre contra a separação entre o natural e o espiritual e a favor da sua continuidade. Neste sentido, a atividade filosófica de influência empírica aristotélica e a ciência natural não precisa de ser vista como herética e ateia, mas como um caminho para Deus.

Esta continuidade entre o natural e o espiritual pode ser observada na conceção de Tomás do ser humano situado anfibologicamente na junção destes dois reinos. Somos um composto de alma e corpo, mas a alma não é uma mera substância imaterial localizada no nosso cérebro ou sob o nosso mamilo esquerdo. Pelo contrário, e aqui Tomás segue Aristóteles, a alma é a forma do corpo. A alma é aquilo que individua cada um de nós e anima este indistinto pedaço de matéria que eu sou (e, como já dissemos, Tomás era um pedaço de matéria algo grande). Wittgenstein involuntariamente adota esta posição quando escreve que «o corpo do homem é a melhor imagem da sua alma»[37].

A 6 de dezembro de 1273, durante uma missa em Nápoles, algo devastador aconteceu a Tomás que alguns comentadores veem como uma experiência mística e outros como um AVC. O que quer que tenha sido, a partir daí Tomás ficou sem vontade ou incapaz de escrever e o trabalho ingente da *Summa Theologiae* foi suspenso na Parte 3, Questão 90, Artigo 4.

---

[37] Tradução portuguesa: *Investigações Filosóficas*, tradução de M. S. Lourenço, 3.ª edição (Lisboa: FCG, 2002), Parte II, iv, 6, p. 511. *(N. do T.)*

Em resposta aos protestos do seu secretário, Reginaldo de Piperno, de que devia completar o trabalho, Tomás respondeu:

«Reginaldo, não posso... em comparação com o que vi na oração, tudo o que escrevi parece-me palha.»

Admita-se, era um grande monte de palha. Apesar da sua transformação, foi convocado pelo Papa para assistir ao Concílio de Lyon. Durante o percurso, parece ter sido ferido por um ramo de árvore e morreu aos quarenta e nove anos, a quarenta quilómetros do lugar onde nasceu, Roccasseca, a meio caminho entre Roma e Nápoles. No seu leito de morte, Tomás ditou um breve comentário ao Cântico dos Cânticos de Salomão, que infelizmente não chegou até nós.

São Boaventura ou Giovanni di Fidanza (1217–1274)
Doctor Seraphicus (Doutor Seráfico) era para os franciscanos o que Aquino foi para os dominicanos. Boaventura e Aquino foram ambos reconhecidos como *magister regens* da Universidade de Paris no mesmo dia, em 1257. (A propósito, o papa Bento XVI escreveu a sua «Habilitação» sobre Boaventura.) Como Tomás, Boaventura foi altamente crítico do averroísmo, uma tendência que, pensava, iria conduzir à separação dos mundos da fé e da razão e iria, em última instância, culminar no ateísmo. Mas, ao contrário de Tomás, Boaventura tinha muito mais dúvidas quanto ao racionalismo de Aristóteles e estava muito mais próximo de Agostinho e do neoplatonismo na defesa da tese de que as emanações do divino tinham de ser vivenciadas em todos os níveis da realidade. Em 1273, o papa Gregório X nomeou Boaventura cardeal e pouco depois viajaram para o Segundo Concílio de

Lyon. No meio das atividades do Concílio, Boaventura morreu subitamente aos cinquenta e sete anos. Há quem diga que foi envenenado.

Raimundo Llull (1232/1233-1315/1316)

Llull foi um polímata maiorquino e autor de 290 obras, escritas em catalão, latim e árabe. É célebre pela sua *ars magna* ou grande arte, aquilo que Leibniz mais tarde batizou de *ars combinatoria* ou arte combinatória. O objetivo desta arte era mostrar que a totalidade do conhecimento humano poderia advir da combinação lógica de vários conceitos básicos. Inventou ainda máquinas para este propósito, que alguns consideraram como os primeiros computadores, tornando Llull o pai da ciência computacional. No entanto, o objetivo destas máquinas lógicas era muito específico: a conversão de infiéis muçulmanos à verdade do cristianismo pelo uso da lógica e da razão. Toda a vida de Llull foi passada numa batalha com o Islão. Participou em numerosas missões ao Norte de África para converter muçulmanos e lutou contra o averroísmo de influência islâmica na Universidade de Paris quando aí ensinou.

Há uma história muito conhecida, mas provavelmente falaz, que relata que terá sido apedrejado até à morte durante uma das suas missões a Tunes. Brucker conta que Llull foi capturado, torturado e expulso de Tunes e só escapou com vida através da intercessão de mercadores genoveses.

Apesar de nunca ter sido canonizado, recebeu o título de Beato e é conhecido por *Doctor Illuminatus* (o Doutor Mais Iluminado). No entanto, Schopenhauer conta a história tipicamente misógina da conversão de Llull ao cristianismo nos seguintes termos: Llull provinha de uma família aristocrática, abastada, e era um jovem que levava uma vida de hedonismo e devassidão. Todavia, certo dia Llull conseguiu finalmente ser admitido no quarto de uma mulher que há muito cortejava. Quando ela abriu o vestido, mostrou-lhe os seus seios comidos pelo cancro. «A partir desse instante — continua Schopenhauer —, estava convertido, como se houvesse contemplado o inferno; ao deixar a corte do rei de Maiorca, foi para o deserto fazer penitência.»

Sigério de Brabante (1240–1284)
Como já vimos, Aquino, Boaventura e Raimundo Llull uniram-se na sua hostilidade ao averroísmo e à sua separação entre a filosofia e a teologia ou entre a razão e a fé. Sigério foi o mais radical, carismático e influente dos averroístas parisienses. A sua principal preocupação filosófica era estabelecer a verdade do que os antigos filósofos escreveram, especialmente Aristóteles. Se isso não se harmonizava com os ensinamentos da Igreja, como tantas vezes acontecia, tanto pior para a Igreja. Nesta perspetiva, o casamento proposto por Aquino entre Aristóteles e a cristandade estava destinado a terminar em divórcio. Escusado será dizer, a Igreja não estava muito agradada e Sigério foi forçado a fugir de Paris para a segurança de Orvieto, na Itália, onde a cúria pontifícia, generosamente, permitiu que ficasse, providenciando-lhe até um secretário. Lamentavelmente, o seu secretário enlouqueceu e esfaqueou Sigério até à morte.

João Duns Escoto (1266–1308)
Muito pouco poderá ser dito com certeza sobre a vida e morte de Escoto. O nome «Duns» refere-se, talvez, à atual vila de Duns, em Berwickshire, no Sul da Escócia, mas mesmo isso

não é certo. Era conhecido como *Doctor Subtilis* (Doutor Subtil) e a inquestionável dificuldade do seu trabalho levou a avaliações bastante divergentes da sua importância. Alguns não veem nos seus copiosos argumentos pró e contra com objeções, réplicas e discussões intermináveis com contemporâneos anónimos senão subtilezas bizantinas. De facto, os seguidores de Escoto eram conhecidos por «os homens de Duns», donde se extraiu a noção de «dunce» ou indivíduo estúpido que se julga subtil.

Não obstante, outros filósofos veem Escoto de uma perspetiva muito distinta. O grande filósofo americano Charles Sanders Peirce designava-o como «o mais profundo metafísico que alguma vez viveu», e Heidegger dedicou a sua tese de doutoramento à teoria do significado de Escoto, importante para o desenvolvimento das conceções iniciais de Heidegger em torno da questão do ser.

Escoto desenvolveu famosamente a noção de «estaidade» (*haecceitas*) como uma forma de dar expressão à singularidade [*uniqueness*] ou à indivisível «qualidade de ser isso» [*thisness*] de uma pessoa. A sua singularidade foi interrompida cedo numa casa de estudo franciscana em Colónia. Há uma história horripilante sobre Escoto ter sido enterrado vivo. Pelos vistos, havia entrado em coma, acreditou-se que estava morto e foi enterrado. Porém, quando o seu túmulo foi reaberto, o seu corpo foi encontrado fora do caixão e as suas mãos estavam ensanguentadas pelas suas tentativas goradas de escapar.

Guilherme de Ockham (1285–1347/9)

O mais influente filósofo do século XIV era um nativo de Ockham, uma pequena vila no Surrey. Conflituoso, abrasivo e polémico, com uma predileção pela prova empírica e pela análise lógica como uma forma de evitar o absurdo, Guilherme de Ockham é muitas vezes visto como um precursor de filósofos modernos como os positivistas lógicos.

Embora Ockham nunca use o termo, o seu nome é associado à «lâmina de Ockham». Isto é melhor compreendido como um princípio de economia, em que nada deve ser assumido como necessário exceto se dado pela experiência, estabelecido pela razão ou requerido pela fé. Ockham escreveu uma frase que ficou célebre: «É inútil fazer com mais o que pode ser feito com menos.»

A sua polémica contra o que via como erros dos anteriores filósofos como Aquino e Duns Escoto trouxe-lhe problemas e foi acusado de heresia por John Lutterell, antigo chanceler de Oxford. Ockham viajou para Avinhão, em 1314, naquela época a sede do papado, onde ficou preso durante quatro anos, embora não se tivesse chegado a nenhuma conclusão sobre se era ou não um herético.

Temendo o pior, Ockham fugiu de Avinhão com alguns confrades franciscanos e conseguiu encontrar santuário em Munique graças ao imperador do Sacro Império Romano-Germânico, Luís IV da Baviera. Acusado de apostasia e excomungado, Ockham passou o resto da sua vida em Munique escrevendo panfletos polémicos contra as pretensões papais ao poder político. Ockham defendia que o Papa devia limitar-se às questões teológicas, «para evitar transformar a lei dos Evangelhos em lei da escravatura».

Ockham foi vítima da peste negra que assolou o século XIV e causou um declínio intelectual e cultural que durou um século.

Renascimento, Reforma e Revolução Científica

Marsílio Ficino (1433-1499)

Retomemos então o fio à meada da nossa história na riqueza esplendorosa do Renascimento italiano em Florença. Graças ao patrocínio de Cosme de Médici, governante de Florença, Ficino fundou a Academia Platónica de Florença, em 1462. Completou a primeira tradução dos diálogos platónicos em latim antes de avançar para Plotino. Os comentários de Ficino sobre Platão tiveram uma influência enorme e, na sua celebrada interpretação de *O Banquete* de Platão, cunhou o conceito de «amor platónico». Este não significa apenas amizade ou amor não-físico, mas amor divino, encontrando-se esta ideia no centro da compreensão do platonismo de Ficino (chegou a escrever uma carta astrológica determinando a posição das estrelas no tempo do nascimento de Platão).

Ficino escreve uma carta sobre o papel do filósofo segundo o platonismo:

> «Uma vez que a filosofia é definida por todos os homens como amor pela sabedoria e a sabedoria é a contemplação do divino, podemos concluir com segurança que o propósito da filosofia é o conhecimento do divino.»

Para Ficino, isto representa outra razão para o filósofo dever meditar sobre a morte, pois é através de uma reflexão deste tipo que «recuperamos a nossa semelhança com Deus». A filosofia, então, é nada menos do que uma imitação de Deus e o filósofo um «semideus» ou intermediário entre o humano e o divino. Não surpreende, pois, nesta interpretação estratosfericamente metafísica de Platão, que o núcleo do platonismo de Ficino seja a doutrina da imortalidade da alma.

Quanto ao próprio Ficino, era pouco menos do que divino na aparência física. Segundo a *Vida de Marsílio Ficino* de Giovanni Corsi, de 1506, era muito baixo, esguio, ligeiramente encurvado e gago. Sofria de persistentes problemas de estômago, era de convívio alegre e gostava de beber, mas dado à solidão e melancolia. Quanto à causa da sua morte, Corsi afirma que se deveu provavelmente à sua já longa doença do estômago, ou talvez apenas à idade avançada.

Conde Giovanni Pico della Mirandola (1463–1494)
Este brilhante cometa filosófico do Renascimento italiano teve uma curta e extraordinária vida. Pico foi o mais famoso aluno de Ficino, um em quem se podiam ver «poderes quase divinos», na opinião de Corsi. A sua abordagem à filosofia era tão metafísica quanto a de Ficino, mas muito mais sincrética, uma vez que lia hebraico, árabe e aramaico tão bem quanto latim e grego. Além de Platão, Aristóteles e os filósofos medievais islâmicos e escolásticos, Pico serviu-se das mais diversas fontes: hermética, zoroastriana, órfica, pitagórica e cabalística. Acreditava que cada uma destas posições possuía um grão de verdade e reuniu perto de 900 teses que, com uma arrogância ingénua deliciosa, decidiu debater em Roma contra todos os que quisessem opor-se-lhe. Sem grande surpresa,

o papa Inocêncio VIII decidiu que Pico era culpado de heresia. Fugiu para França, foi preso e só sobreviveu devido à proteção de Lorenzo de Médici. Morreu em circunstâncias suspeitas, aos trinta e um anos, correndo o rumor de que, como Sigério de Brabante, fora envenenado pelo seu secretário. No dia da sua morte, Carlos VIII de França entrou em Florença após a infeliz capitulação da República Florentina.

Nicolau Maquiavel (1469–1527)

Quando observados desinteressadamente, e como se do planeta Marte, que generalizações podemos nós fazer quanto aos seres humanos? Como seria de esperar, ao aconselhar o seu príncipe imaginário, Maquiavel não mede propriamente as palavras:

> «[os homens] são ingratos, volúveis, mentirosos e dissimulados, esquivos ao perigo e cúpidos de lucro (...)»[38].

Se um príncipe tratar bem o povo, então o povo é seu e afirmar-se-á disposto a arriscar a vida por ele. Mas isto apenas dura enquanto o perigo for remoto. Quando o próprio príncipe está em perigo, o povo irá voltar-se contra ele. É por isso que o príncipe terá de usar o medo da morte como um instrumento de controlo político. Se o príncipe espera governar mediante o amor do povo, então irá sofrer uma grande desilusão. Os seres humanos — criaturas vis como são — irão sempre quebrar o vínculo de amor quando lhes

---

[38] Tradução portuguesa: O Príncipe, tradução de Carlos E. de Soveral, 13.ª edição (Lisboa: Guimarães, 2007), cap. XVIII, pp. 80–81. [Tradução modificada.]

for vantajoso. O que é exigido, então, é o medo da morte, «fortalecido pelo terror do castigo sempre presente».

Se o controlo político exige o medo da morte, o problema que se coloca — como é demonstrado pelos bombistas suicidas contemporâneos — será então o problema de tal controlo não poder ser exercido sobre alguém que não tem medo da morte. Assim:

> «Os príncipes não podem escapar à morte, se a tentativa for efetuada por um fanático, porque aquele que não tiver medo da morte pode conseguir infligi-la.»

Esta questão do castigo não representava uma mera questão teórica para Maquiavel. Em 1523, foi preso sob acusações de conspiração e torturado. Há relatos de que foi submetido às delícias do «strappado», em que as mãos do prisioneiro eram atadas atrás das costas com uma corda e o corpo depois içado do chão.

Conta-se uma história decerto infundada que relata que Maquiavel pensou que devíamos fingir a própria morte de modo a iludir os inimigos. A verdade, neste caso, é um pouco menos dramática. Maquiavel morreu um homem desiludido, deixando a sua família na maior miséria. Nos seus últimos anos, foi-lhe negado o posto governamental que ambicionava devido às suas ligações passadas com a dinastia Médici, que fora finalmente deposta do poder em Florença.

Maquiavel gozou de uma reputação de maldade sem igual desde o tempo da sua morte, e Shakespeare fala, em *Henrique VI*, do «facínora Maquiavel». Inclino-me mais para a avaliação de Maquiavel por Rousseau como «um homem honesto e um bom cidadão». Numa carta escrita um par de meses antes da sua morte, Maquiavel escreveu sobre Florença: «Amo a minha cidade natal mais do que a minha alma.» Infelizmente, isto não impediu os cidadãos da sua cidade de serem ingratos, volúveis, mentirosos e dissimulados.

Desidério Erasmo (1469-1536)
Ao contrário do seu amigo íntimo Thomas More, Erasmo parece ter conhecido um fim sereno nos tempos turbulentos de inícios da Reforma. O *Moriae Encomium* ou *Elogio da Loucura*, uma sátira deliciosamente mordaz, é dedicado a More e o seu título exprime um trocadilho com o seu nome.

Personificada como uma mulher, a Loucura [*folly*] fala e defende a insânia [*madness*] contra a pretensa sabedoria dos filósofos e teólogos. Isto trouxe enormes problemas a Erasmo e numa carta a Martin Dorp diz que «quase lamento ter publicado o *Elogio*». Mas neste caso a ênfase devia ser colocada na palavra «quase», porque, elogiando a loucura, Erasmo defende a única possibilidade de salvação que, para ele, estava disponível, o que Paulo chama na *Carta aos Coríntios* a «loucura da Cruz». Não esqueçamos que o paradoxo central do cristianismo é que Deus se torna um louco na pessoa de Cristo e é crucificado de modo a redimir a loucura da Humanidade e libertar-nos do pecado e da morte. Como diz a Loucura: «Que mais poderá ser senão insânia [*madness*]?»

Santo Thomas More (1477-1535)
No maravilhoso *Vidas Breves* de John Aubrey (1626-1697), conta-se a seguinte história de como More quase se tornou *no more*. Quando já idoso e servindo como lorde chanceler

de Inglaterra, um «Tom de Bedlam»(³⁹), ou lunático, irrompe pela casa de More, ameaçando lançá-lo pela janela. Embora muito mais fraco fisicamente do que o louco, o autor da *Utopia* foi célere a pensar e apontou para um pequeno cão que possuía. More sugeriu que ambos atirassem primeiro o cão, porque se tratava de «um belo passatempo». Após lançar a pobre criatura pela janela, More disse ao louco que corresse lá abaixo e repetisse a brincadeira. Enquanto o louco descia as escadas, More seguiu-o, trancou a porta e chamou por ajuda. Aubrey conclui que «o meu Senhor manteve desde então a porta fechada».

A história completa de como More acabou encerrado na Torre de Londres não pode ser contada aqui. Após recusar a bênção ao casamento de Henrique VIII com a sua segunda mulher, Ana Bolena, pois isso acarretaria o repúdio da autoridade papal, More foi sentenciado à morte como traidor. Isto significou ser horrivelmente enforcado, arrastado e esquartejado, ainda que o rei Henrique VIII, na sua infinita misericórdia, tenha comutado a sua sentença para decapitação. More escreveu um bonito diálogo na Torre intitulado *A Dialogue of Cumfort* [sic] *against Tribulation* [«Diálogo de conforto contra a tribulação»]. O diálogo acaba com uma longa meditação sobre a perspetiva de uma morte dolorosa. Na sua conclusão, More argumenta heroicamente que uma consideração da morte dolorosa de Cristo basta para nos contentar por sofrermos uma morte dolorosa por amor Dele. Escreve ele:

(³⁹) Referência a um poema anónimo do início do século xvii, cuja personagem é um louco chamado Tom. *(N. do T.)*

«Lembra-te de que se fosse possível, tu e eu, sozinhos, sofrermos tanto quanto sofre o mundo inteiro, tudo isso não teria valor, em si mesmo, para nos dar aquela alegria que esperamos ter eternamente. E, por isso mesmo, rezo para que permitas que a consideração dessa alegria exclua do teu coração todas as agruras mundanas...»

Quando no cadafalso, More disse para o oficial: «Ajuda-me a subir que, depois, eu próprio desço.». Numa alteração dramática ao ritual comum da execução, More vendou-se a si mesmo e aguardou calmamente o golpe mortal. Após a decapitação, o corpo de More foi sepultado numa igreja em Chelsea, ao passo que a sua cabeça foi espetada numa lança na Ponte de Londres. Aubrey conta a história sinistra da filha de More que, atravessando a ponte e vendo a cabeça do pai, disse: «Quisesse Deus que caísse no meu colo quando passasse por baixo.» O desejo concretizou-se e a cabeça do pai caiu-lhe no colo — tumba! Ela preservou-a em especiarias até ser sepultada na Igreja de São Dunstano, em Canterbury.

Martinho Lutero (1483–1546)
Em clara oposição ao racionalismo de muitos dos filósofos cristãos medievais que encontrámos, a verdade do Evangelho para Lutero justifica-se pela fé e apenas por ela. Dito isto, a interpretação de Lutero no Novo Testamento, por exemplo a carta de Paulo aos gálatas — da qual Lutero se confessava «noivo» — está cheia de raciocínios audazes. Para Lutero, como para Paulo, a morte de Cristo simbolizava a morte da própria morte e o advento da vida eterna. Deleitando-se no paradoxo, Lutero escreve:

«Assim a morte matou a morte, mas esta morte que mata a morte é a própria vida. Mas é chamada de morte da morte por uma indignação exuberante do espírito contra a morte.»

Os últimos anos de Lutero foram tocados num tom menor. O monge agitador, denunciado como um herético pela sua implacável oposição à Igreja Católica, mostrou-se uma figura irascível, desagradável e reacionária nos seus anos finais. Os seus pontos de vista sobre os judeus como «vermes envenenados malignos» a cujas sinagogas se devia pegar fogo são claramente incendiárias. O mesmo Lutero que tornou a Bíblia acessível para as pessoas comuns através da sua tradução alemã, apelou à nobreza que esmagasse a guerra dos camponeses, em 1524-1525, uma revolta que até certo ponto foi inspirada pelos seus ensinamentos. Certa vez, a sua mulher Catarina ter-lhe-á dito: «Querido marido, és demasiado rude.»

Pese embora corresse um rumor, posto a circular por católicos, de que cometera suicídio, Lutero morreu de um problema cardíaco, agravado por pedras nos rins. Numa carta escrita nos seus últimos dias, diz com emoção:

«Desejo que a hora em que possa ir para junto de Deus seja rápida. Já vivi o suficiente. Estou cansado. Tornei-me nada. Rezem sinceramente por mim para que o Senhor possa levar a minha alma em paz.»

Nicolau Copérnico (1473–1543)
Com Copérnico, começamos a entrar no mundo moderno e o efeito não é tranquilizador, mas desconcertante. A revolução

coperniciana transformou o pensamento de duas formas distintas, embora relacionadas:

(I) Na física, a Terra até então central e inamovível verifica-se estar em movimento em torno do sol. Com Copérnico, mas mais radicalmente com Bruno e Galileu, o sentido limitado da mundivisão medieval começa a abrir-se para um sentido infinito e potencialmente universal. Como escreverá Pascal no século seguinte: «O eterno silêncio destes espaços infinitos apavora-me.»[40]

(II) Na metafísica, a revolução coperniciana representa um afastamento de Deus como o ponto fixo num mundo que roda e uma aproximação do eu. No entanto, este eu não é um qualquer indivíduo triunfante e seguro de si, mas antes algo que é revelado através do sentimento de pavor de Pascal. O eu só se torna si mesmo colocando tudo em dúvida e embarcando numa missão pela certeza. Portanto, o eu não é dado, mas antes um ponto de interrogação entre outros.

Conta-se que após Copérnico ter perdido a consciência na sequência de um ataque cardíaco, foi-lhe colocado nas mãos um exemplar da sua decisiva obra astronómica acabada de publicar, *As Revoluções das Orbes Celestes*. Reza a lenda que recuperou a consciência o tempo suficiente para perceber que segurava a sua *magnum opus* e faleceu de imediato. Morreu quando publicou e publicou quando morreu.

---

[40] Tradução portuguesa: Pascal, *Pensamentos*, tradução de Miguel Serras Pereira (Lisboa: Relógio d'Água, 2019), §187, p. 121. Esta tradução segue a numeração dos pensamentos da edição de Port-Royal. *(N. do T.)*

Tycho Brahe (1546–1601)

Aparentemente, o grande astrónomo dinamarquês perdeu o nariz num duelo de bêbados e usou um falso para o resto da vida. Inicialmente, acreditou-se que o nariz de Tycho era feito de ouro e prata, mas, ao que parece, quando o seu caixão foi aberto em 1901, a abertura nasal na sua caveira estava tingida de verde, provando a sua exposição ao cobre.

Tycho morreu em circunstâncias estranhas alguns anos depois de deixar a Dinamarca e ir para Praga, em 1599. Aparentemente, a sua bexiga rebentou durante um banquete, porque pensou que seria o cúmulo da má educação aliviar-se durante as festividades. Outra história conta que morreu de hemorragia interna, porque comeu demais e o seu trato digestivo rompeu. De uma maneira ou de outra, o nosso amigo de nariz de cobre morreu em agonia uns dias mais tarde.

Petrus Ramus ou Pierre de la Ramée (1515–1572)

Se bem que em grande parte esquecido, Ramus foi um filósofo bastante influente ao longo dos séculos XVI e XVII. Célebre sobretudo pelo seu trabalho em lógica, que consistia na defesa e atualização de Aristóteles, Ramus publicou para lá de cinquenta livros, muitos dos quais tiveram várias edições. Possuía uma impressionante barba preta cerrada que lavava diariamente com água e vinho branco. Nancelius conta que só tomava banho uma vez por ano.

Ramus foi assassinado durante o massacre do Dia de São Bartolomeu que teve início na madrugada de 24 de agosto de 1572. Com a conivência de Catarina de Médici e da nobreza católica de França, perto de 70 000 protestantes huguenotes foram massacrados, em Paris, e por toda a França, num frenesi de mortandade que durou vários meses. Ramus foi mutilado e a sua bela barba e cabeça, à qual estava anexada, foram cortadas e atiradas ao Sena. As notícias do massacre foram bem recebidas por muitos católicos e o papa Gregório XIII mandou cunhar uma medalha para comemorar o acontecimento.

Michel Eyquem de Montaigne (1533-1592)
Já travámos conhecimento com Montaigne neste livro. A sua meditação sobre a morte é marcada por uma sede de viver. Escreve num tom intimista com o qual há muito nos familiarizámos, mas do qual Montaigne foi o inventor:

> «Nasci entre as onze horas e o meio-dia no último dia de fevereiro de 1533. Passei há apenas duas semanas os trinta e nove anos e preciso, pelo menos, de uns tantos mais.»

Desgraçadamente, o desejo de Montaigne não lhe foi concedido e morreu seis meses antes do seu sexagésimo aniversário. Fazendo eco da sabedoria de Sófocles, escreve um curto ensaio intitulado «Porque a nossa felicidade não deve ser julgada antes da nossa morte». Ora, se isto está certo, então a forma como cada um termina a sua vida torna-se absolutamente crucial para esse juízo. Montaigne diz que conheceu boas pessoas que morreram mal e más pessoas que morreram bem. Conta a história tragicómica do seu valoroso irmão que aos trinta e três anos foi atingido mortalmente por uma bola de ténis logo acima do ouvido direito. Em absoluto contraste:

> «No meu tempo três das pessoas mais execráveis e mais infames, em todas as abominações da vida que conheci, tiveram mortes a pedido e, em todos os aspetos, preparadas até à perfeição.»

Conclui, pensando na sua morte:

«Julgando a vida de outro, olho sempre para a forma como acabou; e uma das minhas principais preocupações quanto ao meu próprio fim é que corra bem, isto é, tranquila e impercetivelmente.»

Parece que o desejo de Montaigne de morrer tranquilamente lhe foi concedido, embora não da maneira que teria esperado. Padeceu de variadas maleitas nos últimos anos e, como Epicuro, foi atormentado por pedras nos rins. Morreu após um ataque de anginas (abcessos peritonsilares) que o privou completamente da fala. Algures nos seus *Ensaios*, escreve que a morte mais horrível seria a de nos cortarem a língua, de morrer sem a capacidade de falar. Montaigne parece ter morrido num silêncio mudo, o que constitui um fim terrível para um tal ser de palavras. Porém, consta não ter mostrado qualquer pavor da morte no final da vida, como se respondendo a uma linha do seu ensaio sobre o medo: «Aquilo de que mais tenho medo é do medo.»

É verdade que as reflexões de Montaigne sobre a morte, escritas no seu auge, podem ser vistas como uma encenação de «bravura estoica», como sublinha Terence Cave. Todavia, Montaigne teve uma experiência de quase-morte uns anos antes de escrever «Da filosofia como aprendizagem da morte». Enquanto cavalgava a apenas uma légua de casa, um dos criados de Montaigne, cavalgando a toda a brida, e avançando como um colosso, colidiu de frente com Montaigne, deixando cavalo e cavaleiro inconscientes. No seu ensaio «Da prática», escreve, com grande frieza, como se tivesse acontecido com outra pessoa:

«Portanto, ali estava um cavalo inconsciente deitado no chão, e eu a dez ou doze passos à frente, morto, deitado de costas, com o rosto pisado e lacerado... sem mostrar mais sinais de movimento ou sensação do que um tronco de madeira.»

Montaigne sofreu de amnésia severa e a memória do acidente só gradualmente foi regressando. Quando finalmente recuperou a memória do «cavalo a avançar na minha direção», Montaigne «tomou-se por um homem morto». Acrescenta então este pensamento extraordinário:

«Foi como se um relâmpago tivesse atingido a minha alma com um golpe tremendo e que tivesse regressado naquele instante do outro mundo.»

O que é fascinante neste incidente é o facto de Montaigne insistir que não sentiu qualquer medo enquanto ocorreu. A iminência da morte foi enfrentada com equanimidade.

O génio de Montaigne expressa-se no modo como o seu estilo marcadamente pessoal nunca dá a sensação de ser autoindulgente, mas antes de falar a algo partilhado na nossa experiência. Pascal está certo, quando diz: «Não é em Montaigne, mas em mim, que encontro tudo o que vejo nele.» Para Montaigne, a forma de escrever é tão importante quanto o conteúdo. O que ele desenvolve é um estilo experimental capaz de mapear o movimento da mente, «penetrar nas profundezas opacas dos seus recessos; de trazer à tona e identificar tantas das suas sombras subtis e vibrações». O que observamos em Montaigne é algo completamente moderno: uma tentativa de escrever de uma forma que captura e evoca as divagações da mente, as suas digressões, asserções e hesitações.

Conquanto Montaigne fosse um admirador de Séneca e dos estoicos, mais próximo do final da vida decidiu que os céticos, como Pirro, «eram o mais sábio partido da filosofia». Os antigos céticos declararam que a certeza quanto ao conhecimento era inalcançável e brindaram Montaigne com a questão com a qual mais se identificava e que denota uma verdadeira atitude filosófica: «*Que sais-je?*» (Que sei eu?) A abordagem de Montaigne à morte mostra ainda a forte influência do epicurianismo e adota o argumento de Lucrécio contra a imortalidade: «Imagina realmente o quão pouco suportável e muito mais penosa para o homem não seria uma vida eterna.»

A filosofia é o modo pelo qual o ser humano se pode preparar para a morte. Para Montaigne, o estudo necessário para a filosofia representa não só uma aprendizagem para a morte como o seu símile. Estudar é «extrair a nossa alma de nós» e «mantê-la ocupada fora do corpo». De Aristóteles em diante, a felicidade mais sublime que a filosofia promete é a vida de contemplação, o *bios theoretikos*, a quietude do diálogo da alma consigo mesma. Vista de mais perto, a vida contemplativa é a própria imagem da morte. É a conquista de uma calma que acompanha a existência presente sem premeditações ou lamentos. Não conheço outra imortalidade.

Giordano Bruno (1548–1600)
Se Copérnico acendeu o rastilho da revolução na astronomia e em todo o nosso pensamento acerca do universo, então foi Bruno que espalhou o fogo por toda a Europa tendo sido engolido pelas chamas. As suas teorias de um universo infinito e de uma multiplicidade de mundos, combinadas com o

seu fascínio pela tradição hermética da magia e das artes da memória, resultaram em múltiplas acusações de heresia.

Na sequência da sua excomunhão em Itália e uma acusação de assassinato, Bruno fixou-se por um tempo em Paris, Londres, Oxford e diversas outras cidades universitárias na Alemanha. Durante uma estadia bastante longa e influente em Inglaterra, onde se tornou amigo de Sir Philip Sidney, e onde poderá até ter conhecido Shakespeare, ficou célebre o seu debate com os doutores oxonianos.

Em 1591, cometeu o erro fatal de regressar a Itália, onde foi julgado rapidamente por heresia em Veneza e durante sete longos anos em Roma. Após a sua condenação à morte por se recusar a renegar as suas ideias, proferiu as célebres palavras aos seus juízes: «Talvez o vosso medo de me julgar seja maior do que o meu em receber o vosso julgamento.» Foi amordaçado e queimado vivo no Campo de Fiori.

Bruno foi o mago de uma tradição hermética das artes da memória. Nas palavras de Frances Yates, a sua doutrina central é:

> «Tudo está em tudo na natureza. Logo, no intelecto tudo está em tudo. E a memória pode memorizar tudo em tudo.»

O ser humano é o microcosmo do macrocosmo divino da natureza e através de técnicas de memória pode alcançar o conhecimento absoluto e tornar-se divino. Bruno foi sempre considerado o herói dissidente do radicalismo político e um inimigo da Igreja Católica. Em muitas pequenas cidades italianas, a Praça Giordano Bruno, amiúde por iniciativa do partido comunista local, localiza-se exatamente do lado oposto à igreja católica principal.

Galileu Galilei (1564-1642)

Foi ameaçado com o mesmo destino de Bruno, mas, como é poderosamente dramatizado em *A Vida de Galileu* de Brecht, renegou o seu copernicianismo sob a ameaça de tortura pela Inquisição. Existe uma lenda que diz que, após a sua retratação, terá afirmado *Pero si muove* («E, no entanto, ela move-se»): apesar de tudo, a Terra move-se e não é um ponto fixo no centro do universo.

Não obstante Galileu ser amplamente responsável pelo advento da observação empírica e pela separação entre a física e a filosofia, no seu texto de 1623, *O Ensaiador*, escreve: «A filosofia está escrita neste grande livro, o universo, que se mantém continuamente aberto à nossa contemplação.» Passou os últimos oito anos da sua vida em prisão domiciliária até que a sua cegueira pôs um fim às suas experiências com telescópios e faleceu de algo que foi descrito como uma «febre lenta».

Francis Bacon (1561-1626)

Na opinião de Bacon, o campo da «filosofia natural» não havia feito qualquer progresso desde os gregos antigos. Como não gostava de meias-verdades, Bacon propôs um *Novum Organum* (1620) ou novo instrumento ou utensílio que substituiria o *organon* aristotélico e permitiria aos seres humanos reconquistar o seu domínio sobre o mundo natural. Tornou-se banal dizer que «conhecimento é poder», mas é a Bacon que devemos essa ideia.

Do seu ponto de vista, os filósofos especulativos tradicionais eram como aranhas tecendo redes de requintada e maravilhosa complexidade do interior dos seus próprios corpos. O problema reside no facto de estas teias não conseguirem tocar a realidade e se desintegrarem facilmente. Em contraste, o verdadeiro filósofo deve ser como uma abelha, trabalhando em conjunto com outros, conduzindo experiências e reunindo dados que possam garantir conhecimento e poder sobre a natureza.

Fiel à sua palavra, foi em consequência de conduzir uma experiência que Bacon conheceu o seu fim. Devemos a história a John Aubrey, que insiste tê-la ouvido do próprio Thomas Hobbes. Pelos vistos, durante um inverno particularmente frio em Londres com neve nas ruas, Bacon viajava com um médico escocês e teve a ideia de que a carne talvez se preservasse no gelo como no sal. Saíram ambos da carruagem junto a Highgate Hill e compraram uma galinha a um pobre que ali vivia. Em seguida, Bacon recheou a galinha de neve e adoeceu de imediato com um resfriado. Incapaz de voltar a casa, Bacon foi posto na cama na casa do conde de Arundel, em Highgate. Lamentavelmente, a cama estava tão húmida que a sua condição piorou e, segundo Hobbes, «em dois ou três dias, morreu de asfixia». Talvez isto seja aquilo a que podemos chamar «morte por empirismo».

Aubrey afirma ainda que Bacon «era um *paiderastos*. Os seus ganímedes e favoritos recebiam subornos». Embora a verdade das predileções sexuais de Bacon não possa ser confirmada, foi declarado culpado de corrupção em 1621. Foi dispensado do seu nobre cargo de procurador-geral, caiu em desgraça e teve de pagar uma multa pesadíssima.

Existe uma história menos colorida de que Bacon se tornou dependente de opiáceos ao longo da sua vida de adulto e morreu com uma *overdose* de nitro ou ópio.

Tommaso Campanella (1568–1639)

Após ter sido denunciado à Inquisição pelas suas perspetivas heterodoxas e confinado a um convento, Campanella passou vinte e sete anos na prisão por fomentar a rebelião na Calábria, no Sul de Itália, contra o domínio espanhol. Foi no cativeiro que escreveu a sua obra mais célebre, *A Cidade do Sol*, uma utopia comunista em diálogo, fortemente influenciada pela *República* de Platão.

Depois de cinco anos em liberdade, Campanella foi uma vez mais ameaçado de prisão e fugiu para França, onde viveu e morreu sob a proteção do cardeal Richelieu.

Racionalistas (materialistas e não-materialistas), empiristas e dissidentes religiosos

Hugo Grócio ou Huig de Groot (1583–1645)

O grande teórico holandês da guerra justa, cujas posições sobre a lei internacional exerceram uma profunda influência na ulterior jurisprudência e política, conheceu um adequado fim internacional. Apesar de não ser um nativo da Suécia, foi designado como embaixador sueco em França, em 1634. Após alguma intriga e traições políticas, Grócio foi chamado de volta a Estocolmo pela rainha Cristina e dispensado do seu cargo. Na sua viagem marítima de regresso a Lübeck, na Alemanha, naufragou e apareceu na costa levado pelo mar. Foi levado de carreta até Rostock, onde morreu em consequência das lesões sofridas. As suas palavras finais foram: «Em compreendendo muitas coisas, não concretizei nada.»

Thomas Hobbes (1588–1679)

No *Leviatã,* ficou célebre a descrição de Hobbes da vida no estado de natureza como «solitária, pobre, sórdida, selvagem e curta».[41] Conquanto a vida de Hobbes não tenha

---

[41] Tradução portuguesa: *Leviatã,* tradução de João Paulo Monteiro e Maria Beatriz Nizza da Silva, 3.ª edição (Lisboa: INCM, 2002), Primeira Parte, §13, p. 111. *(N. do T.)*

decorrido sem drama — aquando do seu nascimento, a sua mãe entrou em trabalho de parto prematuro com medo da Armada espanhola, e as suas relações tanto com o rei como com o Parlamento tiveram, no mínimo, as suas dificuldades —, nenhum destes epítetos parecem justificados. Viveu para além dos noventa, continuando a escrever e a publicar intensamente. Isto significa pouco menos do que um milagre na turbulenta Inglaterra do século XVII.

As razões para a longevidade de Hobbes são descritas com enorme graça e afeto pelo seu jovem amigo, John Aubrey. Mesmo na juventude, Hobbes evitava excessos «quanto a vinho e mulheres» e parou de beber aos sessenta. Vigiava minuciosamente a sua dieta, comendo bastante peixe, em especial abadejo. Hobbes caminhava vigorosamente todos os dias até suar um pouco, dado que acreditava que desta forma adquiria calor — porque os idosos são frios — e expulsava qualquer humidade excessiva. Quando já suara o suficiente, voltava a casa «e dava algum dinheiro ao criado para que o esfregasse». Pelo menos até aos setenta e cinco, Hobbes chegava a jogar à pela várias vezes por ano. Finalmente, à noitinha, quando estava na cama e seguro de que ninguém o ouvia, cantava canções de livros de *pricksongs*. Estas consistiam em coletâneas de canções populares e sentimentais como «Phyllis, why should we delay?» e «Gather ye Rosebuds while ye may». Não é que Hobbes tivesse boa voz, mas acreditava que «fazia bem aos pulmões, e contribuía muito para prolongar a sua vida».

Sobre a morte escreveu que «não devemos lamentar demasiado tempo uma morte; caso contrário, teremos muito pouco tempo para lamentar as dos outros». Hobbes adoeceu com «a estrangúria», ou dor aguda ao urinar, provavelmente causada por uma úlcera na bexiga. Conta-se que terá dito a um dos seus médicos «que se contentaria em encontrar um buraco por onde rastejar para fora do mundo». Faleceu depois de sofrer um ataque que lhe paralisou o lado direito do corpo.

Hobbes foi sepultado numa igreja da paróquia local de Ault Hucknall, Derbyshire, por vezes descrita como o mais pequeno povoado de Inglaterra. Segundo Aubrey, o grupo de família e vizinhos no seu funeral foi generosamente alimentado com «vinho, destilado e natural, bolo, biscoitos, etc.».

Se a vida de Hobbes não foi sórdida, selvagem e bruta, também não foi solitária. Ao que parece, por volta dos seus noventa anos, tinha uma jovem companheira de nome desconhecido, por quem estava bastante enamorado. Pouco tempo antes da sua morte, Hobbes compôs os seguintes versos autodepreciativos e comoventes:

Embora já passado dos noventa e demasiado velho
Para esperar ser o favorito na corte de Cupido,
E muitos invernos me tenham feito frio
Que me tornei quase estúpido.

Ainda assim posso amar e ter uma amante,
Tão leal quanto possível e tão sábia quanto leal;
E no entanto sem orgulho, nem nada
Que me faça perder a esperança do seu favor.

Dizer-vos quem ela é seria uma grande ousadia;
Mas se a minha identidade descobrirdes
Não tomem o homem por louco apesar de velho
Que na carne, e mais no pensamento, ama honestamente.

No seu testamento deixou dez libras a uma Mary Dell, de quem nunca se ouviu falar. Seria esta a amada? Jamais saberemos.

Antes da sua última doença, Hobbes convidou os seus amigos a escrever possíveis epitáfios para serem gravados na sua pedra tumular. O seu favorito foi o seguinte: «Esta é a pedra de um verdadeiro filósofo.»

René Descartes (1596–1650)

Em total oposição a Hobbes, Descartes morreu relativamente jovem, pouco antes do seu quinquagésimo quarto aniversário, quando se encontrava no exílio em Estocolmo, no inverno mais frio em sessenta anos. Descartes escreveu a um amigo: «Como a água, aqui o pensamento dos homens congela durante os meses de inverno.» Descartes tinha apenas um amigo em Estocolmo, o embaixador francês, Chanut. Infelizmente, foi de Chanut que Descartes apanhou a infeção viral que provocou a sua morte. Ao passo que Chanut recuperou após algumas sangrias, Descartes pensou que tais remédios eram absurdos e tinha esperança em recuperar naturalmente. A febre continuava e piorou durante os dez dias seguintes. Antes de Descartes perder a consciência, conta-se que afirmou, à maneira de Sócrates e Plotino:

> «Ó minh'alma, tens estado cativa desde há muito tempo. É chegada a altura de deixares a prisão e de renunciares ao fardo deste corpo. Deves sofrer esta rutura com alegria e coragem.»

Foi Chanut que encorajou Descartes a aceitar o convite da rainha Cristina da Suécia para ir e ensinar filosofia à monarca. Lamentavelmente, isto parece ter redundado num fracasso total, pois, após um par de sessões, Descartes confessou: «Não sei se ela [Cristina] alguma vez aprendeu algo sobre filosofia.» À situação pedagógica não foi certamente grande ajuda o facto de Cristina ter agendado as suas aulas de filosofia às cinco da manhã no inverno de Estocolmo. Descartes não era, segundo consta, um madrugador.

Não se sabe ao certo a razão pela qual Descartes aceitou o convite de Cristina. É verdade que ela foi insistente, enviando primeiro um almirante para o convidar para ir à Suécia e depois enviando um navio de guerra para ir buscar o filósofo. Terá sido o elogio de ser reconhecido por um monarca quando se sentiu totalmente ignorado na sua França natal ou na sua Holanda adotiva? É certo que o desejo de reconhecimento pode causar danos terríveis à alma. Mas talvez pudesse ser uma espécie de desejo de morte da parte de Descartes. Segundo Desmond Clarke, antes da sua ida para Estocolmo, Descartes teve uma premonição da morte através de um naufrágio. Como é óbvio, isto muito dificilmente representaria um medo irracional no século XVII, sobretudo porque Grócio morrera dessa forma somente cinco anos antes depois de um encontro com a mesma rainha. Descartes não parece ter sido minimamente estimulado por Estocolmo; lia muito pouco e não escreveu quase nada.

Descartes era um reconhecido itinerante, que viveu em nada menos do que trinta e oito endereços durante a sua vida. Estranhamente, este padrão parece ter continuado após a sua morte e a história das deambulações do cadáver de Descartes roça a tragicomédia. Como Descartes era católico e a Suécia protestante, foi sepultado num cemitério para órfãos não-batizados e vítimas da peste. De acordo com a teologia cristã daquele tempo, isto significava que a alma da qual Descartes falava acima com tanta soberba não teria permissão para entrar no céu e, ao invés, seria condenada a vaguear no limbo. Em 1666, o corpo de Descartes foi exumado e teve início uma lenta viagem de regresso a Paris. Em virtude de longos atrasos em Copenhaga e numerosas paragens noutros lugares, demorou onze meses para que chegasse a Paris.

Mas isto não foi o fim da história. Depois de inicialmente ter sido colocado na igreja de Sainte-Geneviève, em Paris, foi decidido trasladar os seus restos mortais para o Panteão, a grande catedral da Revolução Francesa. Infelizmente, esta decisão nunca foi levada a cabo e, após duas estadias mais curtas em cemitérios parisienses, os restos mortais de Descartes foram, enfim, sepultados no antigo mosteiro de Saint-Germain-des-Prés, em 1819.

Algo enigmaticamente, a inscrição inicial no túmulo de Descartes, que já não existe, era «*Bene qui latuit, bene visit*» («Aquele que viveu recolhido, viveu bem»).

Elisabete da Boémia, Princesa do Palatinado (1618–1689)
Naquele que é possivelmente o mais estúpido comentário no seu *Vidas Breves*, Aubrey escreve que Descartes era «um homem demasiado sábio para se sobrecarregar com uma mulher». Seja como for, tirou prazer de relações com muitas mulheres, nenhuma mais brilhante do que a exilada princesa Elisabete, cujo tio era Carlos I de Inglaterra, dura mas justamente decapitado em 1649. De facto, numa carta de consolação a Elisabete após o regicídio, Descartes escreve que uma rápida e gloriosa decapitação era preferível à «morte que se espera no leito» — um comentário de peculiar ironia considerando os factos do próprio falecimento de Descartes.

Devido às restrições impostas à educação das mulheres e ao papel na vida pública e intelectual até tempos mais recentes do que gostaríamos de imaginar, a sua presença na história da filosofia tende a encontrar expressão não tanto em tratados mas em outras formas literárias, como a epistolar. Em 1643, quando tinha vinte e quatro anos, Elisabete iniciou uma longa e detalhada correspondência filosófica com Descartes que durou até à morte dele. Com uma educação rigorosa em ciência e em matemática, bem como na cultura clássica e teologia, ela foi o par intelectual de Descartes e ele tratou-a como tal. Além disso, as suas cartas são marcadas por uma refrescante candura, afeto e franqueza que estavam completamente ausentes do discurso da corte do século XVII.

A questão que ela levanta é central para o dualismo cartesiano do pensamento e extensão — o da separação entre a mente [mind] e o corpo. Se a mente pensante está separada do corpo extenso, como declara Descartes, como interagem então o corpo e a mente?

A resposta completa de Descartes pode ser encontrada no seu derradeiro livro, *As Paixões da Alma*, publicado pouco antes da sua morte. Argumenta ele que a glândula pineal, pequeno pedaço de matéria cinzenta do tamanho de uma ervilha e localizado no centro do cérebro, é o local da interação com o corpo.

Elisabete, claramente, não ficou muito impressionada com a glândula pineal de René e as cartas mostram-na sempre crítica do racionalismo de Descartes e da sua conceção mecanicista do corpo de uma maneira que prefigura muito do criticismo que se seguiu. Num determinado ponto do seu desacordo com Descartes em torno das paixões, ela escreve com ironia sobre as fraquezas do seu sexo e conclui: «Parece que tenho o corpo errado.»

Alguns declararam que Descartes e Elisabete estavam apaixonados. Independentemente de ser ou não verdade, foi decerto uma amizade muito intensa e profunda. Elisabete nunca casou, tendo-se retirado, alguns anos mais tarde, para um convento, tornando-se cónega e abadessa em Hertford, na Vestefália, onde morreu.

Pierre Gassendi (1592-1655)

Já encontrámos Gassendi acima por instantes (*ver* Epicuro). Ao que tudo indica, Molière foi estudante de Gassendi e foi inspirado pelo seu professor para traduzir o *Da Natureza das Coisas* de Lucrécio para francês. O «gassendismo» foi influentíssimo e o principal rival do cartesianismo, no século XVII, como uma alternativa ao escolasticismo. Efetivamente, Gassendi levanta aquilo a que Descartes chamava «a objeção das objeções» contra a sua filosofia: a saber, que o conhecimento, mesmo se claro e distinto, como Descartes sempre enfatizou, pode não incidir sobre nada exterior às nossas mentes e não ter contacto com a realidade. Descartes responde com a característica irritação, recusando levar a objeção a sério, afirmando que, a ser verdade, «então temos de fechar por completo a porta à razão, e contentarmo-nos em ser macacos, ou papagaios e não mais homens». (É uma ofensa terrível aos macacos como aos papagaios.)

O cerne da filosofia de Gassendi reside no que ele designa por «ceticismo mitigado». Consiste isto na tentativa um tanto inverosímil de reconciliar o atomismo e o materialismo de Epicuro com as verdades reveladas do cristianismo. Trata-se de uma tarefa audaciosa, sobretudo quando Gassendi defende, como um libertino, que o mais elevado bem é a «voluptuosidade».

Conquanto tenha morrido de doença prolongada dos pulmões, é provavelmente uma imortalidade adequada para um atomista como Gassendi que tenha dado o nome a uma extensa cratera na Lua.

Duque François de La Rochefoucauld (1613–1680)

Um soldado corajoso, heroico, mas desafortunado, La Rochefoucauld foi baleado na cabeça na batalha de Faubourg Saint-Antoine, em 1652, e quase perdeu a visão, para não dizer a vida. Era igualmente conhecido pela sua galanteria em inúmeras ligações românticas célebres em virtude das quais, numa ocasião, La Rochefoucauld foi preso na Bastilha pelo cardeal Richelieu.

Num autorretrato literário, confessa os seus pecadilhos passados e, de um modo pouco usual para a época, descreve-se fisicamente com detalhe minucioso. Escreve: «tenho uma estatura média, sou elegante e bem proporcionado», com cabelo encaracolado preto e dentes brancos, «razoavelmente forte». Prossegue confessando que é espirituoso, mas «de uma graça toldada pela melancolia». Era a principal figura nos *salons* de Paris, em meados do século XVII, e o seu cínico *Máximas* contém alguns comentários esplendorosamente ácidos sobre a morte, cujo alvo é o ideal filosófico da morte.

La Rochefoucauld é resolutamente contra a ideia que temos visto em tanto filósofos antigos de que podemos ou devemos ter desprezo pela morte. Pelo contrário, para ele, a morte «é uma coisa aterradora». Não há melhor prova do terror da morte do que o trabalho que os filósofos têm em tentar persuadir-nos de que não é algo que devamos temer.

A morte só pode ser tolerada se cultivarmos a nossa própria imortalidade e fama póstuma ou se formos estúpidos, o que, para o aristocrata La Rochefoucauld, constitui a grande virtude das pessoas comuns. Escreve ele:

> «Nada prova tão bem o quão pouco convencidos estão os filósofos de que a morte não é um mal, quanto o tormento por que passam para estabelecer a imortalidade dos seus nomes após a perda das suas vidas.»

Para La Rochefoucauld, o desdém dos filósofos para com a morte é tão-somente um desejo mal disfarçado de glória e fama póstuma. Escreve: «Como mortais receamos todas as coisas e desejamos todas as coisas como se fôssemos imortais.» Em oposição, La Rochefoucauld aconselha que abandonemos a hipocrisia dos filósofos e «nos contentemos em suportar bem a morte». Escreveu a famosa frase: «Nem o sol nem a morte podem ser olhados continuamente.» Morreu depois de muitos anos de dor incapacitante provocada pela gota.

Blaise Pascal (1623–1662)
Nos seus *Pensamentos* publicados postumamente, Pascal escreve:

> «Imaginemos um grupo de homens postos a ferros, e todos condenados à morte, dos quais alguns são degolados todos os dias à vista dos outros; aqueles que restam veem a sua própria condição na dos seus semelhantes, e, olhando-se uns aos outros com dor e sem esperança, aguardam a sua vez.»[42]

---

[42] Tradução portuguesa: *Pensamentos, op. cit.*, §405, p. 205. *(N. do T.)*

Não há, no pensamento moderno, génio mais dividido do que Pascal e nenhum, na minha opinião, que fale tão poderosamente à condição do seu tempo e do nosso, dilacerado por pretensões rivais da ciência e da religião.

Pascal escreveu o seu primeiro e inovador tratado matemático aos dezasseis anos; inventou a primeira máquina de calcular um par de anos mais tarde para ajudar o pai na sua função de coletor de impostos; estava na vanguarda da investigação experimental e teórica sobre a natureza do vácuo, um tema que preocupava as grandes mentes da época; pouco antes da sua morte, inventou uma grande carruagem com muitos lugares que viria a ser o primeiro autocarro do mundo, transportando passageiros ao longo de Paris; e a sua glória póstuma comprova-se pela linguagem de programação que leva o seu nome.

Embora Pascal tenha sido um prodigioso expoente da nova ciência, ele observou ao mesmo tempo a crise espiritual que provocava. Escreve sobre Descartes:

> «Não posso perdoar Descartes: em toda a sua filosofia, ele gostaria de dispensar Deus; mas não pôde evitar permitir-lhe um estalar de dedos para pôr o mundo em movimento; depois disso, não precisou mais dele.»

O problema com o racionalismo cartesiano é a sua húbris, sobretudo o facto de não admitir outro limite à explicação senão aquele dado pela razão. Em oposição, para Pascal, a razão é limitada e não pode estabelecer os seus próprios princípios. Assim sendo, como escreve Pascal: «Nada é tão conforme à razão quanto esta retratação da razão.»[43] Mas,

---

[43] *Idem*, §171, p. 110. *(N. do T.)*

para ser claro, Pascal não é um irracionalista. Pelo contrário, há dois excessos, «excluir a razão, não admitir senão a razão»([44]). Se a razão é deixada a si mesma, então Pascal pensa que conduzirá a um interminável e irrefutável ceticismo. Assim, diz ele: «Humilha-te, frágil razão.» A razão deve abrir os seus ouvidos ao verdadeiro mestre da condição humana: «Ouve Deus.»

E Pascal ouviu de facto Deus, na noite de 23 de novembro de 1654, a famosa «noite de fogo». Após a sua morte, foi encontrado um texto cosido ao casaco que levava sempre consigo. Era um memorial da sua conversão e dos seus inícios: «Fogo. Deus de Abraão, Deus de Isaac, Deus de Jacob, não dos filósofos e académicos.» Importa referir que, de uma maneira que antecipa filósofos como Kierkegaard, Wittgenstein e Simone Weil, a experiência da fé não pode ser expressada filosoficamente. O Deus dos filósofos é um mal-entendido filosófico da experiência da fé. Inspirado em Paulo e Agostinho, Pascal procura defender um entendimento cristão da fé contra, por um lado, o racionalismo de Descartes e, por outro, o ceticismo de Montaigne.

Curiosamente, Pascal escreve que Montaigne professa uma conceção «cobarde e efeminada» da morte baseada em fontes pagãs e sem qualquer preocupação pela nossa salvação pessoal. Fica por responder neste livro se o vício de Montaigne não é, de facto, uma virtude.

Depois de uma vida de saúde frágil, Pascal morre novo, aos trinta e nove anos, após sofrer de uma gangrena intestinal e de um coágulo no cérebro.

---

[44] *Idem*, §172, p. 110. *(N. do T.)*

Arnold Geulincx (1624-1669)

O metafísico flamengo, que exerceu, por sinal, alguma influência sobre o jovem Samuel Beckett, tinha muito possivelmente a mais forte teoria da causalidade na história da filosofia. Para Geulincx, uma ação não pode ser executada se não tivermos conhecimento de como é executada. Para ele, os seres humanos, na ausência de uma autoconsciência adequada, não estão na posse desse conhecimento. Assim sendo, não podemos assegurar que agimos.

Ora — e é este o passo estranho no argumento —, o único ser de quem pode ser dito que age é aquele ser que possui conhecimento de como a ação se produz. Esse ser é Deus. Logo, nós não agimos, Deus age através de nós. Deus é a causa das ações cujos efeitos vemos no mundo.

Geulincx escreve, à guisa de silogismo:

«1. Não sou mais do que um espectador do mundo.
2. No entanto, o próprio mundo não pode produzir este espetáculo.
3. Só Deus pode produzir este espetáculo.»

Isto levanta, é claro, uma questão delicada em caso de homicídio. Por exemplo, se eu matar um urso-pardo com uma arma de assalto *AK-47* (não que eu possua tal arma ou que me veja com frequência na companhia de ursos), então serei realmente eu que mato o urso?

Geulincx escreve: «Portanto, a bem dizer, os homens não matam; eles apenas *querem* matar.» A bem-sucedida concretização do ato de matar depende da vontade de Deus.

Por conseguinte, é Deus que mata o urso e não eu (talvez não seja uma coisa má, que a maioria dos advogados de defesa em casos de homicídio desconheça Geulincx).

A perspetiva da causalidade de Geulincx tem ainda uma estranha consequência na forma como concebemos a morte. Escreve ele:

> «Se devo sofrer a morte, que significa isso para mim, já que devo a minha condição humana não à minha natureza, mas à vontade de outro?»

Deus tem um «império secreto» sobre mim e a morte não está em meu poder, mas no poder da vontade de Deus. Ele pode decidir juntar-me a outro corpo, transformar-me num urso ou — e este seria o ideal para Geulincx — libertar-me de uma vez da existência corporal. O que é certo para Geulincx é que a nossa própria existência não acaba com a morte. Ao voltar-se para Deus, a mente volta-se para aquilo que lhe garante a vida eterna.

Anne Conway, Viscondessa Conway (1631–1679)

Até muito recentemente, Anne Conway era uma figura totalmente negligenciada na história da filosofia. Esteve envolvida intensamente num dos grandes problemas dos filósofos no final do século XVII: quais são as consequências religiosas da teoria mecanicista da natureza proposta por Descartes e Hobbes?

Na sua obra póstuma *The Principles of the Most Ancient and Modern Philosophy*, ela argumenta contra o materialismo e, de facto, contra qualquer distinção entre mente e matéria. Para Conway, o universo consiste numa substância: matéria espiritualizada cuja origem é divina. As suas conceções exerceram uma influência direta em Leibniz, e o seu uso do termo «mónada», como a entidade simples e consciente a partir da qual acreditava que o cosmos se comporia, foi muito possivelmente retirada da sua leitura de Conway.

Excluída da universidade devido ao seu sexo, fez da sua casa em Ragley Hall, em Warwickshire, um centro para o debate intelectual e desenvolveu uma amizade próxima com o mais importante dos platonistas de Cambridge, Henry More. Após se ter convertido ao quaquerismo, Conway morreu relativamente jovem, padecendo de insuportáveis enxaquecas. O seu epitáfio resume-se a duas palavras: «Senhora quáquer».

John Locke (1632–1704)

Para muitos, John Locke é o mais importante filósofo inglês e, sem dúvida, o mais influente. Conquanto Locke tenha sempre atribuído o seu interesse pela filosofia, já na sua maturidade, à sua leitura de Descartes, as suas ideias desenvolveram-se amplamente em oposição ao francês. Em lado algum é isto mais claro do que na própria noção de filosofia de Locke. Ao passo que, para Descartes, a filosofia é a rainha das ciências que nos pode dar a chave para o conhecimento indubitável na física e na metafísica, Locke é muito mais modesto e circunspecto quanto ao alcance da filosofia. No início da sua obra filosófica mais importante, *Ensaio sobre o Entendimento Humano* (1690), escreve que, na esteira do «incomparável Newton», a ambição do filósofo devia consistir em ser

> «um simples operário aplicado a limpar e desobstruir de velharias o caminho do saber»[45].

---

[45] Tradução portuguesa: *Ensaio sobre o Entendimento Humano*, tradução de Eduardo Abranches de Soveral, 2.ª edição (Lisboa: FCG, 2005), p. 10. *(N. do T.)*

Para Locke, e para a tradição empírica que ele inspira, o filósofo já não é um rei platónico ou um senhor cartesiano da natureza, mas é sobretudo um zelador no palácio das ciências, limpando o lixo e mantendo tudo arrumado.

A minha descrição favorita do *Ensaio* de Locke é dada por Laurence Sterne. No *Tristram Shandy*, Sterne pergunta: «Alguma vez leste um livro da espécie do *Ensaio sobre o Entendimento Humano* de Locke?» E prossegue: «Vou dizer-te em três palavras que espécie de livro é.» Como é óbvio, sendo Sterne quem é, responde em quatro palavras:

> «Uma espécie de história. — Uma história! De quem? De quê? De onde? De quando? Não tenhais pressa — é um livro de história, caro senhor, sobre o que se passa na própria mente de um homem; e se tanto disseres sobre o livro e nada mais, acreditai em mim, não fareis má figura num círculo metafísico.»

Esta mostra ser uma descrição singularmente adequada do *Ensaio* de Locke, pois a sua reivindicação é a de que o conhecimento humano consiste apenas naquilo que se passa na mente de um homem, aquilo a que chama «ideias». Estas ideias não são, como pensava Descartes, inatas, mas têm a sua causa na sensação e na reflexão, ou seja, na história idiossincrática de cada indivíduo, como o jovem Tristram.

Ao contrário de Sterne, Locke não se entusiasmava muito com o problema filosófico da morte. Há uma passagem reveladora no *Ensaio* em torno da questão da imortalidade da alma em que ele declara que a ideia de que os mortos ressuscitarão não é uma questão de conhecimento mas de fé. O seu argumento gira em torno do facto de o conhecimento apenas ir tão longe quanto as nossas próprias ideias e não mais além. «A modéstia da filosofia» requer que aceitemos que problemas como Deus e a alma não sejam alvo de provas filosóficas e, além disso, a crença em tais entidades não exige prova.

Locke viveu no meio da turbulência política do final do século XVII inglês e, embora os seus *Dois Tratados sobre o Governo Civil* tenham sido publicados anonimamente em 1690, dois anos após a Revolução Gloriosa de 1688, investigação recente mostrou que foram redigidos muito antes. Por conseguinte, Locke não escreveu para justificar uma revolução que ocorrera, mas para provocar uma insurreição contra o católico Jaime II, que conseguira, finalmente, subir ao trono em 1685. De facto, em virtude da amizade próxima com Anthony Ashley Cooper, o conde de Shaftesbury, que foi preso e julgado por traição pela sua oposição a Jaime II, Locke fugiu para os Países Baixos, em 1683, e viveu durante seis anos sob o pseudónimo «Dr. van der Linder».

A fortuna de Locke foi recuperada após a Revolução Gloriosa e foi nomeado comissário para o comércio em 1696. Exausto do trabalho e a sofrer de asma, Locke retirou-se para a zona rural de Essex para viver em Oates, a residência de Sir Francis Masham. As cartas de Locke expressam um contentamento evidente pela liberdade conquistada em relação ao trabalho e ao facto de poder passear no seu cavalo todos os dias. Foi durante um destes passeios que descobriu um alto nas suas costas, que pensou ser responsável pela dor aguda que sentia nas pernas, o que acabou por impedi-lo de cavalgar.

Morreu na presença de Lady Masham, Damaris Cudworth. Ela sentou-se em vigília com Locke ao longo dos seus últimos dias e noites e deu-lhe todas as comidas e líquidos que ele podia tolerar. Depois de lembrar Damaris Cudworth das suas instruções para o tratamento do seu corpo, disse-lhe:

> «Vivi uma vida longa o suficiente e graças a Deus uma vida feliz; mas, no fundo, esta vida não é mais que vaidade.»

Às três horas da tarde seguinte, enquanto Damaris lia os Salmos, levou as mãos ao rosto, fechou os olhos e morreu. Foi sepultado num túmulo muito simples, mas muito digno, no cemitério de High Laver, em Essex. Escreveu o seu próprio epitáfio, que declara:

> «Próximo deste lugar jaz John Locke... satisfeito com o seu modesto quinhão [...]. As suas virtudes, se tinha algumas, eram demasiado insignificantes para lhe garantirem reconhecimento ou para servirem de exemplo para vós. Deixai que os seus vícios sejam enterrados com ele.»

Damaris Cudworth, Lady Masham (1659–1708)
Era filha do mais importante platónico de Cambridge, Ralph Cudworth, e embora o acesso à educação universitária fosse negado às mulheres, ela cresceu no Master's Lodge do Christ's College, em Cambridge, e foi educada pelo pai.

Quando Damaris Cudworth tinha vinte e dois anos, deu início a uma intensa e reveladora correspondência filosófica com Locke, que, numa ocasião, descreveu como «un second père» («um segundo pai»). Mais tarde, tornaram-se amantes, apesar de ele ser vinte e seis anos mais velho. Locke admirava Damaris Cudworth imensamente e escreveu a outros de forma entusiasmada sobre o seu brilhantismo intelectual. Publicou dois livros perto do fim da vida.

A sua posição filosófica representa a primeira expressão de um ponto de vista feminista. Por exemplo, em *Occasional Thoughts in Reference to a Virtuous or Christian Life* (1705), Damaris Cudworth argumenta contra toda a forma de patriarcado e a favor de uma visão do cristianismo firmada numa completa igualdade entre os sexos.

Dada a intensidade do afeto entre eles, não é certo qual o motivo para Locke e Damaris Cudworth não se terem casado. Julgando a partir de algumas cartas, parece que ela duvidava da capacidade de Locke para o amor e de ter sentimentos profundos. De igual forma, parece que ele terá tido uma mudança de posição e quis desposar Damaris, mas foi tarde demais e ela casou com Francis Masham, um viúvo mais velho com oito filhos do seu primeiro casamento. Seja como for, depois de 1690, Locke passou a residir em permanência na casa de Masham.

Após a sua morte, Locke deixou metade dos seus bens ao único filho de Sir Francis e Lady Masham, Francis Cudworth Masham. Estava bastante preocupado com a educação do rapaz. Em 1963, Locke publicou *Alguns Pensamentos sobre a Educação*, no qual defende que os pés das crianças deviam ser lavados em água fria diariamente e que deviam usar sapatos finos que deixassem entrar e sair água. Achava ainda que as crianças deviam ser obrigadas a comer em intervalos irregulares e em nenhuma circunstância deveriam comer fruta, por ser «uma coisa totalmente insalubre para as crianças». Talvez se tenha revelado uma coisa boa que Locke não tenha tido qualquer progénie.

O Francis Masham mais novo morreu aos quarenta e cinco anos e está sepultado em Matching, Essex. Damaris morreu em 1708 e foi sepultada em Bath Abbey.

Bento (Baruch) de Espinosa (1632–1677)

No Livro IV da Ética, postumamente publicada, e um dos mais importantes livros de filosofia alguma vez escritos, Espinosa propõe o seguinte:

> «O homem livre em nada pensa menos que na morte; e a sua sabedoria não é uma meditação da morte, mas da vida.»[46]

Na demostração desta proposição, Espinosa argumenta que um ser humano livre é aquele que vive apenas de acordo com a razão e não é governado pelo medo. Ser livre é desejar o bem diretamente e agir e viver de tal forma que persista neste desejo sem hesitações ou falhas. É por isso que o ser humano livre em nada pensa menos que na morte.

Se empregarmos aquilo que Espinosa considera como a sabedoria primeva do espírito, designadamente a razão, seremos capazes de superar o medo da morte e alcançar o que é descrito nas páginas finais da Ética como «alegria», uma palavra usada muito poucas vezes neste livro até agora. Esta «alegria» é o amor intelectual de Deus e Espinosa escreve: «Quanto mais o espírito amar Deus, menos prejudicial nos será a morte.»

Ora, esta conclusão soa a um sentimento religioso convencional, mas as aparências podem iludir. Tudo gira em torno do que Espinosa designa por Deus e é aqui que reside o problema. Numa formulação célebre, Espinosa escreve: *Deus sive natura*, ou seja, ou Deus ou natureza. O que isto significa

---

[46] Tradução portuguesa: Ética, tradução de Joaquim de Carvalho (Coimbra: Atlântida, 1960), proposição LXVII. *(N. do T.)*

é que não podem existir duas substâncias no universo como propôs Descartes com a sua distinção entre coisas pensantes como nós e coisas extensas como árvores, rochas e estrelas. Só há uma substância no universo e todas as versões do pensamento dualista são rejeitadas pelo monismo de Espinosa.

Será que isto significa que Espinosa é um teísta ou um ateu? É uma questão controversa, para dizer o mínimo. Mas não é difícil observar como o pensamento de Espinosa abriu a porta para um naturalismo científico ateu. A única coisa que existe para Espinosa são coisas naturais e as causas dessas coisas podem ser conhecidas através da atividade do espírito. Esta consiste no exercício da razão que, como vimos, representa a atividade de um ser humano livre. Segundo esta perspetiva, trata-se de conhecimento da natureza produzido pelo espírito racional e livre que permite aquilo que, no final da Ética, Espinosa designa por «bem-aventurança».

Se Espinosa era ou não um ateu, o registo histórico mostra claramente que foi visto como tal logo desde o tempo do seu falecimento, tendo eclodido um grande conflito no pensamento europeu em torno do seu nome, um conflito que se manteve aceso nos séculos que se seguiram. Espinosa é a figura-chave daquilo que Jonathan Israel designa por «iluminismo radical», a tendência livre-pensadora anticristã e materialista que corre como um rio subterrâneo através dos conflitos filosóficos dos séculos XVIII e XIX. Segundo Voltaire, «Espinosa não só era um ateu, como ensinou o ateísmo».

De uma maneira ou de outra, o mais impressionante é a sua total rejeição das virtudes cristãs como a humildade, a piedade e o arrependimento e o seu argumento em prol de uma conceção de virtude enraizada no poder e no desejo, em última instância, o desejo de perseverar no próprio ser, o famoso *conatus essendi*. De facto, esta é uma maneira de pensar sobre o argumento a favor da eternidade do espírito no final da Ética. Novamente, parece haver alguma semelhança com um argumento teísta, em que a bem-aventurança consiste no amor intelectual de Deus.

No entanto, e uma vez mais, se regressarmos à afirmação *Deus sive natureza*, podemos argumentar que a eternidade do espírito reside no facto de ser parte da natureza e a natureza ser eterna. A morte, por conseguinte, não deve ser receada, tratando-se da transformação de um ser natural (um ser humano vivo) em outro ser natural (o cadáver como ser natural), um pouco à maneira do que observámos em Lucrécio e Chuang Tse.

Aqueles que pretendem proclamar Espinosa como um filósofo judaico fariam bem em ler o texto da sua excomunhão da Sinagoga, em 1656:

> «Maldito seja ele [ou seja, Espinosa] de dia e maldito seja ele de noite; maldito seja quando se deita e maldito seja quando se levanta; maldito seja quando se ausenta e maldito seja quando chega.»

É muita maldição junta. Pierre Bayle, no artigo sobre Espinosa no monumentalmente importante *Dictionnaire historique et critique* (Dicionário histórico e crítico) (1697), conta a história da relutância inicial de Espinosa em sair da Sinagoga e só o fez quando foi «atacado à traição, ao deixar o teatro, por um judeu que o esfaqueou». Embora Espinosa tenha tido a sorte de sofrer apenas um ligeiro ferimento, julgou que a intenção fosse matá-lo e depois disso cortou todos os laços com a Sinagoga.

Os factos reais da morte de Espinosa são simples, mas a sua interpretação tem sido matéria de discórdia constante. Após sofrer de doença dos pulmões (tísica) durante muitos anos, Espinosa morreu com suficiente tranquilidade no seu quarto arrendado em Haia, nos Países Baixos, enquanto a maioria dos outros residentes estavam na igreja. Tinha apenas quarenta e quatro anos.

Existe uma forte tradição que assevera que Espinosa morreu na companhia do seu médico e amigo, Lodewijk Meyer. A fonte desta história é o mais famoso — e famoso pela sua imprecisão — dos seus primeiros biógrafos, Johannes Colerus, um pastor luterano que acabou por viver no mesmo quarto que Espinosa e a dormir na cama em que o filósofo morreu. Segundo Colerus, Meyer fugiu de volta para Amesterdão logo depois da morte de Espinosa, tendo roubado uma faca com lâmina de prata e todo o dinheiro solto que apanhou.

O que é peculiar em Espinosa é o facto de, tendo vivido uma vida de reclusão zelosamente protegida, se ter tornado de imediato uma figura de culto, aquilo a que Jonathan Israel chama um «santo secular e objeto de hagiografia aos olhos dos seus discípulos». Não há caso em que isto é mais verdade do que no de Jean Maximilien Lucas, que escreveu a primeira biografia de Espinosa em francês, em 1678. O tom de Lucas tende para o hagiográfico à medida que descreve a pobreza e frugalidade santa de Espinosa. Por exemplo, quando Espinosa descobriu que alguém que lhe devia 200 francos fora à falência, disse, rindo às gargalhadas, um pouco como Diógenes: «Tenho de reduzir os meus gastos diários para compensar esta pequena perda.»

No entanto, a santidade secular de Espinosa deve ser lida a partir da história — relatada em algumas das biografias, e que parece simplesmente demasiado estranha para ter sido inventada — que apanhava e treinava aranhas para que lutassem umas com as outras enquanto as observava, deleitado.

O problema colocado pelo conflito em torno da morte de Espinosa é simples e vê-lo-emos surgir de novo nas páginas seguintes: pode um ateu morrer pacificamente? Isto é, sem se retratar e fazer as pazes com Deus? Após a época de Espinosa, são inúmeras as histórias de ateus que se retrataram nos seus leitos de morte, suplicando perdão a Deus ou convertendo-se ao cristianismo. Mas como é que alguém morre sem qualquer fé em Deus ou na vida após a morte? Como pode alguém viver sabendo que a vida se extingue e é deitada fora como se fosse lixo? Podemos verdadeiramente viver como mortais ou devemos sempre viver na má-fé do que Sartre designa por «imortalidade falsificada»? É como resposta a questões paralisantes como estas que as vidas e mortes de santos ateus como Espinosa assumem tanta importância.

Nicolas Malebranche (1638–1715)
Fazendo eco das conceções algo peculiares de Geulincx, e influenciando diretamente as de Berkeley, a principal tese de Malebranche é que vemos todas as coisas em Deus. Ou seja, Deus é a causa da nossa perceção do mundo que nos rodeia. Ora bem, se apenas vemos o mundo através de Deus, então é apenas através dele que agimos nele. Assim, na verdade, não somos nós que agimos, mas Deus que age através de nós. Na medida em que Deus é eterno e só vemos as coisas através dele, a vida e a morte do corpo não é muito importante. Incapacitado devido a uma coluna deformada e não raras vezes doente, Malebranche tinha pouco medo da

morte. Um dos seus críticos parisienses, Fontenelle, descreve de forma comovente a sua morte:

> «O corpo, que ele tanto desprezava, reduziu-se a nada; mas o espírito, acostumado à supremacia, continuou são e firme. Manteve-se durante todo o tempo um calmo espectador da sua própria longa doença, cujo último instante foi tal que se julgou que apenas descansava.»

Gottfried Wilhelm Leibniz (1646-1716)

Advogado, diplomata, teólogo, poeta, lógico, físico, historiador, teórico da linguagem universal, químico amador, provável inventor do cálculo infinitesimal, bibliotecário e conselheiro da corte dos duques de Hanôver, confidente da rainha da Prússia, fundador da Academia de Ciências de Berlim e engenheiro (esteve envolvido ativamente durante anos em projetos de mineração de prata nas montanhas de Harz), é difícil saber por onde começar com Leibniz.

Talvez devamos começar por partir Leibniz em duas partes, como um biscoito. De um lado, há o Leibniz público, que Bertrand Russell declara como «otimista, ortodoxo, fantástico e superficial». Este é o Leibniz que Voltaire ridiculariza como Doutor Pangloss no *Cândido*, afirmando a todos e a cada um que este é o melhor dos mundos possíveis enquanto o pior ocorria por todo o lado. Este é o Leibniz que escreve a *Teodiceia* para agradar aos ouvidos da sua protetora, a rainha Sofia Carlota.

O outro, o Leibniz privado, é aquele cujas inovações em lógica são, segundo Husserl, as mais importantes desde Aristóteles, e a quem Russell consagra um livro inteiro (apesar de altamente crítico). O problema reside no facto de «o Leibniz privado» não ser considerado terrivelmente importante pelo próprio Leibniz. Desde cedo — fosse por necessidade ou ambição —, Leibniz entregou-se a uma carreira política. Deixou importantes obras de filosofia por publicar na sua secretária ou, até, enterradas em arquivos secretos. A carreira política de Leibniz foi a sua perdição.

Em 1711, a Royal Society de Londres decidiu que fora Newton e não Leibniz que inventou o cálculo infinitesimal e acusou mais ou menos Leibniz de plágio. Independentemente de ser verdade ou não, não há dúvida de que a acusação prejudicou severamente a reputação de Leibniz. Quando o seu empregador, o duque George Ludwig, foi convidado para se tornar rei de Inglaterra, em 1714, Leibniz foi deixado para trás, em Hanôver, e esquecido. Apesar das suas desconcertantes afirmações acerca da providência divina na *Teodiceia*, ficou conhecido como um ateu. O nome «Leibniz» era popularmente escarnecido como «*glaubt nichts*», ou descrente. Morreu sozinho e foi sepultado à noite com apenas um amigo na assistência. Nenhum pastor esteve presente na audiência.

Num volte-face cruel do destino, a sua imortalidade vive graças ao nome de um biscoito amanteigado alemão, *Leibniz--Butterkeks*, produzido pela Bahlsen Company desde 1891.

Giambattista Vico (1668–1744)
Na primeira frase de *Finnegans Wake*, James Joyce fala de «um comodioso vico de recirculação». Isto é uma alusão à teoria cíclica da história de Vico, que forneceu o modelo para a maravilhosamente caprichosa obra-prima de Joyce.

Vico acreditava que a história atravessava quatro fases: bestas, deuses, heróis e homens, que será, supõe-se, a fase em que nos encontramos. A não ser que o ciclo da história se tenha quebrado pela ação da providência divina, existe sempre o perigo de um regresso cataclísmico a uma nova idade das bestas. Como primeiro filósofo da história e daquilo a que podemos chamar hoje antropologia cultural, Vico exerceu uma influência considerável depois da sua morte em Herder, Hegel, Comte e Marx, que compensa largamente a obscuridade da sua vida.

Vico nasceu para uma vida de extrema pobreza em Nápoles; foi, em grande medida, um autodidata, e viu a sua carreira filosófica ser determinada pela desilusão. Ocupou uma posição menor em retórica na Universidade de Nápoles. Preterido para a prestigiada cátedra em direito, antecedido na morte pela maioria dos filhos, e forçado a vender o pouco que possuía para publicar a sua obra maior, a *Nova Ciência*, passou os seus últimos dias mergulhado em melancolia, estupor e silêncio.

Após a sua morte, a universidade recusou pagar os custos do seu funeral, como era costume na época, e o seu corpo foi deixado em casa até o seu filho Gennaro conseguir um funeral para o pai na igreja dos Oratorianos. Porque a escadaria até sua casa era demasiado estreita, o caixão teve de ser vergonhosamente descido para a rua por uma janela antes de os seus restos mortais poderem ser sepultados.

Anthony Ashley Cooper, 3.º conde de Shaftesbury (1671--1713)
Aluno e confidente próximo de Locke, foi um filósofo de imensa sofisticação, a quem devemos, entre muitas outras coisas, a primeira teoria filosófica do humor. De uma forma que influenciaria Hume, Shaftesbury considerava o humor

como a expressão daquilo que designava por *sensus communis*: uma sensibilidade pública e partilhada ou um sentimento moral, ao invés de um mero «senso comum».

Ele pensava que o humor era um ingrediente essencial na vida de uma sociedade livre. Na perspetiva de Shaftesbury, o humor devia ser permitido na discussão religiosa, pois que não há melhor teste a uma crença do que ver se resiste à troça. Com Shaftesbury, assistimos ao primeiro vislumbre de uma separação entre uma moralidade pública liberal e uma crença religiosa privada que muitos de nós têm por garantida e que acontecimentos políticos recentes colocaram seriamente em causa.

Infelizmente, o fim de Shaftesbury não teve muita piada. Após uma longa doença e problemas de pulmões, retirou-se da vida pública e estabeleceu-se, como Vico, em Nápoles, em 1711. Morreu dois anos mais tarde. Não é certo se Shaftesbury foi o criador da frase «*Vedi Napoli e poi muori*» («Ver Nápoles e morrer»).

John Toland (1670–1722)

A vida política em Inglaterra nas décadas e, na verdade, nos séculos após a Revolução Gloriosa de 1688, definiu-se pelo conflito entre Whigs e Tories, ou liberais e conservadores. Este problema tipicamente inglês encontra a sua expressão filosófica nos escritos de dois brilhantes adversários irlandeses, John Toland e George Berkeley, bispo de Cloyne. De facto, Berkeley inventou o termo «livre-pensador» para descrever radicais e infiéis como Toland até o achar demasiado lisonjeiro e substituí-lo pelo epíteto «filósofo minúsculo».

No entanto, não havia nada de minúsculo em relação a Toland. Filho bastardo de um clérigo irlandês e de uma prostituta em Derry, e batizado com o nome «Janus Junius», converteu-se ao protestantismo e estudou na Escócia antes de viajar para os Países Baixos e mergulhar nas ideias radicais que emanavam dos escritos de Espinosa e Pierre Bayle.

O seu livro mais famoso, *Christianity Not Mysterious* (Cristianismo não misterioso), foi publicado quando tinha apenas vinte e cinco anos. Toland era carismático, belo e um amante da conversação selvagem. Inventou o termo «panteísmo» para descrever a sua ideia de que não existe Deus, mas apenas a matéria vital e dinâmica do universo. Isto trouxe as habituais acusações de ateísmo, mas o de Toland era um materialismo algo espiritual.

Se bem que largamente considerado um espinosista, Toland deveu muito aos escritos de Giordano Bruno e estava fascinado pelas crenças dos antigos irlandeses, chegou mesmo a escrever uma história dos druidas. Ao nível político, tornou-se um autor whig proeminente e gozou do patrocínio de Shaftesbury.

Embora, em visitas a Hanôver e Berlim, tivesse ganho a amizade de Sofia Carlota, a rainha da Prússia, Toland teve um fim bastante triste. Morreu em Londres numa pobreza tal que nem uma lápide foi colocada no local onde foi sepultado. Pouco antes do seu falecimento, perguntaram a Toland se queria alguma coisa. Respondeu que apenas queria morrer. O epitáfio que o próprio Toland redigiu termina com as palavras: «Se quiserem saber mais sobre ele, procurem os seus escritos.»

George Berkeley (1685-1763)
O conflito entre um radical como Toland e um ultraconservador como Berkeley aqueceu a questão em torno da matéria.

Berkeley era contra o que via como a tendência crescente do materialismo na Grã-Bretanha do início do século XVIII. Isso compreendia não só o materialismo filosófico de alguém como Toland e outros «ateus», mas também o materialismo socioeconómico que testemunhou em primeira mão em Londres, em 1720, com a bolha dos Mares do Sul, o primeiro *crash* da história da Bolsa. Foi em resposta à ganância anticristã de materialismo deste tipo que Berkeley efetuou a mais dramática jogada filosófica de sempre: simplesmente negou a existência da matéria.

Para Berkeley, *esse est percipi*, ser é ser percebido. O único acesso à realidade que os seres humanos têm é através da perceção. Esta teoria da perceção, combinada com a sua crítica das ideias abstratas, influenciou bastante Hume e, por essa via, Kant. Mas Berkeley acrescenta a advertência crucial, que vimos já antecipada por Malebranche, de que todas as impressões percetivas têm a sua origem em Deus. A natureza, para Berkeley, é o *sensorium* de Deus, o meio divino que suscita tudo o que experienciamos. Deste ponto de vista, não há nenhuma razão para pressupor a existência da realidade material fora de Deus. Além disso, insiste Berkeley, em lado algum da Bíblia se afirma a existência da realidade independente do mundo material.

E quanto à morte? É justo dizer-se que Berkeley tinha uma disposição alegre e que pouco se preocupava com a questão filosófica da morte. Não é difícil perceber a razão para isso: se a matéria não existe e o corpo só é amparado pela perceção de Deus, então a morte não tem grande importância — na condição, claro, de sermos cristãos.

Numa carta a Samuel Johnson, Berkeley escreve: «Não tenho dificuldade em conceber uma mudança de estado com ou sem substância material.» Johnson, numa fórmula que ficou célebre, respondeu ao imaterialismo de Berkeley pontapeando uma pedra e exclamando: «Refuto-o *assim*.» Berkeley bateu as botas de uma forma tipicamente imaterial, num domingo à noite, numa visita a Oxford enquanto a sua mulher lhe lia um sermão.

Philosophes, materialistas e sentimentalistas

Charles-Louis de Secondat, barão de La Brède e de Montesquieu (1689-1755)
A fama literária de Montesquieu firmou-se, em 1721, quando publicou as *Cartas Persas* com trinta e dois anos. O mundo decadente da Paris do século XVIII, em particular a corte de Luís XIV, é visto pelos olhos de dois visitantes persas, Rica e Usbek, e sujeito às inversões satíricas mais deliciosas. Acostumados ao mundo de eunucos e do serralho, os visitantes comentam a estranha inversão do costume persa de dar calças aos homens e saias às mulheres. O Papa é descrito como o grande mágico,

> «que leva a pessoas a crerem que três são apenas um, que o pão que se come não é pão e o vinho que se bebe não é vinho, e uma miríade de outras coisas do mesmo jaez».

Também os costumes europeus respeitantes à morte são gozados. Usbek ataca a proibição contra o suicídio:

> «A vida foi-me dada como uma bênção; quando deixar de o ser, posso abdicar dela: cessando a causa, cessa também o efeito.»

Usbek insiste ainda no facto de toda a pompa funerária dever ser abolida: «Os homens deviam ser chorados no seu nascimento e não na sua morte.»

A verdade incómoda da sátira de Montesquieu consiste em mostrar que o suposto «despotismo oriental» não é um qualquer outro exótico à razão ocidental, mas está no seu coração. O serralho é precisamente a Paris de Luís XIV. Montesquieu procurou tratar este despotismo em O Espírito das Leis (1748), com a sua influentíssima doutrina da separação dos poderes em autoridade legislativa, judiciária e executiva. A única maneira de fiscalizar o poder é voltando outro poder contra ele.

Montesquieu morreu com suficiente elegância nos braços da sua amante, Madame Dupré de Saint-Maur, deixando por acabar um ensaio sobre o gosto para a Enciclopédia de Diderot e d'Alembert.

François–Marie Arouet de Voltaire (1694–1778)

São inúmeras as histórias em torno da morte de Voltaire, em Paris, com uns maduros oitenta e quatro anos. Segundo Condorcet no seu Vida de Voltaire, um certo abade Gaulthier recebeu a confissão e profissão de fé de Voltaire no seu leito de morte, onde declarou que queria «morrer na fé católica na qual nasceu». Quando ouviu estas notícias, o padre da paróquia de Saint-Sulpice ficou tão enraivecido que exigiu uma discussão teológica mais detalhada com o philosophe cético. Sabendo que Voltaire negara a divindade de Cristo nas suas incansáveis diatribes contra a Igreja Católica, o padre da paróquia, segundo consta, não parou de gritar ao ouvido de Voltaire: «acredita na divindade de Cristo?», ao que Voltaire respondeu:

«Por amor de Deus, caro senhor, não me fale mais desse homem e deixe-me morrer em paz.»

Segundo outro relato, no momento em que Voltaire se encontrava moribundo na cama, a lâmpada de cabeceira ter-se-á acendido e ele terá exclamado: «Quê! As chamas já chegaram?» Como deixa bem claro no seu *Dicionário Filosófico*, Voltaire pensou que o inferno era uma ideia bastante tonta criada para iludir os pobres e ignorantes.

Mas Voltaire não era ateu. Logo a abrir o *Dicionário*, expressou algumas dúvidas quanto ao facto de uma sociedade de ateus poder existir e acrescentou, sem dúvida com o destino de Boécio[47] em mente:

«Não quero ter nada que ver com um príncipe ateu que pense ser útil mandar-me triturar num almofariz: tenho a certeza de que seria triturado.»

Voltaire era um deísta com uma crença na religião natural. Nutria uma grande simpatia pelos quacres, cuja crenças e práticas pensava concordarem com o cristianismo dos Evangelhos e, curiosamente, pensava também que Confúcio era o mais sábio dos mortais.

Segundo a sua secretária, Wagnière, Voltaire morreu numa tranquilidade perfeita depois de sofrer dores agonizantes. Dez minutos antes da morte, Voltaire tomou a mão de Morand, o seu criado particular, apertou-a e disse: «*Adieu, mon cher Morand, je me meurs*» («Adeus, meu caro Morand, vou morrer»).

---

[47] Critchley parece ter-se equivocado. Trata-se de Anaxarco. *(N. do T.)*

Após uma vida inteira de exílio, encarceramento e perseguições da Igreja e do Estado em França, não foi permitido a Voltaire ser sepultado em Paris. O seu corpo foi secretamente retirado por amigos e enterrado na Abadia de Scéllières, a cerca de 150 quilómetros da capital. Os seus restos mortais regressaram a Paris com grande pompa e circunstância, em 1791, e colocados no Panteão, altar da Revolução. A procissão fúnebre foi liderada por uma unidade inteira de tropas de cavalaria, quatro homens em trajes de teatro transportavam uma estátua dourada de Voltaire seguida por membros da Academia Francesa e um caixão dourado contendo a edição recém-publicada da sua obra completa em noventa e dois volumes.

Infelizmente, alguns membros de um grupo religioso monárquico, os «Ultras», roubaram os restos mortais de Voltaire, em 1841, e despejaram-nos numa pilha de lixo. Por sorte, o coração já tinha sido removido do corpo de Voltaire e pode hoje ser visto na Bibliothèque Nationale, em Paris.

Conde Alberto Radicati di Passerano (1698–1737)

A inclusão deste obscuro filósofo italiano permite-me colocar a questão sobre a morte que continua ainda hoje bem viva: o direito ao suicídio. Este é um tema que já vimos ser antecipado por Montesquieu, posto indiretamente na boca de um dos visitantes persas em Paris, e que será retomado diretamente por Hume. Porque deve o suicídio ser visto como ilegal, imoral ou irreligioso? Já vimos que era bastante popular entre os Antigos, em particular, os romanos. Portanto, qual é o problema com o suicídio?

Radicati nasceu numa família aristocrática no Piemonte. Converteu-se ao protestantismo e exilou-se voluntariamente em Londres. No seu panfleto de noventa e quatro páginas, *A Philosophical Dissertation upon Death* [Uma Dissertação sobre a Morte] (1732), Radicati procura defender e legitimar o suicídio contra o cristianismo e o Estado. O panfleto causou um grande rebuliço em Londres e foi declarado pelo procurador-geral, após constantes incitamentos do bispo de Londres, «o livro mais ímpio e imoral». Radicati foi preso, multado numa quantia significativa e conseguiu fugir para os Países Baixos durante o ano de 1734. Morreu na pobreza absoluta, em Roterdão, assistido por um pastor huguenote. Este declarou que, pouco antes da sua morte, Radicati estava aterrorizado, renunciou a tudo o que escrevera e foi reconfirmado na fé protestante.

A única tese de Radicati era a de que os indivíduos têm a liberdade de escolher a própria morte. Este direito a morrer apoia-se numa conceção materialista radical da natureza e inspira-se em argumentos epicuristas e estoicos que declaram o suicídio como um gesto honroso: a saída legítima de um estado de dor insuportável. Tais posições foram rejeitadas como paganismo pela tradição cristã, nomeadamente em Agostinho e Tomás de Aquino, embora, como já vimos, já se encontrassem argumentos contra o suicídio em Plotino. Para os cristãos, a vida é algo dado, é um *datum*, sobre o qual temos o direito de usufruto (*usus*), mas não de governo (*dominion*), que é apenas uma prerrogativa de Deus. Um verdadeiro cristão deve lutar contra o sofrimento como um soldado cristão. Esta atitude começou a ser contestada no século XVII com o advento da ciência e de uma conceção materialista da natureza, *grosso modo*, a ideia de realidade como matéria e movimento de Hobbes e a interpretação ateia da identificação de Deus com a natureza de Espinosa.

De acordo com esta posição, a morte não passa da dissolução de aglomerados de átomos. É a transformação de um fragmento de matéria noutro, de um ser humano vivo em comida para vermes. Radicati reescreve a sabedoria de Epicuro da seguinte maneira: «Deixamos de existir de uma maneira para existir de outra.»

Mas, neste caso, porque sentem as pessoas medo? Este é também o momento em que as coisas começam a ficar realmente interessantes. Por definição, o medo da morte não pode basear-se na experiência porquanto ninguém experiencia a morte duas vezes, por assim dizer. Nem pode o medo da morte ser atribuído à nossa constituição natural. Por conseguinte, o medo da morte foi imposto à Humanidade por

> «homens ambiciosos, que, não satisfeitos com o Estado de Igualdade com que a Natureza os brindou, deixaram que lhes subisse à cabeça uma ânsia de domínio sobre os outros».

Radicati faz uma alusão ao *Traité des trois imposteurs* (Tratado dos Três Impostores), também conhecido por *L'Esprit de Spinosa* (O Espírito de Espinosa). Escrito em francês e publicado anonimamente nos Países Baixos, provavelmente em 1690, o *Tratado* é possivelmente o mais perigoso e herético texto do século XVIII. Encarna a tradição radical do pensamento do Iluminismo que já observámos com Espinosa e Toland. O *Tratado* defende que Moisés, Jesus e Maomé são três impostores que enganaram a Humanidade impondo as suas «ideias tontas de Deus» e ensinando «os homens a apreendê-las sem exame». Crucial para esta imposição é o desenvolvimento do medo da morte, uma crença que os três impostores propagam através dos ministérios das suas castas sacerdotais.

O que é fascinante no texto de Radicati e no contexto radical que o envolve é a conexão entre materialismo, espinosismo, livre-pensamento e o direito ao suicídio.

Mas isto não foi (e não é, de resto) um mero debate teórico. Em abril de 1732, pouco depois da publicação do panfleto de Radicati, o suicídio impressionante da família Smith foi amplamente discutido em Inglaterra. Richard Smith e a sua mulher, vivendo em condições de pobreza extrema em Londres, mataram a filha antes de se enforcarem. Na sua longa e cuidadosamente pensada carta de despedida, Smith, um encadernador de profissão, alude ao panfleto de Radicati. Escreve que ele e a sua família decidiram dizer adeus a este mundo de desamparo ao invés de viver na miséria. Tomaram esta decisão totalmente cientes das leis que proibiam o suicídio, acrescentando que era «indiferente onde os nossos corpos eram enterrados». Os Smith só queriam um epitáfio em que se lesse:

> *Sem nome, para sempre silentes, mudos;*
> *Pó, Cinzas, nada mais enche este túmulo;*
> *Onde nascemos ou fomos criados pouco interessa,*
> *Quem foram os nossos pais ou quem nos gerou;*
> *Fomos, mas já não somos; não mais pensem em nós,*
> *Pois como nós, em Pó vos ireis tornar.*

Madame du Châtelet, Gabrielle-Émilie Le Tonnelier de Breteuil (1706-1749)

Madame du Châtelet foi uma mulher extraordinariamente dotada que escreveu obras influentes em filosofia da física e matemática e traduziu e comentou os *Principia Mathematica* de Newton. A sua obra contribui imensamente para a promoção da nova física em França. Quando tinha vinte e sete anos, já mãe de três crianças e esposa num casamento sem amor, habitual para a época, Madame du Châtelet iniciou um caso amoroso com Voltaire. Esta tornou-se numa relação intelectual duradoura que se manteve por dezasseis anos, ao longo da qual viveram juntos com o conhecimento do marido. Voltaire, ironicamente, disse dela que era «um grande homem cujo único defeito era ser uma mulher». Ela tinha outros amantes além de Voltaire e a sua última aventura foi com o marquês de Saint-Lambert. Ficou grávida, teve a criança e morreu seis dias após o parto de um embolismo.

Mas a importância de Madame de Châtelet não deve ser avaliada a partir da sua relação com os homens. Numa carta a Frederico, *o Grande*, da Prússia, escreve com grande audácia:

> «Julgue-me pelos meus méritos, ou falta deles, mas não olhe para mim como um mero apêndice deste grande general ou daquele grande erudito, desta estrela que brilha na corte de França ou daquele célebre autor. Sou, por direito próprio, uma pessoa completa, só responsável perante mim mesma por tudo aquilo que sou, por tudo o que faço. Pode ser que existam metafísicos e filósofos cuja cultura seja maior do que a minha, conquanto não os tenha conhecido. Porém, também eles não passam de humanos frágeis e com os seus defeitos; por isso, quando faço a soma total dos meus talentos, tenho de admitir que não sou inferior a ninguém.»

Julien Offray de la Mettrie (1790–1751)
Médico, filósofo, polemista e gastrónomo, La Mettrie é uma figura invulgar da história da filosofia. Foi o primeiro filósofo a extrair todas as consequências morais da rejeição científica

da metafísica e da teologia. Advogou, sem pedir desculpas, um materialismo ateu e hedonista. La Mettrie foi considerado imoral por Diderot, frenético pelo barão d'Holbach, e Voltaire chamou-lhe «o mais louco, embora o mais engenhoso dos homens». O furor causado pelo seu livro de 1745, *História Natural da Alma*, levou a que um mandado de captura fosse emitido.

Neste livro, defendeu — aquilo que será hoje em dia a mais amplamente reconhecida banalidade da ciência médica — que os fenómenos psíquicos estão diretamente relacionados com os estados mentais e do sistema nervoso. La Mettrie fugiu de França para os climas mais tolerantes de Leiden, nos Países Baixos, onde escreveu o seu mais famoso trabalho, o manifesto materialista *O Homem-Máquina* (1748 — seguido pelo *O Homem-Planta*, no mesmo ano). Após ter sido alvo de reações de ódio e várias ameaças de morte, La Mettrie escapou pela calada da noite para a Alemanha, onde Frederico, *o Grande*, o patrono de Voltaire, lhe ofereceu proteção.

La Mettrie viveu uma existência livre, selvagem e boémia em Berlim, onde voltou a sua atenção para as questões de moral. Advogou uma posição epicurista na relação entre matéria e moralidade. Mas onde Epicuro se satisfez com um bolo de cevada, La Mettrie tinha gostos um pouco mais sofisticados. Faleceu depois de comer um enorme jantar na casa do embaixador em Berlim, o senhor Tirconnel. Por incrível que pareça, o embaixador organizou um banquete de modo a agradecer a La Mettrie o facto de o ter curado de uma doença. Pelos vistos, La Mettrie morreu dos efeitos da indigestão causada pelo consumo de uma quantidade imensa de *pâté* de trufas um pouco duvidoso.

A Igreja Católica declarou que fora a mão de Deus ou, quando muito, o *pâté* de Deus. Voltaire contou que, embora Frederico, *o Grande*, estivesse bastante preocupado com a forma como o filósofo morrera, disse:

> «Ele era alegre, um bom diabo, um bom médico e um escritor muito mau. Quem não ler os seus livros, pode dar-se por muito feliz.»

E no entanto, o déspota iluminado alemão acrescentou: «Este gastrónomo morreu como um filósofo.» No seu *Sistema de Epicuro*, La Mettrie escreve:

> «Tremer com a aproximação da morte é comportar-se como uma criança que se assusta com fantasmas e espíritos. O fantasma pálido pode bater a qualquer porta quando desejar que não terei medo. Só o filósofo é corajoso naquilo em que os mais corajosos dos homens se tornam cobardes.»

David Hume (1711–1776)

Julgado como «o Grande Infiel» ou «*o bom David*», a questão que a morte de Hume levanta é simples: pode um ateu morrer feliz? Por outras palavras, pode um ateu abraçar a perspetiva de aniquilação sem renegar as suas heresias e aceitar Deus numa confissão de última hora?

Para Hume, a grande vantagem que surge do estudo da filosofia é a de que liberta a mente da superstição e das reivindicações da falsa religião. Embora só tenha sido publicado postumamente pelo seu executor literário, Adam Smith, os ensaios de Hume, «Of the Immortality of the Soul» [«Da Imortalidade da Alma»] e «Of Suicide» [«Do Suicídio»], mostram-no, filosoficamente, no seu melhor a desfazer lugares-comuns. Ao examinar os argumentos em favor da imortalidade da alma, Hume mantém-se cético:

«Por que argumentos ou analogias podemos nós provar qualquer estado da existência que nunca ninguém viu, e que decerto não se assemelhará a algo que se tenha visto antes?»

Somos então obrigados a concluir que a alma é mortal e se dissolverá com o corpo no momento da morte.

Se não existe alma imortal e nenhum Deus para nos punir, então que proibição pode existir contra o suicídio? Nenhuma. Para Hume, à semelhança de Radicati, o suicídio é um ato que não deve ser punido, visto ser uma resposta perfeitamente sensata ao sofrimento intolerável. Hume acrescenta: «Acredito que nunca um homem tenha atirado fora a vida, enquanto valeu a pena conservá-la.» O nosso horror da morte é tal que as pessoas não se matarão à toa. Mas se a vida se tornou um fardo que não podemos carregar, Hume pensa que, nesse caso, se justifica acabarmos com ela.

James Boswell ficou manifestamente perturbado com o ateísmo de Hume e pediu uma audiência, que lhe foi concedida, com o filósofo em duas ocasiões, a segunda delas pouco antes da sua morte. Boswell perguntou a Hume se a ideia da aniquilação o aterrava, ao que Hume respondeu: «Nem um pouco; não mais do que a ideia de não ter existido, como diz Lucrécio.»

Boswell perguntou então se seria possível haver uma vida após a morte, ao que Hume respondeu que «era possível que um pedaço de carvão no fogo não ardesse». Hume prosseguiu afirmando que nunca teve qualquer crença religiosa desde a leitura de Locke e acrescentou, em termos que ainda o poriam em dificuldades em muitas partes do mundo contemporâneo:

> «A moral de todas as religiões é má e que, quando ouvia que um homem era religioso, concluía que era um patife, embora tivesse conhecido exemplos de alguns homens de excelente índole e religiosos.»

Boswell ficou profundamente chocado com a persistência de Hume na sua descrença. Solicitou conselho ao seu mentor Samuel Johnson, que lhe disse: «Porquê chocado, caro senhor? Hume nunca admitiu ter lido o Novo Testamento com atenção.» Por outras palavras, não se pode acreditar no que um ateu diz, porque é um ateu.

Nas suas breves notas autobiográficas, Hume comenta que ficou «espantado com a desordem nas minhas entranhas», em 1775, e acrescenta que se «tornou fatal e incurável. Admito agora um rápido fim».

O que impressiona é a calma de Hume face à sua morte, o seu contentamento na aceitação do seu destino. Na correspondência trocada entre Adam Smith e o médico de Hume, a expressão que surge constantemente é «boa disposição» e Smith descreve Hume feliz lendo o *Diálogos dos Mortos* de Luciano poucos dias antes da sua jornada até ao Hades. Assim morre Hume, o ateu, alegremente, de bom humor e sem ansiedade. Smith conclui:

> «Sempre o considerei, no seu tempo de vida como desde a sua morte, tão próximo quanto possível da ideia de um homem perfeitamente sábio e virtuoso, tanto quanto o permitisse a natureza da fragilidade humana.»

Adam Smith morre com a mesma calma que o seu mentor, a 17 de julho de 1790, na companhia de alguns amigos íntimos.

Jean-Jacques Rousseau (1712-1778)

Dizer que Rousseau era um homem difícil talvez seja o maior eufemismo das últimas centenas de anos da filosofia. Em 1765, Hume ajudou corajosamente Rousseau a escapar da Suíça e da França, onde havia sido perseguido por sedição e impiedade. Na sua sempre inventiva paranoia, Rousseau virou-se contra Hume, acusando-o de conspirar com os seus inimigos. À medida que rumores da suposta traição de Hume se espalharam pelo Canal, ele escreveu tranquilamente uma refutação das acusações de Rousseau, descrevendo todo o episódio como «um caso lamentável». Num comentário dirigido a Boswell a propósito de Rousseau durante a sua estada em Inglaterra, Samuel Johnson disse:

> «Penso que ele será um dos piores homens. Três ou quatro nações expulsaram-no; e é uma pena que seja protegido neste país.»

O ensaio autobiográfico de Hume, «My Own Life» [«A Minha Vida»], estende-se por umas meras dez páginas e começa assim:

> «É difícil para um homem falar longamente sobre si próprio sem vaidade; por isso, serei breve.»

A vaidade de Rousseau era tão grande que ele falou muito longamente de si próprio e escreveu três autobiografias consideráveis. Não é este o lugar para ruminar nos detalhes do masoquismo sexual de Rousseau em *Confissões* e no seu desejo submisso de ser açoitado. Nem considerarei o bizarro diálogo de Rousseau consigo mesmo em *Rousseau, Juiz de Jean-Jacques* que colocou no altar de Notre-Dame, em Paris. Em vez disso, gostaria de me deter no último do seu trio de autorretratos, *Devaneios de um Caminhante Solitário*. Após o tumulto das suas primeiras revelações, uma atmosfera de calma atravessa os *Devaneios*. Escreve: «Se um velho tem ainda algo a aprender, é a arte de morrer, e é precisamente o que menos se faz na minha idade, em que se pensa em tudo menos nisso.»[48]

Claro que, quando se trata de Rousseau, as questões não são assim tão simples. Numa quinta-feira, a 24 de outubro de 1776, Rousseau saiu para uma longa caminhada pelas colinas e campos que ainda envolviam Paris naquela altura. Entregava-se à grande paixão do final da sua vida, a botânica, parando uma vez e outra para apanhar plantas e flores.

Por volta das seis da tarde, Rousseau regressava a Paris e descia a colina na Rue Ménilmontant. De repente, um dogue alemão precipitou-se na sua direção a tal velocidade que nenhuma das criaturas conseguiu evitar a outra. Rousseau não sentiu nem o impacto do mastim nem a queda e só cerca da meia-noite voltou a recuperar a consciência. O seu queixo, suportando todo o peso do seu corpo, atingira a calçada. Descobriu mais tarde que o lábio superior se abrira até ao nariz e quatro dentes haviam sido empurrados para dentro

---

[48] Tradução portuguesa: Rousseau, Jean-Jacques, *Os Devaneios do Caminhante Solitário*, tradução de Henrique de Barros (Lisboa: Cotovia: 1989), p. 30. *(N. do T.)*

no maxilar superior. O rosto e cabeça estavam inchados, o polegar esquerdo gravemente ferido e o braço esquerdo e joelho severamente torcidos. Imagina-se que Rousseau estivesse fortemente traumatizado ou, pelo menos, algo aborrecido com a colisão canina. Nada disso. Ao relembrar as frias pedras da calçada, escreve, numa das mais extraordinárias passagens de prosa que conheço:

> «Essa primeira sensação foi um momento delicioso. Ainda não sabia bem onde estava. Nascia para a vida naquele instante, e parecia-me que preenchia com a minha leve existência todos os objetos de que me apercebia. Entregue ao momento presente, não me recordava de nada; não tinha nenhuma noção clara da minha pessoa nem a menor ideia do que acabava de me acontecer; não sabia quem era nem onde estava; não sentia dores, medo, ou inquietação. Via correr o meu sangue como teria visto correr um ribeiro, sem sequer pensar que esse sangue me pertencia. Sentia em todo o meu ser uma calma deliciosa, e de cada vez que a recordo, não vejo prazer conhecido que se lhe possa comparar.»[49]

Rousseau experiencia a eternidade do presente sem passado ou futuro livre de qualquer noção de eu. O sentimento produz-se nele com uma calma beatífica. A dor mais intensa gera o maior prazer imaginável. Talvez os leitores queiram testar a verdade da experiência de Rousseau com um cão grande e obediente.

Sendo uma figura pública famosa — na realidade, infame —, começaram a circular rumores por Paris de que Rousseau

---

[49] *Idem*, p. 22. *(N. do T.)*

morrera ou até que se suicidara. Pelos vistos, até o rei e a rainha de França estavam certos da morte de Rousseau e os obituários foram surgindo na imprensa, a maioria extremamente desfavorável e insultuosa. Rousseau soube inclusive que havia sido feita uma subscrição para a venda dos seus manuscritos póstumos e por publicar. Deste modo, Rousseau tornou-se no único exemplo que conheço de um filósofo que viveu a sua própria posteridade. Soube que estava condenado a uma reputação horrível e que a imortalidade da sua má fama o iria engolir. Rousseau escreve, num excesso típico de autocomiseração: «Deus é justo; a sua vontade é a de que devo sofrer, e ele sabe que sou inocente.» Rousseau morreu de uma grave hemorragia cerebral dois anos mais tarde, consequência, talvez, do seu encontro com o dogue alemão.

Denis Diderot (1723–1784)
As últimas palavras de Diderot, ditas à sua filha, Madame Angélique de Vandeul, foram: «O primeiro passo para a filosofia é a incredulidade.» Conquanto exista alguma incredulidade em relação aos factos da morte de Diderot — a sua data precisa, localização e se foi ou não visitado por um padre —, o testemunho da sua filha é bastante comovente. Ficaram famosas as palavras de Diderot: «O objeto dos meus desejos não é viver melhor, mas não morrer.» Denis expressou alguma ansiedade a propósito do envelhecimento numa carta à sua irmã Denise:

> «Começo a sentir que estou a ficar velho: em breve terei de comer papa como as crianças. Já não serei capaz de falar, o que constituirá uma grande vantagem para os outros, mas uma inconveniência menor para mim.»

No entanto, enfrentou o seu fim com grande dignidade. Depois de uma esgotante viagem de regresso de São Petersburgo, a convite da sua patrona, Catarina, *a Grande*, da Rússia, Diderot adoeceu, foi levado para a sua cama e decidiu parar de falar. Gozou de uma breve pausa na sua doença e foi capaz de sentar-se à mesa com a sua esposa. Comeu sopa, carneiro cozido, chicória, e pegou depois num alperce (algumas fontes afirmam que era um morango). Angélique retoma a história:

«A minha mãe queria impedi-lo de comer aquele fruto. "Mas que raio de mal esperas que me aconteça?" Comeu-o, apoiou o cotovelo na mesa para comer uma compota de cereja e tossiu levemente. A minha mãe fez-lhe uma pergunta; como ele ficasse em silêncio, ela levantou a cabeça, olhou para ele e ele já não vivia.»

Como Diderot era o grande *enciclopedista* e advogado da ciência, insistiu que o seu corpo fosse dissecado depois do seu falecimento. Descobriu-se que a sua cabeça estava tão bem conservada quanto a de um homem de vinte, que a sua vesícula estava seca, sem qualquer bílis, e que o seu coração era dois terços maior do que um de tamanho normal.

Muitos alemães e alguns não-alemães

Johann Joachim Winckelmann (1717–1768)
Winckelmann foi o promotor do ideal clássico grego na arte moderna e na estética, o possível fundador da história da arte moderna, cuja *History of the Art of Antiquity* (1764) foi publicada com grande êxito e o consolidou como um dos mais celebrados intelectuais do seu tempo. Foi esfaqueado mortalmente devido a um caso de engate homossexual, num quarto de hotel, em Trieste.

Embora tivesse deixado a Alemanha para seguir uma longa e muito bem-sucedida carreira em Roma como bibliotecário e presidente do departamento de antiguidades no Vaticano, decidiu regressar a casa pela primeira vez em 1768. Porém, tendo chegado a Munique, interrompeu subitamente a viagem e pareceu ter experienciado um esgotamento nervoso. Abandonando o seu grupo de viagem, Winckelmann regressou incógnito a Itália, chegando a Trieste em julho. Alojou-se na maior estalagem da cidade e começou uma relação amorosa com um certo Francesco Arcangeli. Após várias noites de paixão, Arcangeli estava desejoso, não da pessoa de Winckelmann, mas das suas medalhas e ornamentos. Estrangulou Winckelmann e esfaqueou-o repetidas vezes nos genitais. Arcangeli foi mais tarde capturado e executado na roda.

Immanuel Kant (1724-1804)

A vida do filósofo é muitas vezes a do neurótico obsessivo. Isto é especialmente verdade com Kant. Às 4h55 da manhã, o criado de Kant, Lampe, entrava no quarto do seu senhor e gritava: «Senhor professor, está na hora.» Kant estaria sentado à mesa do pequeno-almoço quando o relógio batesse as cinco. Bebia várias canecas de chá, fumava o cachimbo do dia e começava a preparar a sua lição da manhã.

Kant descia da sua sala de leitura e daria aulas das sete até às nove e regressava depois ao andar de cima para escrever. Precisamente às 12h45, Kant informaria o seu cozinheiro de que «bateram os três quartos», o que significava que o almoço devia ser servido. Depois de tomar aquilo que designava por um «copito», o almoço iniciar-se-ia exatamente à uma hora da tarde. Kant esperava ansiosamente pelo almoço, não só porque era a única verdadeira refeição do dia, mas, porque sendo gregário, era uma oportunidade para a conversação. Na verdade, Kant acreditava — e eu penso que acertadamente — que a conversação ajudava a digestão. Seguia a regra de Lord Chesterfield, que indicava que o número de convidados nunca devia ser menor do que as graças ou maior que as musas e que, em geral, era entre quatro e oito. Kant nunca falou de filosofia, e mulheres nunca eram convidadas.

No final da refeição, Kant ia dar o seu famoso passeio, através da qual as boas esposas de Königsberg conseguiam saber as horas (a única vez que não fez a caminhada foi por estar demasiado absorvido a ler o *Emílio* de Rousseau). Kant caminhava sozinho para que fosse possível respirar pela boca, que considerava mais saudável. A transpiração enojava-o e durante as caminhadas de verão ficava perfeitamente imóvel na sombra até secar. Também nunca usava suspensórios, por receio de que bloqueassem a circulação do sangue.

Após uma noite de leitura, escrita e devaneios, ia para a cama exatamente às dez da noite. Uma vez deitado, enfaixava-se na roupa da cama de uma maneira muito precisa, como um bicho-da-seda no seu casulo, e repetia o nome de Cícero várias vezes. Dormia bastante bem.

O declínio de Kant foi lento e doloroso e é descrito em detalhe de forma viva e pungente, ainda que algo arrastada, pelo seu antigo aluno e servidor, Wasianski. A biografia deste foi traduzida com interpolações de Thomas de Quincey como *Os Últimos Dias de Immanuel Kant*.

Kant sofreu de uma doença do estômago durante muito anos, que terá acabado por lhe roubar todo o apetite, exceto por pão e manteiga com queijo inglês. Sofreu de pesadelos horríveis e frequentes, com a constante aparição de assassinos à beira da sua cama. Pior ainda, Kant estava perfeitamente consciente do seu declínio e tinha pouco desejo de ver amigos e de desfrutar dos prazeres da sua companhia.

No seu último dia, Kant não conseguia falar e Wasianski deu-lhe uma pequena quantidade de uma mistura de água com vinho doce numa colher até que murmurou a sua última palavra: «*Sufficit*» («Basta»). Contra os seus desejos de um funeral simples, Kant foi velado durante dezasseis dias e a procissão do sumptuoso funeral foi acompanhada por milhares. A febre kantiana continuou a espalhar-se pelo mundo de língua alemã e pelo resto da Europa.

Apesar de a espaços se mostrar um grande estilista, o corpo da filosofia de Kant reveste-se demasiadas vezes da formalidade académica algo elaborada da época. Kant foi o primeiro grande filósofo moderno a viver como um professor profissional da disciplina de um modo que seria seguido por Fichte, Hegel e outros (embora Kant ensinasse uma impressionante variedade de outros temas: geografia, física, astronomia, geologia e história natural). Infelizmente, esta deformação profissional faz com que muito do que Kant disse pareça excessivamente abstruso.

Se fôssemos obrigados a tentar resumir numa palavra a filosofia já amadurecida de Kant, poderíamos fazer pior do que seguir o grande especialista kantiano W. H. Walsh quando este diz: «Ele queria insistir na autoridade da ciência e, todavia, preservar a autonomia dos princípios morais.» É esta a tarefa gigantesca que ainda temos pela frente: como reconciliar o desencantamento do universo provocado pela revolução copernicana e newtoniana na ciência natural com a experiência humana de um mundo infundido de valor moral, estético, cultural e religioso? Será uma reconciliação deste género possível ou estarão a ciência e os princípios morais condenados a divergir um do outro num niilismo geral? Acredito que este é, ainda hoje, um problema que temos pela frente. Hölderlin, o grande poeta alemão, chamou Kant de «Moisés da nossa nação». Perguntarmo-nos qual dos seus muitos sucessores se julgará Cristo.

Edmund Burke (1729-1797)
O artista Joseph Farington descreve algo friamente a morte de Burke:

> «Morreu de uma atrofia e sofreu pouca dor. Cuspiu sangue e definhou.»

A causa provável terá sido tuberculose estomacal e alguns relatos sugerem que Burke esteve lúcido até ao fim, ouvindo leituras nas suas horas finais. Em contraste, nas suas *Reflections on the Revolution in France* [Reflexões sobre a Revolução em França], a descrição de Burke da morte de Maria Antonieta destila sentimentalidade e uma nostalgia cheia de cor. Burke descreve-a como «a mais encantadora visão» que alguma vez «se iluminou neste orbe», que «ela mal parecia tocar». Burke continua, de forma algo melodramática, no clássico estilo Tory:

> «A era de uma certa nobreza de carácter acabou; a dos oradores, economistas e calculadores venceu, e a glória da Europa extinguiu-se para sempre.»

Mary Wollstonecraft (1759-1797)

É precisamente contra esta sentimentalidade e veneração da tradição e do *status quo* que Mary Wollstonecraft se insurgiria em *A Vindication of the Rights of Men* [Uma Reivindicação pelos Direitos dos Homens] (1790). Escreve esta obra como uma resposta direta ao que via como a defesa e sentimentalidade superficial de Burke da desigualdade social. Wollstonecraft escreveu em seguida *A Vindication of the Rights of Women* [Uma Reivindicação pelos Direitos das Mulheres] (1792), provavelmente o mais importante trabalho de moral e filosofia política feminista.

A principal preocupação de Wollstonecraft era mostrar que as mulheres são seres morais capazes de se autogovernarem e de autonomia, que podem alcançar a igualdade política através do uso da razão e do acesso à educação. A sentimentalidade conservadora de Burke limita-se a reforçar a posição submissa das mulheres na sociedade justificando o que Wollstonecraft considerava como a prostituição legal do casamento convencional, onde a mulher era efetivamente um bem do marido. A raiz da opressão das mulheres reside na crença de que elas são moralmente inferiores aos homens. Neste sentido, a declaração dos direitos do homem durante a Revolução Francesa requer uma segunda declaração dos direitos das mulheres e a reforma radical da sociedade que permitirá a total igualdade dos sexos.

Ninguém fez mais do que Wollstonecraft para mostrar que a esfera individual é política e vice-versa, tendo uma vida pessoal turbulenta. Ao deixar Inglaterra, em 1792, passou dois anos em França, onde teve uma criança fora do casamento, em Paris, com Gilbert Imlay, um especulador americano. Depois de ter sido abandonada por Imlay, Wollstonecraft tentou cometer suicídio duas vezes, uma com láudano e a segunda atirando-se ao Tamisa.

Dois anos mais tarde, Wollstonecraft tornou-se amante de William Godwin, o primeiro filósofo do anarquismo. Para gáudio dos amigos, o casal casou-se e teve uma filha, também chamada Mary, a futura autora de *Frankenstein* e esposa de Percy Bysshe Shelley. Tragicamente, a placenta não saiu durante o parto e Wollstonecraft morreu de febre oito dias mais tarde.

Marie-Jean-Antoine-Nicolas Caritat, marquês de Condorcet (1743–1794)

Nos anos que se seguiram à Revolução Francesa, em 1789, o poder político estava dividido entre Girondinos, uma facção mais moderada, e os mais radicais Jacobinos, cujo líder era Robespierre.

Embora um entusiasta e apoiante ativo da Revolução Francesa, tornando-se secretário da Assembleia Legislativa e representante por Paris, Condorcet falou contra a execução do rei Luís XVI. A partir daí foi considerado um girondino. Em outubro de 1793, foi emitido um mandado para a prisão de Condorcet e o grande matemático andou escondido durante cinco meses. Foi durante esta existência clandestina que escreveu o seu livro mais influente *Esquisse d'un tableau historique des progrès de l'esprit humain* [Esboço para uma Representação do Espírito Humano], que defendia, à maneira iluminista clássica, o progresso dos seres humanos até à perfeição última. No entanto, Condorcet convenceu-se de que o esconderijo não era o melhor e decidiu fugir para Paris. Dois dias mais tarde, foi preso nos limites da cidade e dois dias depois foi encontrado morto na cela da prisão. Alguns acreditam que Condorcet se suicidou com veneno, outros que foi assassinado pelos seus opositores jacobinos.

Jeremy Bentham (1748-1832)

Na South Junction, no extremo sul do edifício principal do University College de Londres, na Gower Street, o corpo de Jeremy Bentham encontra-se sentado, muito direito, numa caixa de madeira com uma janela de vidro, um pouco à semelhança de uma cabina telefónica antiga.

Num texto intitulado *Auto-Icon: or, Farther uses of the dead to the living* [Auto-Ícone, ou outros usos dos mortos para os vivos], Bentham deixou cuidadosas instruções para o tratamento do seu cadáver e para a sua apresentação após o seu falecimento. Se um ícone é um objeto de devoção empregado em rituais religiosos, então o «Auto-Ícone» de Bentham foi concebido num espírito de jocosidade irreligiosa. O «Auto-Ícone» é um ser humano ímpio preservado na sua própria imagem para modesto benefício da posteridade. Bentham escreve que planeou o «Auto-Ícone» «com o propósito e com o desejo de que a Humanidade possa colher algum benefício menor no e através do meu falecimento, tendo até à data tido poucas oportunidades de contribuir para isso enquanto vivo».

Como tal, o corpo de Bentham é um protesto póstumo contra os tabus religiosos que envolvem os mortos e encarnam o espírito fundador do University College de Londres, que foi estabelecido, em 1828, como o primeiro lugar de educação superior em Inglaterra livre do controlo da Igreja Anglicana.

O corpo de Bentham foi dissecado e o seu esqueleto completamente limpo e empalhado. Foi vestido com o seu fato preferido, completado com a bengala de que mais gostava, «Dapple», na mão.

Bentham pediu que o seu corpo fosse sentado numa cadeira, «na posição que assumo quando estou em reflexão». Bentham interessava-se fortemente pelos relatos que lera da Nova Zelândia sobre o modo como os habitantes das ilhas mumificavam cabeças e quis que a sua própria cabeça fosse assim tratada. De facto, nos últimos dez anos da sua vida, Bentham costumava andar com os olhos de vidro que deveriam adornar a sua cabeça morta. Infelizmente, o processo de mumificação correu muito mal e uma cabeça de cera foi usada como substituto. A cabeça original, putrefacta e enegrecida, costumava ser guardada no chão da caixa de madeira, entre os pés de Bentham. No entanto, a cabeça tornou-se um alvo frequente de partidas dos alunos, sendo usada numa ocasião para treinar futebol no pátio em frente. Em 1975, alguns estudantes roubaram a cabeça e exigiram que um resgate fosse pago à Shelter, uma instituição de caridade. Depois de reduzirem o pedido de resgate de 100 libras para 10, a cabeça foi descoberta num cacifo na estação de comboios de Aberdeen, na Escócia. A cabeça original está agora numa câmara frigorífica nos cofres do University College de Londres.

Diz-se que o «Auto-Ícone» assiste às reuniões do conselho colegial e que a sua presença é registada com as palavras «Jeremy Bentham — presente, mas não votou».

Johann Wolfgang von Goethe (1749-1832)
Goethe pensou que seria

> «completamente impossível para um ser pensante refletir na sua própria não-existência, no fim do seu pensamento e da sua vida».

É verdade, seríamos levados a concordar. Todavia, a conclusão que Goethe extrai da impossibilidade de conceber a morte no pensamento dos vivos foi a da imortalidade pessoal. Isto é, se não podemos conceber o fim da nossa vida, então a nossa vida não tem fim. Isto parece ser confirmado pelas célebres palavras finais de Goethe, «Mehr Licht» («Mais luz»).

No entanto, há uma outra interpretação das palavras finais de Goethe. Thomas Bernhard conta uma história sobre um homem de Augsburgo, na Alemanha, que foi internado num manicómio por insistir sempre que podia que as palavras finais de Goethe não foram «Mehr Licht», mas «Mehr Nicht» («Não mais»). Conquanto seis médicos tenham recusado internar o homem no hospício, um sétimo acabou por aceitar, sob grande pressão dos bons burgueses de Augsburgo.

Algum tempo mais tarde, foi atribuída ao médico a medalha de Goethe da cidade de Frankfurt, o lugar de nascimento do grande poeta.

Friedrich Schiller (1759-1805)
Segundo consta, em 1805, Goethe pressentia fortemente que, entre ele e Schiller, um morreria nesse ano. Em janeiro, foram ambos atingidos por uma doença grave. Goethe acabou por recuperar, embora a convalescença levasse vários meses. Schiller, com o corpo enfraquecido pelos efeitos da pneumonia e da pleurisia contra as quais lutara desde 1791, não teve tanta sorte. A 1 de maio, contraiu dupla pneumonia e oscilou entre o delírio e a consciência.

As suas últimas palavras estavam cheias de dúvida: «Ist das euer Himmel, ist das euer Hölle?» («É aquilo o teu céu, é aquilo o teu inferno?»)

Goethe e Schiller foram sepultados um ao lado do outro em Weimar.

Johann Gottlieb Fichte (1762-1814)
O grande filósofo do Ego tornou-se Não-Ego aos cinquenta e dois anos. Fichte contraiu febre tifoide da sua mulher que tratava soldados feridos durante as Guerras de Libertação que grassaram entre 1813 e 1815, quando a Prússia tentava livrar-se das forças do ocupante francês.

Foi uma morte patriótica adequada para o filósofo cuja última grande obra, *Reden an die deutsche Nation* [Discursos à nação alemã] (um livro que teve cinquenta edições só na Alemanha), exortava o povo alemão a expulsar os seus invasores napoleónicos e a restaurar a unidade nacional e o sentido moral. Escreve:

«Toda a morte na natureza é nascimento, e na morte a intensificação da vida de imediato se torna visível. A morte não mata. Pelo contrário, atrás de velhas obscuridades, uma vida revigorada começa e desenvolve-se. A morte e o nascimento são apenas a luta da vida consigo mesma para que a vida possa para sempre parecer transfigurada.»

Fichte está sepultado próximo de Hegel na Dorotheenkirche, em Berlim.

Georg Wilhelm Friedrich Hegel (1770-1831)

Para Hegel, a morte é aquilo que ele designa por «o trabalho do negativo». A esta luz, pode parecer que toda a obra de Hegel é uma filosofia da morte na medida em que o método a que ele chama «dialética» é um movimento incansável de negação que cobre todas as áreas da existência.

A própria experiência é compreendida por Hegel como a anulação de um antigo objeto e a emergência de um novo objeto para a consciência, um objeto que será, ele próprio, negado. A experiência pode assemelhar-se, então, a uma longa marcha para a morte. No essencial, porém, a *via dolorosa* da negação não conduz a um beco sem saída, mas ao que Hegel chama de «negação da negação», que representa a forma como ele compreende o que designa por «Espírito». Este não é outra coisa senão o movimento da própria vida. Por isso, o que parece uma filosofia da morte pode ser descrito com mais exatidão como uma tentativa de entender a vida no seu desenvolvimento experiencial e histórico.

Neste sentido, o que Hegel diz sobre a morte de Cristo é indicativo e fascinante. Para Hegel, o cristianismo é a mais elevada forma de religião, porque no seu momento central o Deus universal assume uma forma humana particular na encarnação. Cristo é o homem-Deus que é exposto à mortalidade na morte dolorosa da crucificação. Na linguagem da Trindade, a primeira pessoa de Deus, o Pai, torna-se na segunda pessoa de Deus, o Filho.

As coisas, no entanto, não ficam por aqui, já que a consequência da «morte de Deus» (e Hegel antecipa as célebres palavras de Nietzsche em cerca de um século, ainda que o seu significado seja algo diferente) é a terceira pessoa da Trindade: o Espírito. Mas a noção de Espírito tende a provocar confusão. Hegel não acreditava em coisas como espíritos desencarnados ou na imortalidade da alma. Para Hegel, o Espírito não vive estreitamente na vida da Igreja, como no catolicismo, mas na vida da própria comunidade. O espírito, nesse caso, é apenas uma comunidade viva que se conhece a si mesma e se autodetermina livremente. Interpretado desta maneira, e livre da sua camada mística, é possível observar quão perto a ideia de Espírito de Hegel se assemelha ao que parece ter sido a sua inversão materialista no comunismo de Marx. Embora Marx tenha ficado célebre por dizer que era necessário virar do avesso a filosofia de Hegel de modo a observar o seu núcleo racional, ele sempre se declarou «discípulo desse grande pensador». Mas isso, como se costuma dizer, é outra história.

Quanto à morte de Hegel propriamente dita, não foi lá muito cristã. No final de agosto de 1831, uma epidemia de cólera varreu a Alemanha a partir do Leste. A chamada «Cólera-asiática» fora detetada primeiramente entre soldados britânicos na Índia, em 1817, e atingiu a Rússia, em 1823. Em 1832, 800 pessoas morreram da doença no empobrecido East End de Londres. A causa habitual era a ingestão de água impotável.

Em Berlim, entre agosto e o final da epidemia, em janeiro de 1832, existiam 2500 casos de cólera. Segundo parece, Hegel foi uma das suas vítimas. O seu corpo denunciava sinais de infeção, como um rosto, mãos e pés de cor azulada. Após a sua morte, a esposa de Hegel afirmou categoricamente que ele morrera devido a complicações de uma doença do estômago da qual o filósofo já sofreria desde uma viagem a Paris, em 1827.

Muitos dos biógrafos de Hegel simpatizam com a sua esposa e aceitaram a sua versão dos acontecimentos. Contudo, as provas reunidas pelo Dr. Helmut Döll em «Hegels Tod» [«A Morte de Hegel»] parece apontar na direção oposta. A insistência da sua esposa no facto de «Mein seliger, geliebter Mann» («O meu abençoado e amado marido», como ela o trata numa carta escrita após a morte de Hegel) não ter morrido de cólera devia-se provavelmente ao estigma que envolvia o funeral das vítimas da cólera. À semelhança dos leprosos, eram habitualmente sepultados à noite, sem cerimónia e num cemitério à parte.

Qual a relação entre Hegel e a Ponte de Brooklyn? No ano da morte de Hegel, Johann August Röbling, seu aluno preferido e protegido — que, dizia-se, escreveu uma tese de 2000 páginas sobre o conceito de universo de Hegel —, deixou a Prússia para ir para os Estados Unidos. Depois de desenvolver uma técnica revolucionária de construção de pontes usando cabo de aço e um sistema de treliças, Röbling ganhou a empreitada para a Ponte de Brooklyn e começou o trabalho em 1867. Desgraçadamente, o seu pé ficou ferido com gravidade num acidente num *ferry* e Röbling morreu de tétano dezasseis dias mais tarde, não obstante os seus dedos feridos terem sido amputados.

Imensa, pesada, gótica e incrivelmente sólida, a Ponte de Brooklyn liga e reconcilia duas margens opostas de uma forma que ainda hoje parece desafiar as leis da gravidade. Como o sistema de Hegel, no momento da sua inauguração, a Ponte de Brooklyn era de longe a maior e mais impressionante obra do seu género no mundo. Como a Ponte de Brooklyn, a imensa arquitetura do sistema de Hegel assenta na areia.

Friedrich Hölderlin (1770-1843)
Em 1806, enquanto Hegel escrevia a sua monumental *Fenomenologia do Espírito*, Hölderlin, o seu amigo íntimo e antigo colega de estudos, foi enviado compulsoriamente para uma clínica para doentes mentais em Tubinga, no Sul da Alemanha. Foi colocado ao cuidado do reputado Dr. Autenrieth, inventor de uma máscara que aplicava aos seus doentes para que parassem de gritar. Artigos médicos sobre Hölderlin tendem a concordar que sofria de uma esquizofrenia catatónica. Considerado incurável e com uma estimativa de três anos de vida, Hölderlin foi libertado da clínica ao cuidado de um artesão humilde, Ernst Zimmer, com quem ficou nos restantes trinta e um anos da vida de Zimmer. Hölderlin morreu de pleurisia alguns anos mais tarde, com setenta e três anos.

Pouco antes da sua morte, foi presenteado com uma nova edição dos seus poemas por Christoph Schwab. Depois de folhear as páginas, Hölderlin parece ter dito:

«Sim, os poemas são genuínos, são da minha autoria, mas o título é falso; nunca na minha vida me chamei Hölderlin, mas antes Scardanelli ou Salvator Rosa ou algo parecido.»

«Hölderlin» também gostava de chamar a si mesmo «Buonarroti» e «Killalusimeno».

Friedrich Wilhelm Joseph von Schelling (1775-1854)

Schelling foi um colega de quarto de Hegel e Hölderlin no Seminário de Teologia em Tubinga, no qual fora admitido com a idade invulgarmente precoce de quinze anos e meio. Ao contrário de Hegel, a quem Schelling chamava «o velho», e que teve muita dificuldade em obter uma posição universitária, Schelling foi apontado para uma reputada cátedra em Jena quando tinha vinte e três.

Entre 1795 e 1809, Schelling apresentou uma variedade impressionante de trabalhos filosóficos que pareciam mudar de ano para ano. Conta-se uma história de um seu aluno inglês do início do século XIX chamado Henry Crabb Robinson. Ao que parece, Schelling perguntou a Robinson se a serpente era característica da filosofia inglesa. Robinson respondeu que pensava nela como emblematicamente alemã na medida em que, como Schelling, mudava de pele todos os anos. Schelling replicou que os ingleses só viam a pele e não o que estava por baixo.

Em 1841, Schelling, já velho, foi nomeado Professor de Filosofia na Universidade de Berlim. Foi trazido pelas autoridades para tentar erradicar a febre do hegelianismo que algumas pessoas pensaram varrer a vida intelectual alemã como cólera. A sua muito ansiada lição inaugural foi presenciada por uma vasta multidão, incluindo Kierkegaard, Engels e Bakunine. Conquanto a cura para o hegelianismo não tenha sido descoberta, Schelling morreu pacificamente, na Suíça, no seu octogésimo ano.

Novalis, Friedrich Leopold Freiherr von Hardenberg (1772--1801)

Juntamente com Friedrich Schlegel, Novalis é o filósofo romântico por excelência. Profundamente influenciado pelo conceito de Fichte do Ego definido pela atividade de infinitos esforços, Novalis escreve:

> «Para dentro segue o misterioso caminho. Em nós ou em lado algum reside a eternidade com as suas palavras, o passado e o futuro.»

Abraçou o que chamou de «idealismo mágico», que começa com a premissa de que o «mundo é animado por mim», e declara que a linguagem é aquele meio mágico que permite moldar o mundo. Porém, numa jogada que iria influenciar o pensamento desconstrutivista contemporâneo, Novalis não acreditava que a linguagem fosse a forma adequada de dar voz à eternidade dentro de nós. Para colocar isto de outra forma, porque o ser humano é finito, o infinito irá sempre escapar-nos. O nome que os românticos deram a este hiato entre o finito e o infinito foi *ironia*, e Friedrich Schlegel escreve que a «Filosofia é a verdadeira pátria da ironia». Para os românticos alemães, o meio mais apropriado para a expressão desta falha irónica é o fragmento ou o aforismo espirituoso. Para este fim, no final dos anos 90 do século XVIII, Novalis e Schlegel publicaram coletâneas de fragmentos no seu jornal extraordinariamente influente, o *Athenaeum*. A sua comparação do fragmento com um ouriço ficou célebre:

> «Um fragmento, como uma obra de arte em miniatura, tem de estar totalmente isolado do mundo circundante e ser completo em si mesmo como um ouriço.»

Contra um filósofo sistemático como Hegel, escrevem:

> «É igualmente fatal para o espírito ter um sistema e não ter um sistema. Terá simplesmente de combinar os dois.»

Na condição que os românticos viam como a falta de pertença dos seres humanos modernos, só o poeta pode conduzir a Humanidade a casa, um tema que é reiterado em muito do romantismo inglês.

Novalis é o único pensador neste livro que estudou exploração mineira (com a exceção de Leibniz). Trabalhou na administração das salinas da Saxónia, em Weissenfels, até à sua morte prematura aos vinte e nove anos. Após um período de declínio da sua saúde e tendo sofrido um enfarte, Novalis chamou os seus amigos. A 25 de março de 1801, adormeceu com Friedrich Schlegel ao seu lado, ouvindo o irmão Karl a tocar piano. Nunca mais acordou.

Heinrich von Kleist (1777-1811)

No final do seu peculiar, embora eloquente, ensaio «On the Marionette Theatre» [«Do Teatro de Marionetas»], Kleist medita sobre a natureza da graça. Dada a inquieta natureza da consciência humana, Kleist conclui que a graça só surgirá em forma corpórea num ser que

> «não tem qualquer consciência ou tem uma infinita, o que significa, ou numa marioneta ou num deus».

Na tarde de 21 de novembro de 1811, num pacto suicida, Kleist baleou a amiga Henriette Vogel no peito e, em seguida, esvaziou a pistola na própria boca. Aparentemente, tinham uma mesa e algum café trazido de um café das redondezas para aproveitar a vista antes de cometerem suicídio. Foram ambos sepultados no dia seguinte exatamente no local onde haviam morrido. O suicídio é, portanto, um retorno a um estado de graça. O ensaio sobre o teatro de marionetas conclui: «Este é o capítulo final na história do mundo.»

Com uma cruel ironia histórica, a localização do suicídio de Kleist e Henriette — na margem do Wannsee a sudoeste de Berlim — foi o lugar onde o extermínio dos judeus da Europa foi decidido, cerca de 130 anos mais tarde.

Arthur Schopenhauer (1788–1860)
Schopenhauer é talvez o filósofo moderno que mais falou sobre a morte e cujo pessimismo inexorável exerceu uma vasta influência que pode ser sentida em Freud e no existencialismo, e ainda hoje em escritores como John Gray.

Schopenhauer é o Eeyore da filosofia continental, insistindo que a existência é na realidade uma espécie de erro e que «a vida é uma expiação do crime de ter nascido». Dito isto, Schopenhauer tem alguma razão: se o objetivo da vida humana é *não* sofrer, então os seres humanos estão mal adaptados ao seu verdadeiro propósito. Aflição, dor, doença e mágoa estão por todo o lado. A vida humana é um absoluto desassossego para Schopenhauer, uma permanente inconstância que se revela muito claramente na tragicomédia do desejo sexual. Escreve:

> «Começamos no desvairo do desejo carnal e no arrebatamento da voluptuosidade, acabamos na dissolução de todas as nossas partes e no cheiro a mofo dos cadáveres.»

Schopenhauer foi um conhecido misógino. Escreveu que o «casamento significa procurar de olhos vendados num saco esperando encontrar uma enguia num amontoado de cobras». Em 1820, foi condenado num processo por agressão movido por uma costureira. O filósofo era particularmente sensível ao barulho e ficou tão enraivecido pela conversa barulhenta da costureira no patamar fora do seu quarto que a empurrou por um lanço de escadas abaixo. Foi obrigado a pagar-lhe uma pensão mensal até à sua morte. Quando ela finalmente morreu, cerca de vinte anos mais tarde, Schopenhauer escreveu: «Obit anus, abita onus» («A velha morreu, cessa o fardo»).

Para Schopenhauer, a morte é o motivo para se filosofar e a vida é um constante morrer num estado de sofrimento. O ser humano é um *animal metaphysicum* e a nossa necessidade metafísica tem a sua raiz na tentativa de enfrentar a mortalidade. A vida, neste caso, é literalmente uma *hipoteca*, um contrato com a morte:

> «A vida deve ser considerada como um empréstimo recebido da morte, e o sono o juro diário deste empréstimo.»

O problema do suicídio persegue Schopenhauer. O pai matou-se em 1805. Mas, se a vida é tão imperfeita como insiste Schopenhauer, então, porque não cometer suicídio? Que razão haverá para viver? Dale Jacquette afirma com razão que é como se o próprio Schopenhauer se posicionasse para uma defesa entusiástica do suicídio. Porém, insiste que o suicídio é um ato de cobardia. Porquê?

A resposta está na sua metafísica. O argumento basilar do mais importante trabalho filosófico de Schopenhauer,

O Mundo como Vontade e Representação, é que o mundo é no fundo uma série de aparências fugazes. Atrás destas aparências reside uma Vontade imensa, irracional, impenetrável e implacável. Assim sendo, e esta ideia encontra o seu caminho em Freud, não somos nós que queremos [*will*] realmente, mas somos queridos [*willed*] por uma força inconsciente sobre a qual não temos poder. Logo, o problema com o suicídio está no facto de ele manter a ilusão de voluntariedade. Para Schopenhauer, o único suicídio permissível é o da inanição do ascético, que veremos mais à frente com o exemplo de Simone Weil.

A forma como Schopenhauer entende a Vontade tem um corolário algo peculiar: a possibilidade de uma vida após a morte. A ser verdade que somos queridos por uma Vontade implacável e imortal, então não se pode dizer que a vida dessa Vontade termina com a nossa morte. Logo, a morte não é o fim absoluto, mas a decomposição e a reconstrução de seres individuais em novas formas.

É isto que Schopenhauer chama — de um modo que lembra os estoicos e os daoistas — *palingenesis* (renascimento). Assim, pequenos pedaços de Schopenhauer ou de qualquer outro (inclusive a abominável costureira) podem estar à espreita no vosso lápis, no vosso casaco ou nos vossos cereais do pequeno-almoço. A aparência material de Schopenhauer foi submetida à palingenesia depois de um segundo ataque cardíaco e de uma infeção no pulmão. Foi encontrado morto, sentado na sua cadeira, a 21 de setembro de 1860.

Heinrich Heine (1797–1856)

A escrita e o espírito de Heine aproximaram-se sempre mais de Diderot ou Laurence Sterne do que dos seus contemporâneos alemães. Certa vez, comentou que, se fosse perguntado a um peixe na água como se sente, ele responderia «como Heine em Paris». Muito apropriadamente, foi aí que morreu, talvez de sífilis. As suas últimas palavras foram: «Deus perdoar-me-á. É o seu *métier*.»

Ludwig Feuerbach (1804-1872)

O jovem Karl Marx escreveu num comentário para si mesmo:

> «Para ti não há outro caminho para a *verdade* e *liberdade*, exceto aquele que *atravessa* o livro de fogo [Feuerbach([50])]. Feuerbach é o *purgatório* dos tempos atuais.»

Conquanto agora seja conhecido sobretudo como um precursor de Marx, Feuerbach foi o mais lido e controverso filósofo na Alemanha no final da década de 30 e na década de 40 do século XIX. Em virtude das suas teses radicais, nunca recebeu um cargo de professor numa universidade e foi obrigado a subsistir dos lucros da participação que a esposa detinha numa fábrica de porcelana em Bruckberg, Alemanha. Quando o negócio da porcelana estalou e entrou em bancarrota, em 1859, Feuerbach e a esposa viveram circunstâncias difíceis. O dinheiro para os cuidados médicos de Feuerbach, depois do ataque cardíaco que conduziu à sua morte, teve de ser angariado através de contribuições de apoiantes do recém-fundado Partido Social-Democrata alemão.

Depois de ter simplesmente negado a possibilidade de imortalidade pessoal em *Pensamentos sobre a Morte e a Imortalidade*, escrito quando tinha apenas vinte e seis anos,

---

([50]) Jogo de palavras de Marx com a palavra *Feuer* que significa fogo. *(N. do T.)*

Feuerbach radicalizou a sua crítica do cristianismo na sua obra mais tardia. O cristianismo consiste essencialmente na elevação e objetificação de um ideal da perfeição humana numa forma divina: a pessoa de Cristo. Os seres humanos avançam, portanto, para a alienação de si mesmos desta perfeição. Aquilo a que os cristãos prestam culto quando se ajoelham é tão-somente a si próprios de uma forma alienada e idealizada. A cura filosófica consiste em superar a alienação, desmistificando o cristianismo e orientando os seres humanos para uma verdadeira autocompreensão. Para Feuerbach, isto significa que a filosofia se torna antropologia, a ciência da Humanidade. Numa entrada do seu diário de 1836, escreve:

> «Fora com os queixumes sobre a brevidade da vida! É um truque da divindade para fazer uma incursão na nossa mente e coração para extrair o melhor da nossa energia para benefício dos outros.»

Max Stirner, nascido Johann Kaspar Schmidt (1806–1856)

Stirner não pensou que Feuerbach tivesse sido radical o suficiente na sua crítica da religião. Em O *Único e a Sua Propriedade* (1845), rejeita todas as conceções religiosas, normas morais e convenções sociais. Resta a posição clássica de um egotismo individualista e anárquico e uma leitura formidável. Stirner escreve:

> «O divino é a causa de Deus, o humano a causa "do homem". A minha causa não é nem o divino nem o humano, não é o verdadeiro, o bom, o justo, o livre, etc., mas exclusivamente o que é meu. E esta não é uma causa universal, mas sim... única, tal como eu. Para mim, nada está acima de mim.»

O Único e a Sua Propriedade atraiu uma boa dose de atenção crítica, e uma prova da sua influência pode ser encontrada no facto de Marx e Engels passarem centenas de páginas de *A Ideologia Alemã* a analisar «São Max» linha a linha.

Mas o sucesso de Stirner foi curto e o restante da sua vida foi horrível. Os seus livros posteriores não tiveram sucesso, e a sua segunda mulher deixou-o, dizendo mais tarde que era um homem dissimulado e desagradável. Caiu na pobreza extrema e foi preso em duas ocasiões.

A 25 de junho de 1856, Stirner foi picado no pescoço por um inseto voador e faleceu um mês depois da febre que se seguiu.

Os mestres da suspeita
e alguns norte-americanos insuspeitos

Ralph Waldo Emerson (1803–1882)
Emerson é o primeiro filósofo norte-americano neste livro. Foi admirado entusiasticamente por alguém tão difícil de agradar como Nietzsche, embora este descreva Emerson como «filosofia alemã que tomou muita água na viagem transatlântica». Dito isto, Emerson é ainda muito pouco lido na Europa, além de não ser levado suficientemente a sério do ponto de vista filosófico em mais lado nenhum. A maioria dos norte-americanos talvez tenha lido um par de ensaios no ensino secundário, mas é rapidamente esquecido. A maioria dos não-norte-americanos não chega sequer tão longe.

O estilo denso, compacto e oracular de Emerson, combinado com a voz extraordinariamente meditativa que define a sua prosa, pode ser apreciado em *Experience* (1844), um ensaio induzido pela morte do seu filho dois anos antes. Mas esta morte não sucumbe ao vulgar ritual de lamentação. Pelo contrário, Emerson escreve que a calamidade que foi a morte do seu filho «não me toca». Algo que ele pensava parte dele e que não podia ser arrancado sem destruí-lo «desprende-se de mim e não deixa cicatriz». Emerson prossegue: «Sofro por o sofrimento não me ensinar nada.» Conclui, num tom extraordinariamente sombrio:

«Nada mais nos resta além da morte. Olhamos para esse facto com uma triste satisfação, dizendo: ali ao menos há uma realidade que não fugirá de nós.»

O que aqui se enfrenta não é a recusa do luto, mas a incapacidade de o fazer. Qual é, pois, o bem do pensamento? Nas palavras sarcásticas de Emerson contra Hegel, «a vida não é uma dialética». Pelo contrário, a vida é «uma bolha e um ceticismo, um sono dentro de um sono». E no entanto, nem tudo está inteiramente perdido. A felicidade consiste em viver «o maior número de boas horas» e isto requer o desenvolvimento da prática da paciência. Escreve Emerson:

«Paciência e paciência, e acabaremos por vencer [...]. Não importa o ridículo, não importa a derrota; levanta-te, coração velho! — parece dizer —, a justiça ainda pode vencer.»

Emerson morreu pacientemente de pneumonia.

Henry David Thoreau (1817–1862)
Um discípulo de Emerson, as meditações de Thoreau sobre a natureza em *Walden* e a defesa da consciência individual contra um governo injusto combina o romantismo e a reforma no coração do movimento conhecido como o Transcendentalismo da Nova Inglaterra.

Na sequência de uma típica excursão tardia para contar anéis em troncos de árvores durante uma noite de chuva, Thoreau contraiu bronquite. A sua saúde declinou nos três anos seguintes e, ao que parece, Thoreau estava perfeitamente ciente de que o seu fim estava próximo e aceitou calmamente a morte.

Quando lhe perguntaram se ele tinha feito as pazes com Deus, respondeu: «Não sabia que tínhamos alguma vez discutido.» Morreu com quarenta e quatro anos e apenas uma palavra escrita na sua pedra tumular, no cemitério de Sleepy Hollow, em Concord, Massachusetts: «Henry».

John Stuart Mill (1806–1873)

Na sala 26 da National Portrait Gallery em Londres, existe um retrato de Mill pintado por G. F. Wattsum par de meses antes da morte do filósofo. Olhar baixo em meditação, lábios cerrados, rosto sério e meio na sombra, a testa colossal de Mill está rodeada por uma quase total negritude fúnebre.

Felizmente, a morte de Mill foi menos sombria. Havia-se retirado para a sua casa de campo em Saint-Véran, em Avinhão, França, com a sua enteada, Helen Taylor, a companhia habitual de Mill após a morte da sua mulher quinze anos antes. Como o velho Rousseau, Mill tirava um prazer enorme da botânica. Na noite de sábado de 3 de maio, Mill apanhou um resfriado após uma caminhada de 25 quilómetros. A sua condição deteriorou-se e morreu calmamente durante o sono quatro dias depois.

O lema favorito de Mill foi extraído da sátira de Thomas Carlyle de uma graça maravilhosa sobre a filosofia alemã, *Sartor Resartus*: «Trabalha enquanto se pode dizer Hoje; pois a Noite virá, em que o homem não poderá trabalhar.» Antes de morrer, consta que Mill terá dito a Helen: «Tu sabes que fiz o meu trabalho.» Foi sepultado ao lado da esposa no cemitério de Saint-Véran.

Charles Darwin (1809–1882)

O último livro de Darwin, publicado no ano anterior à sua morte, intitulava-se *The Formation of Vegetable Mould, through the Action of Worms, with Observations on Their Habits* [A Formação do Húmus Vegetal através da Ação dos Vermes, com Observações dos Seus Hábitos]. Embora não seja um título lá muito apelativo, o livro — para surpresa e gáudio de Darwin — foi entusiasticamente recebido e superou nas vendas *A Origem das Espécies*. Como ressalva John Bowlby, com o olho de Darwin para o pequeno detalhe, a imensa perseverança e o tipo de mente teorética que caracteriza todo o seu trabalho, Darwin mostrou como todo o nosso ecossistema estava dependente da atividade das mais humildes criaturas da Terra.

Naturalmente, é comovente que Darwin se tenha interessado por vermes no seu caminho para se tornar alimento para eles. Consta que terá desejado a morte já próximo do fim, pensando no cemitério perto de sua casa, em Downe, Kent, «como o lugar mais encantador na Terra». No seu último ano, Darwin sentiu-se cada vez mais cansado e queixou-se que

> «já não tenho o coração forte o suficiente para, na minha idade, começar uma investigação que dure anos, que é a única coisa de que gosto».

A vida tornara-se enfadonha para Darwin e após um ataque cardíaco e ataques de anginas quase diários, confessou: «Não tenho o mais pequeno medo de morrer.» Contra os seus desejos, não lhe foi permitido submeter-se à ação dos vermes no Downe Churchyard. O célebre agnóstico (neologismo de Thomas Huxley para descrever a atitude religiosa de Darwin para com a crença religiosa) foi sepultado com grande pompa eclesiástica e repousa agora a poucos metros de Isaac Newton na Abadia de Westminster.

Søren Kierkegaard (1813–1855)

Com exceção de um longo período de obstipação, Kierkegaard parece ter gozado de uma saúde razoável. No entanto, ficou doente em finais de setembro de 1855 e caiu na rua a 2 de outubro. A seu pedido, foi levado para o hospital de Fredik, em Copenhaga, onde a sua condição se deteriorou. Segundo a sobrinha de Kierkegaard, quando foi trazido para o hospital, disse que tinha ido para morrer. Faleceu seis semanas mais tarde, a 11 de novembro, com quarenta e dois anos. A causa de morte é incerta e o diagnóstico provisório apontou para tuberculose.

Ao que parece, Kierkegaard teria simplesmente perdido a vontade de viver, exausto pelo seu volumoso e brilhante trabalho filosófico e deprimido pelo estado miserável da sua vida pessoal e o estado do cristianismo na Dinamarca. O seu amigo de longa data, Emil Boesen, visitou-o quando estava a morrer e sugeriu-lhe carinhosamente que muita coisa na sua vida tinha corrido bem. Ele respondeu: «É por isso que estou tão feliz e tão triste, porque não posso partilhar a minha felicidade com ninguém.» E continuou: «Rezo para estar livre de desespero no momento da minha morte.»

Este último comentário é significativo e pungente, porque seis anos antes, sob o pseudónimo «Anti-Climacus», Kierkegaard publicara *The Sickness Unto Death* [A Doença para a Morte[51]] (1849). Esta doença fatal é o desespero, que é entendido por Kierkegaard como a consciência do pecado. A única cura da doença para a morte é a fé, em especial a fé no perdão de Cristo pelos nossos pecados. Para Kierkegaard,

---

([51]) O título em português é habitualmente *O Desespero Humano*. *(N. do T.)*

na esteira de São Paulo e Lutero, a superação do desespero exige que se morra para o mundo através da fé em Cristo, que é a morte da morte. A fé é o oposto do pecado e constitui aquele estado em que o eu deseja ser ele próprio e «repousar sem mácula no poder que o estabelece».

Lamentavelmente, o repouso tranquilo de Kierkegaard foi de curta duração. Nenhum outro senão Hans Christian Andersen descreveu um escândalo que teve lugar no *kirkegård* (cemitério em dinamarquês) de Kierkegaard. Apesar das suas incansáveis invetivas contra o cristianismo degradado dos pastores dinamarqueses, Kierkegaard foi sepultado com serviço religioso completo e o elogio fúnebre foi pronunciado pelo seu irmão Peter, o bispo de Aalborg. Revoltado com tal hipocrisia, o sobrinho de Kierkegaard, Henrik Lund, fez um discurso de protesto ao lado do túmulo. Ridicularizou o clero, e em particular o bispo Peter, por sepultar alguém que renunciara a todas as ligações com o que Henrik chamou de «cristianismo a brincar dos pastores».

Nos anos que se seguiram à morte do irmão, Peter Kierkegaard resignou do seu cargo e renunciou ao direito legal de cuidar dos seus bens. Acabou os seus dias louco, em 1888.

Karl Marx (1818-1883)

Marx parece ter tido uma relação longa e dolorosa com a doença. Durante a escrita de *Das Kapital* (1860-1866), sofreu daquilo que descreve em várias cartas como «um abominável catarro, inflamação dos olhos, vómitos de bílis, reumatismo, dor hepática aguda, espirros, tonturas, tosse persistente e carbúnculos perigosos». Os carbúnculos causaram as «dores mais horríveis» e durante certos períodos cobriram «todo o seu cadáver». Eram particularmente virulentos nos genitais, o que causava uma óbvia aflição. Isto para não falar da pleurisia e do tumor pulmonar que acabou por o matar.

A última década da vida de Marx foi um período de constantes doenças e intermináveis viagens em busca de uma cura para as suas muitas maleitas. Isto levou-o durante longos períodos a várias estâncias na Áustria, Alemanha, Suíça, França, Argel e os destinos menos exóticos de Ventnor, na ilha de Wight, as ilhas do Canal, Eastbourne e Ramsgate. Marx parece ter sido seguido pela chuva onde quer que fosse, mesmo em Argel e Monte Carlo.

Nos seus últimos anos, tornou-se politicamente cada vez mais rabugento e demasiado deprimido para encetar trabalho sério. Marx ficou destroçado pelas mortes da sua amada esposa, Jenny, em 1881, e da sua primeira filha, que era a sua favorita, a quem ele deu a alcunha de «Jennychen», dois meses antes dele. Todavia, o seu fim foi tranquilo que baste, caindo no sono numa poltrona. Como disse Engels na sua oração fúnebre, com um certo *bathos* não intencional:

> «A 14 de março, cerca de quinze minutos antes das três da tarde, o maior pensador vivo deixou de pensar.»

Marx foi sepultado no mesmo túmulo que a sua esposa, no cemitério de Highgate, no Norte de Londres. O seu túmulo, que há muito é local de peregrinação, é decorado a ouro com a famosa décima primeira tese sobre Feuerbach:

> «Os filósofos limitaram-se a interpretar o mundo de várias formas. A questão, porém, é transformá-lo.»

Marx foi votado como o mais importante filósofo por uma grande margem na Radio 4 da BBC, em julho de 2005.

William James (1842-1910)

Conquanto um pragmatista, um empirista e um dos fundadores da psicologia científica, James teve sempre um fascínio pela investigação psíquica e experiência mística. Este facto levou-o a fazer experiências com várias drogas; afirmou, por exemplo, que foi só sob a influência de óxido nitroso que foi capaz de perceber Hegel.

Nos seus ensaios tardios, James desenvolve a noção daquilo a que chama «experiência pura». Descartando a ideia de consciência como uma ficção, a experiência pura é uma apreensão do presente como ele simplesmente é, sem qualquer consideração por divisões entre passado e futuro ou sujeito e objeto. Na experiência pura, o presente está simplesmente ali para ser vivenciado.

James tinha uma posição agnóstica em temas como a imortalidade da alma e a existência de Deus. No seu *Varieties of Religious Experience* [Variedades da Experiência Religiosa] dispõe-se a aceitar a possibilidade de «qualquer coisa maior do que nós», no qual talvez possamos «encontrar a nossa maior paz». Como alguém que sofreu de algo que designou por «anedonia» nos primeiros tempos de vida, o que incluiu longos períodos de depressão e até tentativa de suicídio, é claro que a curiosidade de James sobre tais domínios da experiência não era simplesmente teórica.

James morreu de cardiomegalia, causada por vigorosas caminhadas nas montanhas, a forma preferida de relaxar. É característico da energia intelectual inesgotável de James o facto de estar a escrever uma introdução à filosofia até muito pouco antes da sua morte. Nas páginas de abertura, afirma:

«A filosofia, ao começar pelo maravilhamento, como disseram Platão e Aristóteles, é capaz de imaginar tudo de uma forma diferente daquela que é. Vê o familiar como se fosse estranho, e o estranho como se fosse familiar.»

No ano antes da sua morte, James foi assistir à conferência de Freud durante a sua primeira visita aos Estados Unidos. Freud lembra-se de estar a caminhar e a conversar com James, quando este, de súbito, lhe deu o seu saco e lhe pediu que continuasse a caminhar até que lhe passasse o ataque de angina. Freud continua:

«Ele morreu dessa doença um ano depois; e desejei sempre poder ser tão corajoso quanto ele perante o aproximar da morte.»

James morreu embalado nos braços da mulher, Alice, na casa da família em Chocorua, New Hampshire. Disse à esposa que queria morrer e pediu-lhe que se alegrasse por ele. Ela comenta no seu diário: «William morreu pouco antes das 2h30 nos meus braços... Sem dor no fim e sem consciência.» O filho Billy fotografou o cadáver do pai deitado em lençóis brancos amarrotados na sua cama de ferro e fez uma máscara mortuária.

O irmão de William, o romancista Henry, morreu seis anos mais tarde, 1916. Pela expressão de sofrimento e beleza absolutamente honesta da sua prosa, gostaria de citar o testemunho de Edith Wharton da morte de Henry James retirado de *A Backward Glance* (1934):

«A sua morte foi lenta e dolorosa. O ataque final fora precedido por um ou dois ataques premonitórios, causando cada um uma diminuição percetível o suficiente para a mente ainda consciente a registar, além de que a sensação de desintegração deve ter sido tragicamente intensificada para um homem como James, que tantas vezes e tão profundamente meditou sobre ela, que com tanta atenção procurou os seus primeiros sintomas. Diz-se que contou à sua velha amiga, Lady Prothero, quando ela o viu após o primeiro ataque, que mesmo no ato de cair (estava a vestir-se nesse momento) ouviu no quarto uma voz que não parecia claramente a sua, dizendo: "Pois aqui está ela finalmente, a distinta coisa!" A frase é tão encantadoramente típica para não ser gravada. Ele viu a distinta coisa chegar, enfrentou-a e recebeu-a com palavras dignas de todas as suas atitudes na vida.»

Friedrich Nietzsche (1844-1900)

Muito — talvez demasiado — foi escrito sobre o colapso de Nietzsche em Turim, nos inícios de janeiro de 1889, a sua subsequente «loucura» e a sua morte onze anos mais tarde. Uma boa dose de especulação sobre a loucura de Nietzsche deve-se ao papel da irmã, Elisabeth Förster-Nietzsche. Regressou à Alemanha após tentar estabelecer uma colónia de arianos no Paraguai chamada *Nueva Germania*. O marido de Elisabeth cometeu suicídio, em 1889, e a colónia afundou-se financeiramente.

Uma apaixonada antissemita, Elisabeth não foi manifestamente uma pessoa agradável e o seu papel na edição e distorção da obra de Nietzsche, bem como a ocultação da história médica do irmão, é reveladora. Insistiu sempre no facto de a loucura do irmão se dever a exaustão mental provocada pelo excessivo trabalho intelectual. Elisabeth nunca aceitou que o colapso de Nietzsche fosse consequência da infeção de sífilis que contraiu enquanto estudante num bordel em Colónia, em 1865, para o qual foi tratado em Leipzig, em 1867. Todavia, o desenvolvimento da sífilis de Nietzsche é perfeitamente típico, desde as primeiras incapacidades, em 1871, ao seu colapso em 1889 (sífilis terciária era a sida do final do século XIX).

A única peculiaridade é a extensão temporal entre o colapso de Nietzsche e a morte. (A propósito, Richard Wagner pensou que a causa da doença de Nietzsche era excessiva masturbação, tendo o grande compositor sido gentil o suficiente para comunicar o seu diagnóstico ao médico de Nietzsche.)

Após o seu regresso à Alemanha, Nietzsche foi entregue aos cuidados de Otto Binswanger, tio do famoso psicólogo existencialista Ludwig Binswanger, que seria bastante influenciado por Heidegger. Otto Binswanger foi claramente um médico extraordinariamente assíduo, tendo estudado a obra de Nietzsche de modo a melhor compreender o seu paciente, embora Nietzsche, como filósofo, fosse nessa altura praticamente desconhecido.

Binswanger diagnosticou a condição de Nietzsche diplomaticamente como «paralisia progressiva». Os conteúdos do registo médico de Nietzsche revelam certos pormenores algo nojentos. Nietzsche parece ter sido coprófago, isto é, ter um certo gosto em comer as próprias fezes e beber a própria urina.

Numa ocasião, dá-se uma conversa profundamente comovente entre Nietzsche e Binswanger, onde aquele sorri para este e pede-lhe: «Por favor, dê-me alguma saúde.»

A obsessão de Elisabeth em esconder a nojenta verdade sobre o irmão era de tal ordem que parece ter conseguido com que o registo médico de Nietzsche fosse roubado, e o seu conteúdo só se tornou conhecido nos anos após a sua morte, em 1935 (Hitler assistiu ao seu funeral).

O que é em regra subestimado nos trabalhos de «loucura» de Nietzsche é a sua lacerante ironia e autoparódia. É suposto levarmos a sério o título da pseudobiografia de Nietzsche, *Ecce Homo*, as palavras que Pôncio Pilatos disse ao Cristo flagelado e humilhado? Não haverá uma ligeira frivolidade em capítulos como «Porque sou tão sábio», «Porque sou tão perspicaz», «Porque escrevo livros tão bons» e «Porque sou um destino»? Quando Nietzsche escreve: «Paga-se demasiado caro por se ser imortal: é preciso morrer várias vezes em vida», não é suposto sorrirmos, só um bocadinho?

Numa carta de 6 de janeiro de 1889, que provocou a ida do seu amigo e antigo colega em Basileia, Franz Overbeck, a Turim para o buscar, Nietzsche escreve ao historiador Jakob Burckhardt:

> «Caro professor, ultimamente preferiria muito mais ser um professor em Basileia do que um Deus, mas não arrisco levar o meu egoísmo privado tão longe que descure a criação do mundo.»

Talvez se possa especular algo semelhante a propósito da atitude de Nietzsche em relação ao cristianismo. *Ecce Homo* termina com as palavras aparentemente dramáticas: «Terei sido compreendido? – *Dioniso contra o Crucificado*.» Mas a longa batalha de Nietzsche contra o cristianismo não levaria os cristãos a considerá-lo uma espécie de apóstata satânico. Muito pelo contrário, comenta, «os cristãos mais sérios sempre se mostraram benevolentes em relação a mim». Como se para provar a sua tese, o atual bispo de Canterbury, Rowan

Williams — um cristão muito sério —, escreveu um poema sobre a «loucura» e a morte de Nietzsche. Termina com as seguintes palavras:

À noite rugia; durante o dia, sussurrava: a Minha voz
Não é amável. Níveo,
Inchado, o seu crânio afogou-o como a uma pedra,
A sua respiração, no fim, soava
A passos sobre vidros partidos.

Como Nietzsche disse, carregado de ironia: «Alguns homens nasceram postumamente.»

Sigmund Freud (1856-1939)

Numa carta escrita no seu último ano, Freud falou de «uma recorrência do meu querido velho cancro com o qual tenho partilhado a minha existência ao longo de dezasseis anos». Entre abril de 1923 e a sua morte, Freud passou por inúmeras operações ao cancro da boca, queixo e palato. As estimativas variam entre vinte e duas a trinta operações. A causa foi o seu abundante consumo de charutos, uns vinte por dia, sem os quais ele era incapaz de pensar e escrever e dos quais nunca abdicou.

Freud viveu com dores constantes, mas a única droga que tomou, quase até ao fim, foi um pouco de aspirina. Escreveu a Stefan Zweig, que também falou no seu funeral: «Prefiro pensar no tormento do que ser incapaz de pensar de todo.» Nos seus últimos meses, Freud desenvolveu um tumor cancerígeno na bochecha que produzia um odor tão desagradável que o seu cão preferido, um chow-chow (e Freud tinha um gosto incomum por cães), recusava ficar à sua beira e, em vez disso, ia aninhar-se no canto do quarto. Depois do tumor ter corroído a sua bochecha e o seu corpo ter atrofiado devido à sua incapacidade para comer, disse ao seu médico de confiança, Max Schur:

«Meu caro Schur, lembra-se da nossa primeira conversa? Prometeu-me que me ajudaria quando eu não pudesse mais continuar. Neste momento é só tortura e já não tem qualquer sentido.»

Schur deu morfina a Freud e ele caiu num sono sereno, morrendo no dia seguinte.

Freud possuía um temperamento bastante mórbido e dizia que pensava na morte todos os dias. Tinha igualmente o hábito perturbador de dizer a amigos que estavam de partida: «Adeus; talvez nunca mais nos voltemos a ver.» Sem entrar em disputas acerca do impulso de morte, segundo o qual, diz Freud, de uma forma manifestamente devedora de Schopenhauer, o objetivo dos esforços humanos consiste num estado de inércia em que todas as atividades cessam, existem também provas de um desejo de morte por parte de Freud. Depois de um ataque que o deixou inconsciente em Munique, em 1912, as primeiras palavras de Freud após recobrar a consciência foram: «Quão agradável deve ser morrer.»

No entanto, a resposta de Freud ao seu sofrimento físico mostra uma completa ausência de pena por si próprio e uma aceitação da realidade. Freud não soltou qualquer queixume nem mostrou qualquer irritação para com a sua dolorosa condição, mas aceitou-a e resignou-se com o seu destino. Muito mais próximo de Epicuro ou Montaigne do que de Schopenhauer, não existe celebração ou evasão do sofrimento em Freud. Há simplesmente uma lúcida aceitação da realidade e da dor que a pode acompanhar. Como disse Ernest Jones na sua oração fúnebre no crematório de Golders Green, umas semanas antes da eclosão da Segunda Guerra Mundial:

> «Se alguma vez houve um homem que tenha conquistado a própria morte, que tenha continuado a viver apesar do Rei dos Terrores, que de nenhum modo o aterrorizava, esse homem foi Freud.»

Henri Bergson (1859-1941)

Bergson teve uma morte filosófica genuinamente heroica. Sob as leis racistas implementadas pelo governo colaboracionista de Vichy após a derrota diante da Alemanha Nazi, em 1940, foi pedido aos judeus que se pusessem na fila para se registar junto das autoridades. Embora Bergson tenha sido dispensado graças à sua reputação, a 3 de janeiro decidiu colocar-se na fila com os outros, acabando por morrer de uma constipação. Espiritualmente atraído pelo cristianismo, Bergson recusou todavia converter-se, afirmando:

> «Ter-me-ia convertido, não tivesse pressentido desde há anos uma onda terrível de antissemitismo prestes a rebentar no mundo. Quis manter-me entre aqueles que amanhã seriam perseguidos.»

Bergson foi um filósofo amplamente lido e muitíssimo influente ao longo da sua vida, recebendo todos os prémios literários e académicos que existiam. A sua reputação era tal que os franceses falaram de «um *boom* bergsoniano» após a publicação de *A Evolução Criativa*, em 1907. O primeiro congestionamento registado na Broadway, em Manhattan, foi provocado pela conferência pública inaugural de Bergson, em 1913, e foi o primeiro de muito poucos filósofos a receber o prémio Nobel de Literatura, em 1928. Porém, após a sua morte, Bergson desapareceu da cena filosófica até a uma recente renovação do interesse na sua obra, que se deve sobretudo à influência que Bergson exerceu sobre Gilles Deleuze.

John Dewey (1859-1952)
Dewey é uma figura injustamente subvalorizada na filosofia contemporânea. A influência da vasta obra escrita ao longo da sua vida eclipsou-se, após a sua morte, por dois fatores: a emergência de uma crescente tendência científica na filosofia anglo-saxónica nos anos 50, e uma tendência contrária para a fenomenologia e para o marxismo no pensamento continental durante o mesmo período.

A obra de Dewey não pertence a nenhuma destas tendências filosóficas, mas abraça as preocupações de ambas. É aberto à influência do pensamento continental, em particular Hegel, e efetuou trabalho importante em lógica e filosofia da ciência, em especial sobre a influência do darwinismo na filosofia. Existe muita discussão, por vezes presunçosa, sobre pluralismo na filosofia. Dewey chegou lá primeiro e há muito tempo.

É provável que a filosofia tenha sempre tido uma reação alérgica à democracia, desde Platão a ridicularizar uma política baseada na opinião e não no saber até ao Nietzsche satírico do igualitarismo. Dewey mostra a contribuição que a filosofia pode fazer para a vida democrática. Isto não significa que os filósofos serão reis platónicos, mas antes que serão apenas «simples operários» lockeanos ou porteiros no

Palácio de Cristal das ciências. Neste ponto, tudo gira em torno da relação entre democracia e educação. Dewey vê a educação como o desenvolvimento dinâmico e contínuo da vida democrática, aquilo a que chamava «reconstrução», e acreditava com razão que a sociedade não pode transformar-se sem prestar uma atenção escrupulosa à pedagogia. Considerava a aprendizagem mais importante do que o conhecimento e definia a filosofia como «a teoria geral da educação». Dewey pôs em ação as suas ideias sobre a educação na recém-criada Universidade de Chicago depois de 1894 e, mais tarde, na Universidade de Columbia, em Nova Iorque.

Morreu de pneumonia após sofrer uma fratura na anca, em 1951, da qual nunca chegou a recuperar.

O longo século xx — I:
filosofia em tempos de guerra

Edmund Husserl (1859-1938)
Apesar de se ter convertido ao luteranismo ainda em jovem, as origens judaicas de Husserl conduziram à sua exclusão da Universidade de Friburgo após a chegada ao poder de Hitler, em 1933. O comportamento de Heidegger — o antigo aluno de Husserl e seu sucessor na cátedra de filosofia na universidade — foi especialmente vergonhoso; chegou a negar ao seu antigo mentor direito de acesso à biblioteca.

Em 1935 e 1936, à medida que as luzes se foram apagando pela Europa, o velho Husserl viajou para Viena e Praga para dar as conferências que foram desenvolvidas no seu livro final e inacabado, *A Crise das Ciências Europeias e a Fenomenologia Transcendental*. Para Husserl, a filosofia é a liberdade da absoluta responsabilidade por si mesmo e o filósofo é «o servidor civil da Humanidade». Conclui afirmando que o dever do filósofo consiste em enfrentar «o ódio bárbaro do espírito» e em renovar a filosofia através do «heroísmo da razão». Em tempos de crise, então como agora, o maior perigo que os «bons europeus» enfrentam é a fadiga, a recusa em assumir a batalha filosófica da razão contra a barbárie.

Segundo o seu antigo assistente e discípulo devoto, Ludwig Landgrebe, quando Husserl foi atacado pela doença que o acabaria por matar, tinha apenas um desejo: ser capaz de morrer de um modo digno de um filósofo. Recusando a intervenção da sua igreja, Husserl disse: «Vivi como um filósofo e quero morrer como um filósofo.»

George Santayana (1863–1952)

Após a morte da mãe, em 1912, Santayana — já um reputado e influente filósofo — demitiu-se do seu cargo em Harvard e viajou para a Europa, para nunca mais voltar aos Estados Unidos. Roma tornou-se o seu lar adotivo. Viveu como um monge no convento das Irmãs da Companhia de Maria junto ao Monte Capitolino, ainda que nunca se tenha convertido ao catolicismo. Quando um amigo lhe perguntou porque não se casara, Santayana respondeu: «Nunca sei se hei de casar ou comprar um cão.» O seu curador e antigo assistente, Daniel Cory, descreve uma típica cena com Santayana nos últimos anos.

> «A não ser que estivesse a chover intensamente, iríamos a pé até a um restaurante ali perto para almoçar, e aí Santayana pediria um prato que me impressionava por ser demasiado condimentado, com caril indiano picante, ou um *dolce* elaborado para coroar o banquete. Além disso, bebia três copos de vinho — quase um *mezzo-litro* — com a comida. (Espantava-me sempre a maneira como ele vertia todos os restos de vinho sobre o bolo.)»

Como se um tal hedonismo extravagante não fosse suficiente para enfurecer o bom gosto de um puritano norte-americano, as suas noções políticas eram maravilhosamente evasivas. Segundo Todd Cronan, um artigo sobre Santayana surgiu na revista *Life*, depois de soldados norte-americano o terem descoberto em Roma durante a libertação da Itália, em 1944. Tendo sido questionado sobre a Segunda Guerra Mundial, Santayana afirmou: «Não sei nada, vivo no Eterno.» Santayana tinha pouca paciência para aquilo que não lhe dava prazer. Se aceitarmos que o espírito tem as suas raízes na carne, então, como escreve Santayana numa carta:

> «A solução seria uma espécie de epicurismo, isto é, a fruição da vida em todos os momentos na sua pureza, sem preocupações ou remorsos.»

Santayana contou entre os seus estudantes, em Harvard, poetas importantes como Robert Frost, T. S. Eliot e Wallace Stevens, estando os versos deste último particularmente imbuídos da influência do filósofo. Stevens escreveu um dos seus poemas finais após a morte de Santayana, «To an Old Philosopher in Rome» [«Para um velho filósofo em Roma»], em que este é descrito «à entrada do céu». A identificação do moribundo Stevens com o filósofo morto é evidente e escreve com uma manifesta ternura, mas não sem ambivalência:

> «A tua sesta nas profundezas da vigília,
> No calor da tua cama, na borda da tua cadeira, vivo
> Apesar de viveres em dois mundos, impenitente
> num, e o mais penitente noutro,
> Impaciente quanto à grandeza do que precisas.»

Santayana morreu após uma dolorosa batalha contra o cancro. Uns dias antes da sua morte, Cory perguntou-lhe se sofria. «Sim, meu amigo. Mas a minha dor é inteiramente física; não tenho quaisquer problemas morais.»

Santayana não foi o único filósofo que escolheu morrer na Cidade Eterna. Ao morrer de cancro terminal, Bernard Williams acabou os seus dias em Roma, em 2003.

Benedetto Croce (1866–1952)

Croce foi o mais importante filósofo italiano da primeira metade do século XX e um símbolo para a oposição ao fascismo de Mussolini. Após ter ficado órfão devido ao terramoto de Casamicciola em 1883, a sua vida tornou-se o seu trabalho. Pouco antes do seu falecimento, aos oitenta e seis anos, questionaram Croce acerca da sua saúde. Responde, em conformidade: «Estou a morrer no meu trabalho.»

Giovanni Gentile (1875–1944)

Não obstante Croce ter sido um amigo de Gentile e terem editado a influentíssima *La Critica* entre 1903 e 1922, a adesão de Gentile ao fascismo provocou uma longa desavença entre os dois. Gentile, descrito por ele próprio e por Mussolini como «o filósofo do fascismo», tornou-se ministro da Educação e ocupou vários cargos políticos de influência nos anos 20 e 30. A 15 de abril de 1944, após a libertação da Itália, Gentile foi assassinado por membros da resistência antifascista nos arredores de Florença, provavelmente sob ordens do Partido Comunista Italiano.

Antonio Gramsci (1891–1937)

O que nos traz ao filósofo comunista mais importante da Itália ou talvez de todo o mundo. Em 1926, em violação da imunidade parlamentar, Gramsci foi preso pelos fascistas depois de ter sido eleito deputado parlamentar em 1924. Na sequência de um julgamento num tribunal especial, em 1928, Gramsci foi sentenciado a vinte anos e oito meses na prisão. Segundo consta, o advogado de acusação disse de Gramsci: «Temos de impedir este cérebro de trabalhar durante vinte anos.»

Apesar da sua saúde bastante frágil e de ter sido forçado inicialmente a partilhar uma cela com outros cinco prisioneiros, o cérebro de Gramsci continuou a trabalhar e produziu os *Cadernos do Cárcere*, publicados postumamente, que nos oferecem uma consequente e poderosa crítica e reconstrução dos conceitos básicos do marxismo. Gramsci descreveu a sua posição como uma «filosofia da práxis», o que significava a unidade da reflexão teórica com a vida prática como ela foi descrita acima, na décima primeira tese sobre Feuerbach.

Nas mãos de Gramsci, o marxismo não se reduz a uma espécie de determinismo histórico em que todos os aspetos da vida têm de ser explicados do ponto de vista das suas causas económicas. Pelo contrário, concebido como uma filosofia da práxis, o marxismo de Gramsci expande-se para levar em conta as esferas da política, da ideologia, da religião e da cultura no seu sentido mais lato.

Depois de a sua saúde ter sido arruinada na prisão, Gramsci ficou legalmente livre em 1937, embora demasiado doente para se mover. Morreu a 27 de abril na sequência de uma hemorragia cerebral.

Bertrand Russell (1872–1970)

O primeiro livro de capa dura que me lembro de ter comprado foi uma primeira edição de *Porque não Sou Cristão?* (1957) de Russell. Na capa azul algo rasgada, Russell escreve, em termos que lembram Epicuro e Lucrécio:

«Acredito que quando morrer irei apodrecer, e nenhuma parte do meu ego sobreviverá. Não sou jovem e amo a vida. No entanto, devo rejeitar estremecer de terror ao pensar na morte. Apesar de tudo, a felicidade não é verdadeira felicidade porque deve chegar ao fim, nem o pensamento e o amor perdem o seu valor porque não são eternos.»

Qualquer noção da imortalidade da alma é, por conseguinte, não só iníqua, porque é falsa, mas destruidora da possibilidade da felicidade, o que requer que aceitemos a nossa finitude. Como tal, Russell pensou que todas as grandes religiões do mundo eram simultaneamente falaciosas e moralmente nocivas. O mundo que habitamos não é moldado segundo um qualquer plano divino, mas consiste numa mistura de desordem e acidente. Logo, não é de dogmas religiosos que o mundo precisa, mas de uma atitude científica de investigação que nos permita dar algum sentido à desordem e ao acidente.

Russell faleceu depois de sofrer de uma bronquite aguda na companhia da sua quarta mulher, Edith. Insistiu que não houvesse serviço fúnebre e que o local da sua cremação não fosse tornado público. Foi também estipulado que não haveria música. As cinzas de Russell foram espalhadas sobre os montes galeses, tendo a sua neta Lucy escrito à algo ressentida segunda esposa de Russell, Dora: «Se há fantasmas a enterrar, deixai-os ser enterrados, com as nossas infâncias, entre as magníficas montanhas.» Como mostrou Ray Monk, biógrafo de Russell, a sua vida definiu-se pelo fantasma da loucura e estes fantasmas sobreviveram à sua morte. Escreve Monk:

«Com a sua morte, Russell deixou duas ex-mulheres amargadas, um filho esquizofrénico e distante e três netas que também se sentiram perseguidas pelos "fantasmas dos maníacos", como Russell descrevera a sua família em 1893.»

Cinco anos depois do falecimento de Russell, Lucy saiu do autocarro em St. Buryan, em Cornwall, regou-se a si mesma com parafina e imolou-se como os monges budistas no Vietname durante a ocupação norte-americana. A dor foi demasiado intensa e ela correu, aos gritos, até à loja do ferreiro, onde a envolveram em cobertores e sacos para apagar as chamas. Perdeu a consciência e morreu antes de chegar ao hospital.

Moritz Schlick (1882–1936)
Na história da filosofia existem acidentes felizes e infelizes. Felizmente, Moritz Schlick assumiu uma cátedra em filosofia na Universidade de Viena, em 1921, no mesmo ano da publicação de um curto e difícil livro por um jovem filósofo vienense, Ludwig Wittgenstein, o *Tratado Lógico-Filosófico*.

Schlick tornou-se a figura de proa de um grupo intelectual muitíssimo influente que ficou conhecido, em 1929, como o Círculo de Viena. Em traços largos, o positivismo lógico vienense acreditava que toda a verdade era, ou logicamente válida, ou empiricamente verificável. Desta forma, todos os vestígios da metafísica podem ser eliminados da filosofia.

Infelizmente, o Círculo de Viena dispersou após Schlick ter sido assassinado por um aluno mentalmente perturbado na escadaria da Universidade de Viena. A Áustria deslizou para o Anschluss com a Alemanha, em 1938, e os restantes membros do Círculo de Viena deixaram-na gradualmente em direção a Inglaterra e aos Estados Unidos, onde tiveram uma enorme influência no desenvolvimento da filosofia profissional.

Pese embora o estudante se ter tornado um membro do Partido Nazi, o homicídio parece ter sido consequência de um ressentimento pessoal motivado pelo facto de Schlick ter rejeitado a sua tese de doutoramento. Aparentemente, já perseguia Schlick há algumas semanas antes de o matar. Seguia-o e à mulher até ao cinema, sentava-se na coxia em frente dos Schlicks e passava o tempo a virar-se no assento, fitando Schlick diretamente. Alunos e amigos de Schlick aconselharam-nos a chamar a polícia para pôr fim ao assédio, mas Schlick — um liberal devoto — recusou pedir a intervenção da polícia.

Num artigo na *Philosophical Review*, no ano da sua morte, Schlick escreve:

> «É com facilidade que me imagino a assistir ao funeral do meu próprio corpo, pois nada é mais simples do que descrever um mundo que difere do nosso mundo quotidiano apenas pela completa ausência de todos os factos a que chamaria partes do meu corpo.»

Não se sabe se Schlick foi capaz de verificar empiricamente esta afirmação.

György Lukács (1885-1971)

Lukács foi sepultado em Budapeste com uma homenagem do Partido Comunista após recuperar a simpatia política na Hungria nos anos 60. No entanto, escapou por pouco à execução, em 1956, quando era ministro da Cultura no governo de Imre Nagy. A esse respeito, conta-se uma história sombriamente engraçada.

Lukács não era um grande admirador do trabalho de Franz Kafka, de quem declarou ser um «idealista» e um mau exemplo do modernismo estético decadente. Lukács advogava um realismo estético que rejeitasse o mundo kafkiano da *Angst* e alienação, onde os indivíduos isolados eram presos por crimes desconhecidos, submetidos a julgamentos absurdos e condenados sem razão.

Depois de os tanques soviéticos terem entrado em Budapeste para esmagar a sublevação húngara, Nagy foi executado e Lukács foi preso a meio da noite e atirado para um camião com outros oficiais do governo. O camião desapareceu em seguida na escuridão das zonas rurais para um encontro com um ignorado, embora, muito provavelmente, desagradável destino.

Lukács foi levado para um enorme castelo na Transilvânia sem ser informado se iria ser libertado ou ficar detido permanentemente. Reza a lenda que Lukács se virou para um dos outros ministros detidos e disse: «Kafka, afinal, era um realista.»

A beleza sinistra desta piada está no facto de, nesta circunstância perigosa, Lukács ser irónico para consigo mesmo. O humor consiste no facto de Lukács se considerar a si próprio ridículo, na medida em que a realidade conspirou para revelar uma circunstância que contradizia diretamente o seu juízo estético, algo que ele admite voluntariamente. O verdadeiro humor consiste em rir de si próprio.

Franz Rosenzweig (1886–1929)

Em 1919, Lukács experienciou algo próximo de uma conversão religiosa ao bolchevismo e participou no efémero governo comunista de Béla Kun na Hungria. Seis anos antes, em 1913, Rosenzweig experienciou uma conversão de um tipo bem diferente. Na noite de 7 de julho, durante uma intensa discussão com o seu amigo Rosenstock, Rosenzweig decidiu converter-se ao cristianismo. Porém, declarou que «só podia tornar-se cristão *qua* judeu» e frequentou a sinagoga em Berlin até ao momento do seu batismo. Todavia, durante a celebração do Yom Kippur a 11 de outubro, teve uma experiência religiosa que o levou a aderir de novo ao judaísmo. A natureza exata dessa experiência não é conhecida, embora Rosenzweig tenha afirmado uns anos mais tarde que se se tivesse tornado cristão ter-se-ia deixado a si mesmo para trás. «A vida do judeu», escreve:

> «Não deve justamente conduzi-lo para fora de si mesmo, mas deve ele antes vivenciar mais profundamente o seu caminho interior.»

Após servir numa unidade de artilharia antiaérea no exército alemão, na frente dos Balcãs, durante a Primeira Guerra Mundial, Rosenzweig começou a escrever a sua obra-prima, *Der Stern der Erlösung* [A Estrela da Redenção], em postais do exército (recorde-se que Wittgenstein escreveu o primeiro rascunho do *Tratado Lógico-Filosófico* na frente russa e italiana, em 1917-1918).

Rejeitando violentamente a sua anterior ligação a Hegel, Rosenzweig começa *A Estrela da Redenção* dizendo:

> «A filosofia assume para si a tarefa de livrar-se do medo das coisas terrenas, de retirar à morte o seu ferrão venenoso.»

Da tentativa de Tales de alcançar o princípio que reside atrás do todo da realidade («tudo é água»), até à ideia de

Hegel do Saber Absoluto, a filosofia tentou conhecer o todo e com isso negar a realidade singular da morte. Para o filósofo, a morte nada significa, porque temos uma compreensão da realidade na sua inteireza. Sendo assim, para Rosenzweig, a filosofia representa um repúdio da morte e «tapa os ouvidos diante do choro da Humanidade aterrada». Em oposição, Rosenzweig afirma que devemos aprender a caminhar humildemente com Deus e olhar para todas as coisas do ponto de vista da redenção. «A vida torna-se imortal — escreve Rosenzweig — no eterno hino de louvor da redenção.»

Nas derradeiras palavras de *A Estrela da Redenção*, só desta maneira seremos capazes de entrar «NA VIDA».

Rosenzweig foi diagnosticado com esclerose lateral amiotrófica, em 1922 (a mesma doença degenerativa que afeta Stephen Hawking). Nos seus últimos anos, Rosenzweig só podia comunicar através da sua mulher: ela recitava as letras do alfabeto, ele pedia-lhe que parasse numa e ela adivinhava a palavra que o seu marido queria dizer. As suas últimas palavras, escritas desta maneira laboriosa, foram uma frase inacabada onde se lê:

> «E eis que ele chega, o ponto de todos os pontos, que o Senhor me revelou claramente no meu sono, o ponto de todos os pontos para o qual...»

Parece que a escrita foi interrompida pela visita de um médico. Rosenzweig morreu durante a noite.

Ludwig Wittgenstein (1889-1951)

A ignorância de Wittgenstein relativamente a períodos significativos da história da filosofia era lendária. Infelizmente, isso autorizou uma ignorância similar entre os seus muitos seguidores, a quem faltava o seu brilhantismo. No *Tratado Lógico-Filosófico*, encontramos um eco talvez involuntário da perspetiva da morte de Epicuro:

> «A morte não é um acontecimento da vida. Não há uma vivência da morte. Se se compreende a eternidade não como a duração temporal infinita mas como a intemporalidade, então vive eternamente quem vive no presente. A nossa vida é sem limites, tal como o nosso campo visual é sem limites.»[52]

Na proposição seguinte, ligeiramente mais próxima de Lucrécio, Wittgenstein acrescenta: «É algum enigma resolvido pelo facto de eu sobreviver eternamente?»[53]

Uns dias antes de morrer, pouco depois do seu sexagésimo segundo aniversário, Wittgenstein desenvolveu esta afirmação num comentário dirigido ao seu amigo Maurice Drury:

> «Não é curioso que, embora saiba não ter muito tempo de vida, nunca me ponha a pensar sobre a "vida futura"? Todo o meu interesse continua a estar nesta vida e na escrita que ainda sou capaz de realizar.»

Wittgenstein continuou a escrever filosofia até ao fim e a experienciar uma eternidade que não foi assombrada pela

---

[52] Tradução portuguesa: *Tratado Lógico-Filosófico*, tradução de M. S. Lourenço, 3.ª edição (Lisboa: Fundação Calouste Gulbenkian, 2002), §6.4311. *(N. do T.)*
[53] *Idem*, §6.4312. *(N. do T.)*

perspetiva da aniquilação ou da vida após a morte. Após ter sido diagnosticado com cancro terminal, notícia que, aparentemente, recebeu com bastante alívio, Wittgenstein foi viver com o Dr. Bevan e a sua mulher. Comentou com esta: «Vou trabalhar agora mais do que nunca.» Nos dois meses restantes, escreveu toda a segunda parte do manuscrito que foi publicado como *Da Certeza*. O último fragmento de *Da Certeza* data de 27 de abril, o dia anterior à sua morte.

Conta-se uma história em que Wittgenstein visita o filósofo G. E. Moore, em 1944, depois de Moore ter sofrido um ataque cardíaco durante uma viagem aos Estados Unidos. Sob instruções do médico, a esposa de Moore insistiu que os seus amigos limitassem as suas visitas a uma hora e meia. Wittgenstein foi a única pessoa a ressentir-se dessa lei, afirmando que uma discussão não devia ser interrompida até chegar ao seu devido fim. De resto, diz ainda Wittgenstein, se Moore acabar por falecer durante a discussão, tal representaria uma forma muito digna de morrer, «com as botas calçadas».

Wittgenstein morreu com as *suas* botas calçadas. Fomentou uma amizade com a senhora Bevan; iam ao *pub* juntos todos os dias, às 6 da tarde, onde ela beberia um porto e Wittgenstein esvaziaria o seu para uma aspidistra. No dia do seu aniversário, ela presenteou-o com um cobertor elétrico e disse: «Que conte muitos.» Wittgenstein respondeu, olhando para ela: «Não haverá mais nenhum.»

A senhora Bevan ficou com Wittgenstein durante a última noite e quando lhe disse que os seus amigos o iriam visitar no dia seguinte, ele disse-lhe: «Diga-lhes que tive uma vida maravilhosa.» Conquanto muito longe de ser um católico, não há dúvida, como afirma Ray Monk, de que Wittgenstein levou uma vida profundamente religiosa. A vida e morte de

Wittgenstein assemelham-se às de um santo do nosso tempo. Baseou-se na austeridade, frugalidade, tormento interior, uma relação com a sexualidade profundamente perturbada e uma total seriedade ética.

Martin Heidegger (1889–1976)

Wittgenstein pôs-se a si próprio em situações perigosas de uma forma imprudente durante a Primeira Guerra Mundial e ficou encantado quando foi destacado para uma unidade de combate na frente russa, voluntariando-se para o mais perigoso posto, o de observação. Revelou uma coragem notável em combate e foi rapidamente promovido. Quando Wittgenstein foi baleado pela primeira vez por soldados russos nos Cárpatos, declarou:

> «Ontem levei um tiro. Fiquei assustado! Tive medo de morrer. Tenho agora um desejo imenso de viver.»

Em contraste, Heidegger serviu ao longo do último ano da guerra numa unidade meteorológica, primeiro em Berlim, e mais tarde no Marne, ocupado na perigosa tarefa da previsão do tempo. No entanto, como Lukács e Rosenzweig, Heidegger também passou por uma espécie de conversão no meio dos acontecimentos da Primeira Guerra Mundial, quebrando com aquilo a que chamou de «sistema dogmático do catolicismo». Após 1919, quando foi nomeado assistente de Husserl na Universidade de Friburgo, no Sudoeste da Alemanha, começou uma série de conferências e seminários extraordinariamente originais que culminaram na redação de *Ser e Tempo*, em 1926. No centro deste livro encontra-se uma reflexão influentíssima sobre a morte.

Não obstante a sua lendária extensão e dificuldade, a ideia fundamental de *Ser e Tempo* é extremamente simples: ser é tempo. Isto é, para um ser humano existir significa existir temporariamente no período entre o nascimento e a morte. Ser é tempo e o tempo é finito; chega ao fim com a nossa morte. Assim, se queremos compreender o que significa ser um autêntico ser humano, é essencial então que projetemos constantemente as nossas vidas tendo em vista o horizonte da morte, aquilo a que Heidegger chama «ser-para-a-morte». Dito de forma algo grosseira, para pensadores como São Paulo, Santo Agostinho, Lutero e Kierkegaard, é por meio da relação com Deus que o eu se encontra a si mesmo. Para Heidegger, a questão da existência ou não-existência de Deus não tem relevância filosófica. O eu só pode tornar-se o que realmente é por meio do confronto com a morte, gerando um sentido a partir da nossa finitude. Se o nosso ser é finito, então ser humano significa apreender esta finitude, significa «tornar-se quem se é», numa frase de Nietzsche que Heidegger gostava de citar.

Apesar da sua roupagem linguística barroca, a análise do ser-para-a-morte de Heidegger é particularmente direta e poderosa. Porém, abre-se à seguinte objeção. Heidegger argumenta que a única morte autêntica é a nossa. Morrer para a outra pessoa, escreve ele, seria simplesmente «autossacrifício». Nessa medida, para Heidegger, as mortes dos outros são secundárias relativamente à minha morte, que é primária. Na minha perspetiva (esta crítica foi avançada primeiro por Edith Stein e Emmanuel Levinas), uma conceção da morte deste tipo não só é falsa como moralmente perniciosa. Pelo contrário, penso que a morte irrompe no nosso mundo através da morte dos outros, sejam eles próximos, como familiares, companheiros ou filhos, ou afastados, como a vítima desconhecida de uma fome ou guerra distante. A relação com a morte não consiste, em primeiro lugar, e acima de tudo, no meu próprio medo do meu falecimento, mas na sensação de que sou desfeito pela experiência da dor e do luto.

Além disso, há um humanismo surpreendentemente convencional na abordagem de Heidegger à morte. Para ele, só os seres humanos morrem, ao passo que plantas e animais limitam-se a desaparecer. Não tenho qualquer competência para falar da morte das plantas, mas estudos empíricos parecem mostrar que os mamíferos superiores — golfinhos, elefantes, mas igualmente gatos e cães — também têm uma experiência da mortalidade, da sua própria e da dos que os rodeiam. Não somos a única criatura no universo que é tocada pelo sentimento da mortalidade.

No inverno de 1975, quando Heidegger tinha oitenta e seis anos, o seu amigo Heinrich Petzet visitou-o pela última vez. Quando Petzet estava para sair, Heidegger ergueu a mão e disse: «Sim, Petzet, o fim aproxima-se.» Depois de uma refrescante noite de sono, a 26 de maio de 1976, Heidegger adormece novamente e morre.

Rudolf Carnap (1891–1970)

Qual é o livro mais pequeno do mundo? Resposta: *O que Aprendi com Heidegger*, de Rudolf Carnap. Não se preocupem, estou só a gozar. Em 1932, Carnap escreve uma infame e influente crítica de Heidegger, chamada «A Superação da Metafísica através da Análise Lógica da Linguagem». Afirmou que as proposições de Heidegger eram absurdas, porque não eram válidas logicamente, nem empiricamente verificáveis. Conceções como as de Heidegger podem muito bem expressar uma atitude para com a vida, no entanto, do ponto de vista de Carnap, estão cheias de pseudofilosofia e de lengalengas metafísicas. A expressão de uma tal atitude para com a vida não tem direito a habitar na filosofia, mas é melhor representada na literatura ou na música. Carnap, escreve, sarcasticamente: «Os metafísicos são músicos sem talento musical.»

Para Carnap, a ciência pode dizer aquilo que pode ser dito e não deixa, potencialmente, nenhuma questão por responder. A ciência é também cumulativa e existe progresso no conhecimento. Carnap pensava que a filosofia podia e devia ser modelada a partir desta ideia de ciência e, por conseguinte, embora a história da filosofia (para já não falar da história dos filósofos) pudesse constituir uma curiosidade interessante, é inteiramente secundária à atividade científica da filosofia. Seria possível afirmar que Wittgenstein exerceu uma vasta influência na filosofia britânica após a sua morte. Mas através da atividade de alunos como Quine, é possível dizer que Carnap tem sido uma força tremenda na conceção da filosofia profissional nos Estados Unidos após a Segunda Guerra Mundial. Talvez seja esta a justificação para o amor obsessivo da filosofia norte-americana pela ciência e o seu isolamento das artes e humanidades.

Embora isto não seja do conhecimento geral, ao mesmo tempo que era um filósofo da lógica e da ciência, Carnap foi toda a vida um humanista socialista. Recusou inicialmente uma oferta de uma cátedra na UCLA, porque teria de assinar um juramento de fidelidade macarthista.

Pouco antes da sua morte, Carnap visitou filósofos mexicanos presos na Cidade do México numa demonstração de solidariedade e revelava-se bastante ativo na política antirracista.

A última fotografia de Carnap mostra-o a assistir a um debate de uma organização pacífica negra em Los Angeles. Era o único rosto branco do grupo. Carnap viveu pouco abaixo do local onde escrevo, numa casa afastada nos montes de Santa Mónica. A sua esposa, Ina, cometeu suicídio em 1964, e Carnap morreu com setenta e nove anos, na sequência de uma doença curta mas grave.

Edith Stein, Santa Teresa Benedita da Cruz (1891–1942)
Mais uma história de conversão, desta vez com um fim trágico. Edith Stein nasceu numa família de judeus ortodoxos antes de se tornar ateia, em 1904. Foi uma aluna brilhante em filosofia e Husserl nomeou-a como sua assistente quando assumiu a cátedra em Friburgo, em 1916. Isto não era tarefa fácil, dado que Husserl era um pensador especialmente caótico e escrevia com o sistema taquigráfico de Gabelsberger, que era bastante difícil de decifrar e ainda mais difícil de editar.

Stein tomou o caminho oposto a Heidegger: ele principiou como católico e tomista antes de perder a fé; ela começou como uma ateia e converteu-se ao catolicismo, chegando a traduzir Tomás de Aquino. Num apêndice ao seu mais importante trabalho filosófico, publicado postumamente, *Ser Finito e Ser Eterno*, critica a conceção de Heidegger do «ser-para-a-morte». Nas palavras de Alasdair MacIntyre no seu livro sobre Stein:

> «Aprendemos em que consiste antecipar as nossas próprias mortes com aqueles cuja antecipação das suas próprias mortes partilhámos de uma qualquer forma significativa.»

Certa noite, no verão de 1921, enquanto passava alguns dias na casa de uns amigos, Stein foi deixada sozinha em casa. Pegou na autobiografia de Santa Teresa de Ávila e só foi capaz de parar no fim. Decidiu de imediato que tinha de se converter ao catolicismo e entrar na ordem das Carmelitas de Teresa em Colónia. A 31 de dezembro de 1938, Stein atravessou a fronteira para os Países Baixos para escapar à perseguição nazi aos denominados «não-arianos». No entanto, em 1942, após a publicação pelos bispos holandeses de uma condenação do antissemitismo nazi, Hitler ordenou que todos os católicos romanos não-arianos fossem presos. Foi enviada para Auschwitz-Birkenau, onde morreu na câmara de gás com a sua irmã, Rosa, que também se convertera. Os sobreviventes dos campos de morte testemunharam que Stein agiu com grande compaixão para com os outros que sofriam.

O papa João Paulo II (que também era, não nos esqueçamos, um fenomenólogo) canonizou-a a 11 de outubro de 1998.

Walter Benjamin (1892–1940)

Após a chegada ao poder dos nazis em 1933, Benjamin saiu de Berlim em direção a Paris, onde trabalhou no seu gigantesco e inacabado *Das Passagen-Werk* [As Passagens de Paris[54]]. Este é um estudo sobre a mercantilização da vida burguesa do século XIX vista a partir das arcadas de tetos de vidro das lojas de Paris.

Quando a França capitulou diante dos alemães, em 1940, Benjamin viajou para sul na esperança de sair para

---

[54] Tradução portuguesa: *As Passagens de Paris*, tradução de João Barrento (Lisboa: Assírio & Alvim, 2019). *(N. do T.)*

os Estados Unidos via Espanha. Após cruzar uma zona selvagem dos Pirenéus com um grupo de refugiados, Benjamin chegou a Portbou, na fronteira franco-espanhola. A ordem exata dos acontecimentos que ocorreram a seguir é incerta, mas Benjamin parece ter cometido suicídio com comprimidos de morfina no Hotel de Francia na noite de 27 para 28 de setembro. Uns dizem que o chefe da polícia terá dito a Benjamin que o iria entregar à Gestapo. Como judeu, amigo de Brecht e Adorno e crítico público do nazismo, era evidente que não lhe iria ser concedida qualquer misericórdia.

Hannah Arendt cruzou a fronteira franco-espanhola umas semanas mais tarde exatamente no meu local e, quando chegou a Nova Iorque, deu a Adorno uma cópia do que talvez fosse o último texto que Benjamin escreveu, «Teses sobre a Filosofia da História». Este texto extraordinariamente marcante, mesmo se enigmático, finaliza com as seguintes palavras:

> «É sabido, proibia-se aos judeus predizer o futuro. Pelo contrário, a Tora e a oração ensinam-se na comemoração. Para eles a comemoração desencantava o futuro ao qual sucumbiram os que procuram instrução junto dos adivinhos. Mas nem por isso o futuro se tornava um tempo homogéneo e vazio para os judeus. Porque nele cada segundo era a porta estreita pela qual podia passar o Messias.»[55]

É cultivando a memória que nos podemos desviar do ilusório e, finalmente, da obsessão ideológica com o futuro, que é sempre um futuro brilhante tornado possível pelo progresso

---

[55] *Idem*, p. 141. [N. do T.]

científico e tecnológico ao mesmo tempo que assegura a felicidade humana eterna. Pelo contrário, Benjamin insiste que o anjo da história olha para trás. Só olhando para o passado, contrariando a história, podemos nós manter vivo aquilo que Benjamin chama «um *fraco* poder messiânico». Este fraco poder, esta esperança contra a esperança, representa a possibilidade que uma transformação revolucionária pode provocar a cada instante no tempo. Para Benjamin, o judaísmo messiânico e o marxismo revolucionário fundem-se numa visão desesperadamente apocalíptica.

O longo século XX — II: Analíticos, continentais, uns quantos moribundos e uma experiência de quase-morte

Hans-Georg Gadamer (1900–2002)

Gadamer é o único filósofo neste livro que quase vi morrer. Aconteceu em Perugia, Itália, numa escola de verão sobre Heidegger, em 1986, quando era um aluno de doutoramento. Gadamer ia dar uma conferência sobre o seu antigo professor e um ajuntamento de cerca de quarenta pessoas esperava ansioso para ouvir o que tinha a dizer sobre as recém--publicadas lições de Heidegger que ele próprio escutara em Marburgo, nos anos 20.

Já frágil devido à idade, e caminhando com a ajuda de bengalas em consequência da poliomielite que o atingira quando tinha vinte e dois anos, Gadamer desceu a alta escadaria para a sala do seminário. De repente, caiu, e o estrépito das bengalas e do seu corpo a bater contra cada um dos vinte e cinco degraus de mármore italiano ressoou externa e internamente em todos nós.

Tememos o pior. Uma ambulância foi chamada e levaram--no para o hospital. De forma incrível, Gadamer recuperou rapidamente e proferiu a sua conferência uns dias mais tarde com algumas ligaduras a cobrir as feridas na sua cabeça.

A história é característica da tenacidade do homem e do humanismo que defendeu filosoficamente. Gadamer era um ser humano impressionante. Lembro-me de uma outra noite, passada no mesmo período em Itália, quando alguns estudantes se sentaram no exterior com Gadamer, aproveitando a noite úmbrica e discutindo Platão, a eterna paixão filosófica de Gadamer. Bebíamos vinho tinto — de facto, bastante vinho tinto — e Gadamer disse: «Platão pensava que o vinho era muito importante. Faz mover o sangue.» Por sorte, a ciência médica confirmou recentemente a sabedoria platónica.

No seu centésimo segundo ano, alguém perguntou a Gadamer qual a sua reação ao ataque ao World Trade Center, em Nova Iorque. Respondeu em alemão: «*Es ist mir recht unheimlich geworden*», isto é, que o mundo se tornou estranho, mesmo sinistro, para ele. E acrescentou: «As pessoas não podem viver sem esperança; este é a única tese que gostaria de defender sem quaisquer restrições.» No entanto, quando Dieter Henrich, seu discípulo e sucessor, o visitou pela última vez em Heidelberga, voltou a dizer que não se pode viver sem esperança, mas acrescentou que esta esperança se tornou deste tamanho, e levantou a mão e mostrou um pequeno buraco de luz entre o polegar e o indicador.

Quando perguntaram a Gadamer sobre a morte, respondeu sardonicamente que «é uma das coisas mais desagradáveis que fazem parte da vida». E quando jornalistas lhe perguntaram se sentia angústia, disse: «Não, nem por isso, tudo se tornou demasiado difícil.» A mobilidade de Gadamer já era limitada há algum tempo, nos últimos anos. «Graças a Deus que não temos de pensar com as pernas», costumava dizer com sarcasmo.

Pouco antes da sua morte, Gadamer queixou-se de dores de estômago e fez uma cirurgia da qual parecia ter recuperado totalmente, o que era notável para um homem da sua idade. No dia em que lhe foi passado um atestado de recuperação total, Gadamer celebrou com um prato de sopa e um copo de vinho tinto. Na manhã seguinte, teve um ataque cardíaco, perdeu a consciência e morreu à noite.

Jacques Lacan (1901-1981)

Não há provavelmente uma figura que tenha dividido tanto as opiniões no recente pensamento ocidental quanto Lacan. Para alguns, é um charlatão obscurantista com o gosto colorido para o vestuário de um sofista; para outros, é uma autoridade venerada cujas palavras, tantas vezes de estilo oracular, possuem uma autoridade bíblica.

Do meu ponto de vista, ele deve ser considerado como um professor. Antes de mais, Lacan era um professor de psicanalistas que facultou um enquadramento filosófico à psicanálise de uma enorme originalidade e de uma significativa importância clínica. Enquanto professor, o meio de expressão de Lacan era o seminário, que orientou de 1953 até 1979. Nele, Lacan falava sem notas, amiúde para centenas de pessoas, com enorme erudição, originalidade e bastante humor.

Na sessão de abertura do seu vigésimo sexto e último seminário, a 21 de novembro de 1978, Lacan abriu a boca e descobriu-se incapaz de falar. O auditório, sem querer acreditar, estava tão silencioso quanto ele. Aquele que fascinara a vida intelectual francesa no último quarto de século perdera a voz. Voltou-se para o quadro e começou a desenhar uns nós, quadriculados e outras figuras topológicas que o fascinavam crescentemente nos últimos anos. Começou a ficar confuso, virou-se para o público, chamou a atenção para o seu erro e deixou a sala. Segundo Elizabeth Roudinesco, a sua biógrafa fiel, embora muitas vezes cáustica, parece que alguém terá dito: «Não tem importância. Gostamos de ti na mesma.»

Os silêncios acabaram por marcar cada vez mais o ensino de Lacan nos seus últimos anos. Alguns atribuíram-nos à sagacidade e profundidade, outros a uma paralisia regional e a perturbações vasculares no cérebro. Seja qual for a causa, e totalmente à margem, pelos vistos Lacan, algum tempo depois, ter-se-á diagnosticado com precisão com cancro do cólon, mas recusou fazer a operação por ter fobia a cirurgias.

No seu último ano, Lacan aparentou ser um homem cada vez mais isolado e confuso rodeado por um séquito familiar que supervisionava a dissolução da sua escola de prática psicanalítica e a apressada fundação de outra escola com a sua filha e genro no comando. O cancro do cólon fez o seu inexorável caminho e Lacan submeteu-se a uma operação na qual uma sutura mecânica foi introduzida. A sutura rompeu-se inesperadamente e Lacan sofreu de peritonite e a seguir de septicemia, tendo dores terríveis.

À semelhança do seu grande herói, Freud, foi-lhe administrada morfina e antes de ela fazer o seu trabalho, Lacan sussurrou as suas palavras finais: «Sou obstinado...estou a morrer.»

Theodor W. Adorno (1903–1969)
Tenho pensado em Adorno, Teddie para os amigos — «o teu velho Teddie» para os correspondentes mais íntimos —, muitas vezes enquanto escrevo este livro. No decurso do exílio da sua nativa Frankfurt, durante a Segunda Guerra Mundial, Adorno viveu quase oito anos em Brentwood, West Los

Angeles, a cinco quarteirões de onde escrevo estas palavras. Entre dezembro de 1941 e outubro de 1949, os Adorno viveram numa confortável casa na South Kenter Avenue, a uma facada de distância de onde «alegadamente» O. J. Simpson assassinou a ex-mulher.

Os anos que Adorno viveu em Los Angeles foram imensamente produtivos. Escreveu a *Dialektik der Aufklärung* com Max Horkheimer, acabou a *Filosofia da Música Moderna*, colaborou no projeto de investigação publicado como *A Personalidade Autoritária* e traçou os fragmentos maravilhosamente expressivos naquele que continua a ser o seu livro mais legível, *Minima Moralia*. De facto, é difícil pensar nas reflexões de Adorno sobre a cultura industrial e o capitalismo mercantil sem pensar no vazio endinheirado da ensolarada West Los Angeles. Essa luz solar projeta sombras nítidas e negras que são refratadas no melhor *film noir* de Hollywood daquele período.

Embora nunca o imaginássemos a partir do tom de purgatório que define a prosa de Adorno nessa fase (escreve que toda a ida ao cinema o deixava «mais estúpido e em pior estado»), Teddie e a sua tão atraiçoada mulher Gretel foram felizes em Brentwood. Passaram muito tempo com os Horkheimer e Thomas Mann, que viviam muito perto. Eram ativos na sociedade de Hollywood, conheceram figuras como Greta Garbo, e Teddie tinha a sua já habitual série de casos amorosos. Na verdade, Charlie Chaplin chegou a convidar Adorno para uma exibição privada do seu filme de 1947, *Monsieur Verdoux*. Após o jantar, Adorno tocou piano enquanto Chaplin o acompanhava numa paródia mímica gestual.

Foi talvez o «No» [Não] em «AdorNo» que precipitou o seu falecimento (Teddie Wiesengrund só assumiu o nome corso e católico da mãe quando se candidatou à cidadania norte-americana na Califórnia). Durante o drama político do movimento estudantil em Frankfurt, em 1968, Adorno viu ser-lhe apontado o seu criticismo pelos estudantes da esquerda radical. O seu «Não!» [*No*] crítico foi considerado uma recusa reacionária do carácter positivo da política revolucionária da ação direta. Numa carta a Samuel Beckett, Adorno escreveu: «O sentimento de ser subitamente atacado como um reacionário tem ao menos um tom de surpresa.»

A 22 de abril de 1969, no início da sua última lição, a questão atingiu o auge com um incidente que chocou profundamente Adorno. Dois jovens estudantes subiram à plataforma e insistiram que Adorno fizesse a autocrítica pública pelo facto de ter chamado a polícia para dispersar os estudantes de uma ocupação do Instituto para a Pesquisa Social e por participar nos processos judiciais contra um antigo estudante, Hans-Jürgen Krahl, que foi uma *cause célèbre* da esquerda radical por essa altura.

Um aluno escreveu no quadro negro: «Se Adorno for deixado em paz, o capitalismo nunca acabará.» Estava então rodeado por três alunas que o cobriram de pétalas e expuseram os seios enquanto faziam uma espécie de *performance* erótica. Muito longe de ser um puritano a nível sexual, noutras circunstâncias, talvez Teddie tivesse apreciado, mas, em lugar disso, escapou do anfiteatro num estado de ansiedade desesperada. Adorno nunca mais conseguiu retomar as suas aulas.

Física e mentalmente exausto, foi de férias com Gretel para a Suíça. Após uma vigorosa subida a um pico de 3000 metros, Adorno sofreu de palpitações cardíacas. Como precaução, Gretel levou-o a um hospital ali perto e regressou mais tarde ao hotel. No dia seguinte, soube que Adorno morrera repentinamente nessa manhã de um ataque cardíaco.

Para aqueles que estão familiarizados com a implacável negatividade crítica do trabalho de Adorno, não deixa de provocar um sorriso irónico sabermos que ele nasceu a 11 de setembro e morreu a 6 de agosto, o aniversário do bombardeamento de Hiroxima.

Em 1970, pouco antes da publicação da obra final e inacabada do marido, tão valorizada por ele, *Teoria Estética*, Gretel tentou o suicídio com comprimidos para dormir. Falhou, mas exigiu constante atenção até à sua morte, em 1993.

Emmanuel Levinas (1905-1995)

Num breve e lacónico inventário de notas autobiográficas chamado «Assinatura», Levinas diz que a sua vida fora «dominada pela memória do horror nazi». Originário da Lituânia e naturalizado cidadão francês, em 1930, Levinas perdeu grande parte dos familiares mais próximos da sua extensa família na Segunda Guerra Mundial. É bem provável que os nazis os tivessem assassinado durante os *pogroms* que começaram em junho de 1940 com a colaboração ativa e entusiástica dos nacionalistas lituanos.

No seguimento da queda de Paris, Levinas foi capturado pelos alemães em Rennes, em junho de 1940, e transferido para um campo em Magdeburgo, no Norte da Alemanha. Como Levinas era um oficial do exército francês, não foi enviado para nenhum campo de concentração, mas para um campo de prisioneiros militar, onde foi sujeito a trabalhos forçados na floresta durante cinco anos. A esposa e a filha de Levinas mudaram os seus nomes e ficaram escondidas num convento católico na periferia de Orléans. No final da Guerra, Levinas jurou nunca mais pisar solo alemão novamente.

Levinas lista os nomes dos membros assassinados da sua família na dedicatória em hebraico na sua segunda obra maior de filosofia, *Autrement qu'être ou au-delà de l'essence* (1974). No entanto, numa segunda dedicatória em francês, escreverá — e Levinas pensa neste caso, especificamente, na guerra do Vietname — para lembrar todos aqueles que foram mortos pelo «mesmo antissemitismo, o mesmo ódio do outro homem». Para Levinas, o antissemitismo é anti-humanismo e a lição moral do Holocausto é aprender a assumir responsabilidade pelo outro ser humano. Foi esta responsabilidade que sofreu um colapso total durante a Segunda Guerra Mundial e em outras tantas guerras.

Se a vida pessoal de Levinas foi dominada pela memória do horror nazi, também o foi a sua vida filosófica. Em 1928, Levinas estudou em Friburgo, onde fez uma apresentação no último seminário de Husserl e assistiu ao primeiro seminário do sucessor de Husserl, Heidegger. O seu tempo em Friburgo foi marcado por uma leitura intensa de *Ser e Tempo* de Heidegger. Como disse Levinas muitos anos depois: «Fui para Friburgo por causa de Husserl, mas descobri Heidegger.»

Nos anos que se seguiram, quando Levinas já regressara a França, planeou escrever uma obra introdutória a Heidegger, que seria a primeira em qualquer língua. Imagine-se, pois, o choque absoluto de Levinas ao descobrir que Heidegger se juntara ao Partido Nazi em 1933. Anos mais tarde, escreveu: «Podemos perdoar muitos alemães, mas há alemães a quem é difícil perdoar. É difícil perdoar Heidegger.» Levinas abandonou o livro sobre Heidegger e passou os anos seguintes a repensar a sua abordagem à filosofia e ao judaísmo.

Aceitando que existe de facto uma conexão fatal entre a filosofia de Heidegger e a sua política, a questão para Levinas prende-se com a maneira como a filosofia pode ser possível sem sofrer o mesmo destino. Como já vimos com Edith Stein, a morte é o conceito central que precisa de ser repensado. Em *Ser e Tempo*, Heidegger escreve que a morte é «a possibilidade da impossibilidade». Isto é, a minha morte é aquele limite à minha vida que eu devo assumir e compreender de modo a tornar-me autenticamente quem eu sou.

Levinas limita-se a inverter esta máxima e afirma que a morte é «a impossibilidade da possibilidade». Ou seja, a morte é algo que não pode ser previsto, representado ou até compreendido. A morte não é aquilo em virtude do qual o eu se torna autêntico, mas antes esse acontecimento sempre-desconhecido que estilhaça o enquadramento da minha vida e me deixa numa posição de impotência e passividade. Por outras palavras, para Levinas, a morte não é minha, mas algo alheio. Neste sentido, ele tenta construir uma ética que seja infinitamente aberta à surpresa de uma alteridade cuja expressão mais eloquente é a da outra pessoa.

Com uma ironia involuntária, o grande filósofo judeu morreu na véspera de Natal, em 1995. A oração fúnebre, «Adieu», esteve a cargo de Jacques Derrida, no enterro, quatro dias mais tarde. A causa foi provavelmente Alzheimer, embora não tenha sido confirmado devido a uma disputa longa e lamentavelmente belicosa entre o filho e a filha de Levinas em torno dos direitos aos seus bens.

Jean-Paul Sartre (1905–1980)
Um par de anos antes da sua morte, Sartre disse:

«A morte? Não penso nisso. Não tem lugar na minha vida, será sempre algo externo. Um dia, a minha vida acabará, mas não quero que a morte seja um fardo para a minha vida. Não quero que a minha morte entre na minha vida, nem a defina, quero sempre que seja um apelo à vida.»

Cego, desdentado, quase incapaz de trabalhar, com o corpo devastado por anos de abuso de álcool, tabaco e drogas, a história dos últimos anos de Sartre não é uma leitura agradável. Sartre parecia ter uma habilidade misteriosa — na verdade era mais um desejo — para se rodear de uma multidão de mulheres bonitas e frágeis que se tornaram financeiramente dependentes dele. Simone de Beauvoir, o «Castor», como Sartre sempre a chamou, manteve-se leal e fiel ao longo da sua vida. Na última das muitas emergências médicas que pontuaram a derradeira década da sua vida, perguntou ansiosamente a Beauvoir: «Como é que vais pagar as despesas do funeral?» Antes de entrar no coma final, com os olhos fechados, Sartre agarrou Beauvoir pelo pulso e disse: «Gosto muito de ti, querido Castor.»

Após a sua morte, Beauvoir e um grupo de amigos chegados ficaram ao pé do corpo de Sartre, recordando histórias, a chorar e a beber *whisky*. Beauvoir pediu então para ser deixada sozinha com Sartre. Os restantes saíram e, nas palavras de Hazel Rowley:

«Puxou os lençóis e foi deitar-se ao seu lado. "Não faça isso!", gritou-lhe uma assistente hospitalar. Uma enfermeira explicou-lhe: "É por causa da gangrena, senhora." Beauvoir não tinha percebido que as feridas estavam gangrenadas. A enfermeira deixou Beauvoir deitar-se por cima dos lençóis ao lado de Sartre. Estava tão drogada que chegou a adormecer por breves momentos. Às cinco da manhã, as assistentes hospitalares vieram e levaram Sartre.»

O presidente da França, Valéry Giscard d'Estaing, foi pessoalmente ao hospital e passou uma hora junto ao caixão de Sartre. Giscard recorda o momento numa história com um certo humor negro:

«No hospital, o diretor esperava por mim. Virei-me então para a esquerda e vi dois caixões. Mais ninguém apareceu. Lá fora, assistia-se a uma grande comoção, toda a gente falava sobre o funeral que ocorreria, supostamente, dois dias depois, mas ali estava eu, sozinho, ao lado do caixão de Sartre, num frio quarto de hospital. Ao sair, disse a mim mesmo que Sartre teria talvez apreciado a frieza da minha homenagem.»

Giscard contou inclusive aos amigos de Sartre que o governo francês iria pagar as despesas do funeral. Eles declinaram, e 50 000 pessoas assistiram ao funeral naquela que Claude Lanzmann descreveu como «a última das manifestações de 68». Os amigos de Sartre recusaram qualquer presença policial no funeral e ocorreram cenas caóticas, com um homem a cair para o buraco em cima do caixão de Sartre e grandes quantidades de flores a passarem de mão em mão para serem atiradas ao caixão.

Não obstante o ateísmo já axiomático da sua abordagem à filosofia e à própria vida, numa entrevista com Simone de Beauvoir, de 1974, Sartre fez este comentário curioso:

«Não sinto que seja um produto do acaso, uma partícula de poeira no universo, mas alguém que era esperado, preparado, pressuposto. Em suma, um ser que só o Criador podia colocar aqui; e esta ideia de uma mão criadora remete para Deus.»

Pensando bem, como me disse uma vez um aluno durante uma aula em que ensinava Hegel, as pessoas dizem todo o tipo de coisas quando estão embriagadas.

Simone de Beauvoir (1908–1986)
Beauvoir começou *Adieux — Um Adeus a Sartre*, o último livro que publicou ainda em vida, com as palavras:

«Este é o primeiro dos meus livros — sem dúvida, o único — que não terás lido antes de ser impresso.»

Como Sartre, Beauvoir faleceu de um edema pulmonar e mais de 5000 pessoas seguiram o cortejo fúnebre até ao cemitério de Montparnasse, onde as suas cinzas foram depositadas junto a Sartre. Partilham um túmulo de uma simplicidade elegante, sem inscrição ou decoração a não ser os seus próprios nomes e datas de nascimento e morte.

No entanto, a importância filosófica de Beauvoir nem sempre deve ser considerada pela lente do seu companheiro de toda a vida. Em *La Vieillesse* [A Velhice], um livro penetrante, ainda que algo depressivo, de 1970, ela transporta a análise existencial iniciada no pioneiro *O Segundo Sexo* (1949) ao tópico do envelhecimento. Aí escreve que a sociedade olha para a velhice como «um segredo vergonhoso indigno de menção». Beauvoir argumenta que não experimentamos a velhice de dentro, mas de fora. A velhice não é descoberta, é imposta de fora. Nas palavras de Stella Sandford:

> «Revela igualmente o erro fundamental — a ilusão patética — presente na afirmação "és tão velho quanto te sentes". Pelo contrário, és tão velho quanto os outros dizem que és.»

Envelhecer cria um hiato entre a nossa existência subjetiva e como essa existência é vista objetivamente. Na velhice, o nosso ser define-se pela maneira como cada um é visto pelos outros, independentemente da forma como nos sentimos subjetivamente. Este hiato entre o subjetivo e o objetivo não pode ser preenchido através de cirurgia cosmética. Pelo contrário, tais intervenções cirúrgicas transformam esse hiato num abismo grotesco de juventude manufaturada que vemos em bares e restaurantes em Los Angeles e noutros locais. É claro, podemos sempre mentir acerca da nossa idade, mas não será isto verdadeiramente a coisa mais triste do mundo, na medida em que é a negação do facto da nossa vida, do nosso passado e memória? Julgo que é pelo estigma associado à velhice que a nossa sociedade é mais digna de censura. Como escreve Beauvoir:

> «É todo o sistema que está em causa e a nossa reivindicação não pode ser outra senão radical — muda a própria vida.»

Hannah Arendt (1906-1975)
No seu inacabado e último livro, *A Vida do Espírito*, Arendt traça um retrato erudito e bastante cético da relação entre filosofia e morte. Ela medita longamente na perspetiva

clássica de que filosofar é aprender a morrer e cita as palavras de Zenão de Cítio de que o filósofo deve «assumir as cores dos mortos». Para Platão, mas também para Montaigne, Schopenhauer, e o antigo professor e amante Heidegger, a morte é o «génio inspirador da filosofia».

Arendt é crítica da prioridade dada à contemplação sobre a ação que define o mais elevado grau do filosofar na Antiguidade, aquilo a que ela chama de *vita contemplativa* (a vida contemplativa). O filósofo é um espectador ou turista no mundo das questões humanas, mas não um participante ativo nelas. Neste sentido, a conhecida distração do filósofo é um afastamento daquilo a que Arendt chamou de *vita activa*, a vida de ação em comunhão com os outros. A vida contemplativa é uma espécie de morte dentro da vida e uma morte viva.

Embora Arendt reconheça e aceite que a atividade do pensamento contemplativo é essencial para a vida do espírito, para ela o que conta é a ação no mundo e a análise concreta desse mundo. É isto que Arendt alcança com tremenda força intelectual em livros que precedem *A Vida do Espírito*, de *As Origens do Totalitarismo* (1951), passando por *Eichmann em Jerusalém* (1963) até *Sobre a Violência* (1970). Ela conta a história pela qual este livro teve início, a da rapariga trácia que rebenta de tanto rir quando vê Tales, o pensador profissional, cair dentro de um poço porque olhava as estrelas.

Esta é claramente uma parábola autobiográfica da parte de Arendt: ela é a rapariga trácia, Heidegger, o pensador profissional. A moral desta história está no facto de, se considerarmos a vida política de uma distância filosófica contemplativa, acabamos inevitavelmente por ver as pessoas mais como uma populaça a ser controlada mediante uma forma ou outra de autoritarismo do que como uma pluralidade humana que deve ser participada e celebrada. Por outras palavras, o filósofo até pode ser um perito no pensamento, mas não no juízo, em especial do juízo político.

Pese embora tivesse problemas de angina de peito desde 1971, e sofresse um ataque cardíaco quase fatal no ano antes da sua morte, Arendt disse a Mary McCarthy: «De certeza que não vou viver para a minha saúde.» Continuou a ser uma fumadora inveterada e assumiu demasiados compromissos para falar.

No dia anterior ao Dia de Ação de Graças de 1975, quando regressava ao seu apartamento em Manhattan, Arendt tropeçou num buraco na estrada ao sair de um táxi. Estava com algumas dores e marcou uma consulta num médico, mas cancelou devido ao horrível tempo de Nova Iorque. Os seus amigos Salo e Jeanette Baron apareceram para jantar dois dias depois. Enquanto servia o café depois do jantar, Arendt teve um curto ataque de tosse e perdeu a consciência. Morreu de ataque cardíaco.

Após a sua morte, foi encontrada uma folha de papel na sua máquina de escrever. Estava em branco com exceção de uma palavra, «Julgar», que seria o tópico da terceira e última parte de *A Vida do Espírito*. Ela acabara a segunda parte sobre o «Querer» no sábado anterior à sua morte. É particularmente comovente o facto de os últimos parágrafos que Arendt escreveu serem um panegírico a Santo Agostinho, o tema da sua tese de doutoramento em 1929. Num tom algo sarcástico, nota que Agostinho foi «o único filósofo que os romanos tiveram».

Isto conduziu-a a uma discussão sobre a *natalidade*, um tema vital no seu trabalho. Escreve ela: «O propósito da criação do homem foi tornar possível um início.» Arendt olhava com desconfiança — e talvez com razão — para a contínua ênfase dada à mortalidade que encontramos na filosofia antiga e moderna. As meditações filosóficas sobre a morte são todas muito úteis, mas que justiça fazem ao fenómeno da vida se não deixam espaço para a questão do nascimento, do poder de dar início? Talvez isto possa inspirar alguém a escrever a contraparte a este livro sobre o nascimento dos filósofos.

Maurice Merleau-Ponty (1908-1961)
Conta-se uma história do último encontro entre Lacan e Merleau-Ponty, que eram amigos íntimos. Encontraram-se na casa de campo de Lacan, na periferia de Paris, dois dias antes da morte prematura de Merleau-Ponty, aos cinquenta e três anos. Os dois estiveram a apanhar lírios no vale para o Primeiro de Maio. Os lírios, é claro, são a flor tradicional da morte e a sua presença nos funerais procura simbolizar a inocência restaurada dos defuntos. Madeleine Chapsal disse de Merleau-Ponty:

> «A última imagem que tenho dele é de o ver de pé na parte traseira do autocarro n.º 63. Na sua lapela tinha um rebento de lírio-do-vale que Lacan lhe oferecera e dizia-me adeus com a mão.»

Merleau-Ponty morreu de repente de uma trombose coronária dois dias mais tarde. Paul Ricoeur descreveu a sua morte como «a mais improvável de todas, que *avait coupé la parole* [o deixou sem palavras]». Deixou-nos a parte principal de um manuscrito chamado O *Visível e o Invisível*, que prometia ser o seu trabalho mais original e desafiante.

Para Merleau-Ponty, a verdadeira filosofia consiste em reaprender a ver o mundo. O que isto significa é indicado num admirável ensaio sobre Cézanne que surgiu no ano da sua morte. Merleau-Ponty mostra que as pinturas de Cézanne — pensemos nas repetidas versões do Monte Sainte-Victoire, na Provença — não nos remetem para qualquer domínio transcendente para lá das aparências ou atrás das cenas. Pelo contrário, a arte de Cézanne devolve-nos ao mundo no qual vivemos, mas momentaneamente livre do peso do hábito e da cegueira da rotina quotidiana. A filosofia deve tentar fazer algo semelhante, voltar-nos para o que Merleau-Ponty chamava «a fé percetiva» da nossa abertura ao mundo.

Diz-se que Merleau-Ponty foi encontrado morto no seu gabinete com o rosto caído sobre um livro de Descartes. Para voltar ao termo usado por Ricoeur, isto é também algo improvável. O gosto filosófico de Merleau-Ponty pendia muito mais para Montaigne do que para Descartes. Num artigo sobre Montaigne que foi igualmente publicado no ano anterior à morte de Merleau-Ponty, ele escreve que a finalidade da meditação na morte não é a melancolia. Pelo contrário, «ao conhecer-se a morte em toda a sua nudez, a vida revela-se completamente». De forma paradoxal, os avisos da mortalidade permitem-nos captar essa acidental, mas preciosa, porção de existência que é a nossa vida. O remédio para a morte não é fugir em pânico, mas ultrapassá-la e regressar à nossa vitalidade elementar.

Willard van Orman Quine (1908–2000)
Quine foi um filósofo de enorme influência profissional e considerável humor linguístico (veja-se o seu divertido *Quiddities* de 1987). Do ponto de vista filosófico, Quine era

um naturalista, o que significa que acreditava que cabia à ciência a tarefa de explicar o que existe e como existe. Como tal, rejeitava qualquer ideia de metafísica ou tentativa de fundar a atividade científica em algo que não ela própria. Neste sentido, o alcance da filosofia é dramaticamente encurtado: a filosofia, quando bem feita, é simplesmente ciência.

Talvez sabiamente, Quine parece não ter proferido nenhuma opinião sobre a morte, embora tenha substituído o ponto de interrogação da sua máquina de escrever por um símbolo matemático.

Morreu após um breve período de doença, no dia de Natal de 2000. Numa conferência de homenagem feita em Harvard, em 2001, a sua filha, Norma, fez o seguinte apontamento sobre o pai: «Famosas palavras finais: *To be continued.*»

Simone Weil (1909–1943)
Para Schopenhauer, a única forma permitida de suicídio é a morte por inanição do asceta. Escreve ele:

> «O mais elevado grau de ascetismo, a total negação da consciência temporal, é a *morte voluntária* por inanição.»

Para alcançar uma morte deste tipo — que é verdadeiramente a morte de um santo — é preciso cumprir duas condições. Primeiro, tem de haver uma completa renúncia da vontade. Se o suicídio é um ato da vontade, então o indivíduo mantém-se preso nas ilusões da vida voluntária no mundo da representação. Segundo, a inanição ascética precisa de ter alcançado o mais alto grau de sabedoria filosófica antes de ele ou ela poderem morrer. O santo também deve ser um filósofo. Não há dúvida de que Simone Weil mais do que cumpria ambas as condições.

Após ensinar filosofia numa escola para raparigas, trabalhar numa fábrica de automóveis, servir numa unidade anarquista na Guerra Civil Espanhola e trabalhar como agricultora numa quinta depois de fugir de Paris, em 1940, Weil deixou Marselha para Nova Iorque, em 1942, num dos últimos comboios a deixar França. Depois de estudar intensamente na Biblioteca Pública de Nova Iorque, ansiava por ir para Londres e trabalhar para a Resistência. Quando chegou a Londres, Weil recusou comer mais do que a ração oficial na França ocupada. Devido a má nutrição e excesso de trabalho, sofreu um colapso físico. Enquanto estava no hospital de Middlesex, no Norte de Londres, descobriu-se que Weil sofria de tuberculose. Faleceu alguns meses mais tarde num sanatório em Ashford, em Kent.

Weil manteve volumosos cadernos de notas que mostram a extraordinária variedade e ecletismo das suas leituras e o desenvolvimento de uma posição teológica única: um cristianismo heterodoxo e gnóstico que nos pede que esperemos por um Deus quase ausente.

Ao considerarmos a sua morte por inanição, é doloroso que a última entrada nos cadernos tenha sido sobre a dimensão espiritual da comida, mencionando iguarias como o pudim de Natal ou os ovos da Páscoa. Naquela que é possivelmente a sua última frase escrita, Weil escreveu: «A alegria e a significação espiritual da festividade reside na guloseima [*la friadise*] que lhe é particular.»

Rowan Williams, arcebispo de Canterbury, escreve em «Simone Weil at Ashford»:

> «... *e se não posso caminhar como deus, pelo menos posso ser ligeira e faminta, esvaziando as minhas entranhas até ser um osso que o deus sentencioso pode tocar.*»

Alfred Jules Ayer (1910-1989)

Talvez fosse possível dizer que estou a prestar neste livro um mau serviço à filosofia analítica, o estilo da filosofia que domina as universidades do mundo anglófono. É verdade que, em particular nas últimas etapas deste livro, são os pensadores continentais que predominam.

Ao passo que, em certa medida, isto se deva aos meus próprios caprichos intelectuais que eu posso adornar com a capa de um especialismo académico, há ainda uma razão mais interessante. Quando consideramos filósofos analíticos influentes como Quine, Donald Davidson ou John Rawls, torna-se claro que eles levavam maravilhosas vidas de sucesso e influência e que morrem de uma forma pouco dramática sem qualquer relação com as suas conceções filosóficas.

Por outro lado, se considerarmos os filósofos continentais como Arendt, Foucault ou Derrida, não é tanto o caso de terem vivido vidas mais complexas e interessantes, e tenham tido mortes mais dramáticas, mas antes porque a fronteira entre filosofia e vida é muito mais difícil de traçar. São pensadores para quem a filosofia tinha um efeito transformador nas suas vidas, um efeito que sobrevive nas vidas dos seus leitores. Além disso, as pessoas estão — talvez por razões não muito virtuosas — simplesmente intrigadas pela vida e morte de um Sartre ou de um Althusser.

A ideia de que a filosofia é algo transformador ou disruptivo do eu é, como vimos acima, um lugar-comum na e depois da Antiguidade. Nesta medida, sentenças de morte, exílio ou castigos impostos aos filósofos parecem responder a uma profunda necessidade de que a filosofia e a vida devem encaixar-se, embora o seu poder transformador possa custar a própria vida. Neste sentido, Alasdair MacIntyre está seguramente certo quando escreve:

> «Aprisionar a filosofia nas profissionalizações e especializações de um currículo institucionalizado, à maneira da nossa cultura norte-americana e europeia contemporânea, é indiscutivelmente muito mais eficaz em neutralizar os seus efeitos do que a censura religiosa ou o terror político.»

O efeito da profissionalização da filosofia reside no sentimento de que ela não importa e não deve importar para a conduta de cada um na vida. A filosofia deve aspirar à impessoalidade da ciência natural. Nada mais. A filosofia é uma disciplina académica tecnicamente complexa com os seus próprios critérios internos de excelência e deve ser mantida à margem das outras disciplinas humanísticas e da indecorosa desordem da vida privada e pública. Não será preciso dizer que esta é uma visão que procurei combater neste livro.

Além de Wittgenstein e Russell, a gloriosa exceção ao que acabei de afirmar sobre as vidas dos filósofos analíticos é A. J. Ayer, «Freddie» para os amigos. Isto não deixa de ser paradoxal, pois Ayer, mais do que outro qualquer, procurou separar a filosofia da vida. Ben Rogers conta a história da conversa entre Ayer e Isaiah Berlin enquanto caminhavam em Oxford, nos anos 30. Discutiam a natureza e alcance da filosofia. Ayer afirma:

> «Existe a filosofia, que trata da análise conceptual — sobre o sentido do que dizemos — e há tudo *isto* [com um varrer frenético das mãos], toda esta vida.»

São inúmeras as histórias sobre Ayer. Muita gente conhece o incidente em que Ayer confrontou Mike Tyson, por essa altura campeão do mundo de boxe na categoria de pesos-pesados. Ocorreu em Manhattan, numa festa dada por Fernando Sánchez, um *designer* de moda de roupa interior (não são muitos os filósofos que são convidados para festas de um *designer* de roupa interior). Enquanto Ayer falava com um grupo de modelos, uma mulher surgiu de repente dizendo que uma amiga estava a ser atacada na sala ao lado. Ayer foi em salvação e descobriu Mike Tyson a tentar agarrar à força a jovem modelo britânica chamada Naomi Campbell. Ayer advertiu Tyson para que tirasse as mãos de cima dela, ao que Tyson respondeu: «Sabes quem sou eu, foda-se? Sou o campeão do mundo de pesos-pesados.» Ayer respondeu, sem hesitar um segundo: «E eu sou o ex-detentor da cátedra Wykeham de Lógica. Somos ambos eminentes nas nossas áreas; sugiro que discutamos isto como homens racionais.» Altura em que Naomi Campbell já escapara das garras de Tyson.

Poucas pessoas conhecem a experiência de quase-morte de Freddie Ayer. É difícil pensar num filósofo mais resolutamente ateu, ou um mais sincero. (Quando Brian Magee, em meados dos anos 70, lhe perguntou qual era, na sua opinião, o principal defeito do seu livro de grande sucesso e imensamente lido, de 1936, *Language, Truth and Logic* [Linguagem, Verdade e Lógica], respondeu calmamente: «Bem, suponho que o mais importante defeito foi o facto de quase tudo nele ser falso.») No ano anterior à sua morte, após recuperar de uma pneumonia no University College Hospital, em Londres, Ayer engasgou-se com um pedaço de salmão, perdeu a consciência e esteve tecnicamente morto. O coração havia parado por quatro minutos até que foi reanimado. Um dia mais tarde, já tinha recuperado e falava alegremente sobre o que ocorrera durante a sua morte. Viu uma luz vermelha que estava aparentemente encarregada do governo do universo. Conheceu ministros que tinham a seu cargo o espaço, embora não tivessem feito convenientemente o seu trabalho, pelo que o espaço, como o tempo em Hamlet, «estava ligeiramente fora dos eixos». Os ministros para o espaço estavam estranhamente ausentes, mas Ayer podia ver os ministros encarregados do tempo à distância. Ayer, então, conta que se lembrou subitamente da noção de Einstein de que o espaço e o tempo eram uma e a mesma coisa e tentou chamar a atenção dos ministros do tempo andando para cima e para baixo e agitando o seu relógio e corrente. De nada serviu, porém, e Ayer ficou cada vez mais desesperado e recuperou em seguida a consciência. Ayer ficou perturbado com a experiência, e num artigo para o *Sunday Telegraph* sugeriu que ela fornecia «provas bastante fortes de que a morte não punha fim à consciência».

Consta que Ayer experienciou um período de ressurreição após a sua morte e tornou-se uma companhia muito mais agradável do que anteriormente. A sua esposa, Dee, disse a Jonathan Miller, que «Freddie tornou-se muito mais gentil desde que faleceu». Teve uma morte de filósofo no ano seguinte, aparentemente tão calmo e alegre quanto Hume até ao fim.

Albert Camus (1913–1960)

Ficou célebre o início de *O Mito de Sísifo* onde se lê: «só há um problema filosófico verdadeiramente sério: o suicídio.» Camus parece responder à questão cinquenta páginas mais tarde asseverando: «No entanto, do que se trata é de viver.»

Desgraçadamente, Camus morreu num acidente de automóvel sem sentido, em 1960, três anos depois de receber o Prémio Nobel de Literatura com quarenta e quatro anos. Disse certa vez que não conseguia imaginar uma morte mais insignificante do que morrer num acidente de automóvel. É essa talvez a forma arbitrária do absurdo que Camus descreve tão eloquentemente.

Paul Ricœur (1913-2005)
O grande e amável hermenêutico morreu tranquilamente e sem incidentes durante o sono aos noventa e dois anos.

Roland Barthes (1915-1980)
O autor do famoso ensaio «A Morte do Autor» morreu como Camus, na sequência de um acidente rodoviário. Barthes saiu do passeio e foi atropelado por uma carrinha de uma lavandaria numa rua no exterior do Colégio de França, em Paris, onde ensinava. Tinha acabado de almoçar com Jack Lang, o futuro ministro da Cultura.

A morte de Barthes possui um aspeto inquietante. Nos últimos meses antes do acidente, gostava de citar o verso de Michelet, «La Vieillesse, ce lent suicide» [«A velhice, esse lento suicídio»]. Barthes tornou-se cada vez mais mórbido e depressivo desde a morte da sua mãe, no verão anterior ao seu acidente. Ao longo da sua vida, foi excessivamente próximo da mãe e, ao que parece, o nome «Roland» estava constantemente nos lábios dela. Embora Roland tivesse de esconder dela a sua homossexualidade, parece que quando ela morreu algo morreu nele e perdeu o desejo de continuar a viver. Após o acidente, deixou praticamente de comunicar e, segundo Hervé Algalarrondo, deixou-se simplesmente morrer.

Donald Davidson (1917-2003)

Uma questão que vimos emergir neste livro foi se o inelutável advento da conceção científica do mundo deixa um espaço aberto para a liberdade humana. Será possível reconciliar a ideia de natureza governada por leis físicas determinísticas com a experiência da autonomia humana? São as nossas ações simplesmente os efeitos de causas físicas? Vimos acima que Kant procurou preservar a autoridade da ciência enquanto insistia na primazia da autonomia humana.

Davidson faz uma defesa vigorosa e atualizada da posição de Kant com a ideia daquilo a que chama «monismo anómalo». Esta visão defende uma conceção materialista integral do que existe, em que os acontecimentos mais não são do que a «matéria e movimento» de Hobbes governados por leis físicas. No entanto, esta não explica definitivamente o que Davidson designa por «o anomalismo do mental», o que Kant chamou de um modo mais elegante «o pensamento da liberdade». Escreve Davidson:

> «Mesmo se alguém soubesse toda a história física do mundo, e todos os eventos mentais fossem idênticos a um [evento] físico, não se concluiria que ele conseguiria prever ou explicar um único evento mental.»

Os eventos mentais não podem ser explicados definitivamente por meio da ciência física à maneira de um materialismo redutor. Pelo contrário, a liberdade humana é anómala relativamente à matéria e ao movimento. Isto significa que a liberdade e o determinismo não puxam para lados opostos, mas estão, nas palavras de Kant, «necessariamente unidos no mesmo sujeito». Desta noção conclui-se que, embora a morte seja um evento com uma causa inegavelmente física, a nossa atitude para com ela não é redutível a essa causa ou explicada em definitivo por meio dessa causa. É prova do anomalismo do mental que possamos saber que a morte tem uma causa física e, em simultâneo, que o seu significado dependa da nossa atitude livremente escolhida para com ela.

Davidson faleceu após uma paragem cardíaca na sequência de uma cirurgia ao joelho quando tinha oitenta e seis anos. Teve uma vida ativa — na verdade, vital. Arriscou a vida enquanto jovem quando serviu na marinha dos Estados Unidos, durante três anos e meio como instrutor especializado de artilheiros e pilotos, ajudando-os a identificar aviões inimigos. Participou ainda nas invasões da Sicília, Salerno e Anzio. Quando Ernie Lepore lhe perguntou quais as suas impressões da neblina de guerra [*fog of war*], disse:

> «Eu não gosto de arriscar a minha vida e o que fazia naquela altura era muito perigoso. Mais de metade dos navios da flotilha afundaram com toda a gente a bordo. Tive sorte. Detesto a ideia de ser morto. Não lutava assim tanto; detestava profundamente o conceito. Nestes navios, quase toda a gente estava confusa e tudo era confuso.»

Lepore conta ainda que a primeira vez que conheceu Davidson, em meados dos anos 70, ele lhe pediu que o acompanhasse a uma conferência numa filial da Universidade do Minnesota. Uma vez no ar, Davidson pediu se podia assumir os controlos do pequeno avião de passageiros. Pilotou na ida e na volta.

Louis Althusser (1918-1990)

De 1938 em diante, Althusser sofreu de terríveis ataques de melancolia que, pelos vistos, ocorriam todos os meses de fevereiro. Foi hospitalizado por quatro anos num campo de prisioneiros de guerra durante a Segunda Guerra Mundial. A vida de Althusser foi uma longa luta contra a doença mental que terminou, não com o suicídio, que por vezes ameaçou cometer, mas num pranto pelo assassinato da sua mulher, Hélène Rytman, uma judia que fora ativa na Resistência francesa.

Na sua autobiografia, *L'avenir dure longtemps; Les faits* [O Futuro Dura Muito Tempo; os Factos], faz-nos um arrepiante relato do homicídio. Numa manhã cinzenta de novembro, em 1980, Althusser e a mulher dormiam no seu apartamento na École Normale Supériere, em Paris. Althusser acordou e lembra-se de ajoelhar-se ao lado da sua esposa e massajar-lhe o pescoço em silêncio. Aparentemente, massajava o corpo da mulher com frequência, usando uma técnica que aprendera no cativeiro com alguém chamado Clerc, um futebolista profissional. Althusser recorda:

> «Coloquei os dois polegares na cavidade do pescoço dela... um polegar à esquerda, um polegar à direita... Massajei movimentando os dedos em V. Sentia uma grande fadiga muscular nos meus antebraços. Dar massagens sempre me causou dor nos antebraços. A face de Hélène estava imóvel e serena, os olhos abertos fixavam o teto. De súbito, fiquei varado de terror. Os olhos continuavam fixados e notei que a língua pendia para fora, entre os dentes e os lábios, de uma forma insólita embora pacífica. Eu já vira cadáveres, mas nunca o rosto de alguém estrangulado. E, no entanto, soube

logo que isto era alguém que tinha sido estrangulado. Mas como? Endireitei-me e gritei: "estrangulei Hélène!"»

Mas como, de facto. Devemos acreditar no testemunho de Althusser? Era claro que ele e Hélène viviam naquilo que Althusser descreve como «o nosso inferno», sem atender a porta ou o telefone e vivendo numa dieta de antidepressivos. Uma revista médica francesa descreveu o homicídio de Hélène como um caso de «homicídio altruísta». Isto aparenta ser mais do que um pouco generoso. Porém, Althusser foi considerado incapaz de enfrentar um julgamento e foi internado no hospital psiquiátrico de Sainte-Anne.

Após a sua saída, em 1983, Althusser deixou de escrever, excetuando a sua autobiografia. Morreu após falha cardíaca sete anos depois.

John Rawls (1921-2002)

Para alguns, Rawls é o mais importante filósofo político do século XX. Deslizou para trás do véu de ignorância após um ataque cardíaco, mas já não estava bem desde um enfarte, em 1995.

A experiência da guerra teve um efeito profundo e transformador em muitos dos filósofos que discutimos aqui. No seu estilo quase penosamente contido, também isto foi verdade para Rawls. Em 1990, o fotógrafo Stephen Pyke pediu-lhe que resumisse em cinquenta palavras a sua ideia do significado da filosofia. Rawls escreveu:

«Desde o início dos meus estudos em filosofia, no final da minha adolescência, que me preocupei com problemas morais, e com os fundamentos religiosos e filosóficos sobre os quais eles poderiam ser respondidos. Três anos passados no exército dos Estados Unidos, na Segunda Guerra Mundial, fizerem com que me preocupasse igualmente com questões políticas. Por volta de 1950, comecei a escrever um livro sobre a justiça, que acabei por concluir.»

Isto são umas incríveis setenta palavras. Rawls testemunhou o conflito sangrento entre os Estados Unidos e o Japão no Sul do Pacífico e o rescaldo da bomba atómica de Hiroxima, um acontecimento que considerou imoral. É claro que o livro a que Rawls faz alusão é *Uma Teoria da Justiça*, de 1971. A conceção de justiça como equidade, e a sua visão de uma sociedade bem ordenada como um consenso alargado de pessoas com diferentes conceções do bem dentro de um quadro de direitos básicos e liberdades, teve um impacto enorme nos políticos liberais e sociais-democratas, nos anos 80 e 90. Isto culminou com a atribuição da Medalha da Liberdade a Rawls pelo presidente Bill Clinton, em 1999. É um tanto ou quanto improvável que Rawls fosse leitura de cabeceira para o sucessor de Clinton.

Jean-François Lyotard (1924–1998)
Nas *Confissões*, Santo Agostinho escreve:

> «Tu, porém, Senhor meu Deus, escuta-me, volta para mim o teu olhar, e vê-me, e compadece-te de mim, e cura-me, tu, a cujos olhos me tornei para mim mesmo numa interrogação, e é essa a minha doença.»[56]

---

[56] Tradução portuguesa: *Confissões*, tradução Arnaldo do Espírito Santo, João Beato e Maria Cristina de Castro-Maia de Sousa Pimentel 2.ª edição (Lisboa: I.N.C.M, 2004), §50. *(N. do T.)*

As palavras de Agostinho são citadas no derradeiro, inacabado e notável texto de Lyotard, publicado postumamente, *As Confissões de Agostinho*, um texto profundamente cristão para um declarado pagão. Para Agostinho, a minha enfermidade é a interrogação em que me tornei para mim mesmo na relação com o Deus que volta para mim o seu olhar, que me pode curar e tem compaixão por mim, mas que não consigo conhecer e cuja graça não me é garantida. As questões que coloco a Deus fazem de mim uma questão para mim mesmo. Acrescenta Lyotard, sentenciosamente:

> «*Lagaros*, lânguido, sugere em grego uma disposição para a moleza, uma tendência para: que adianta? O gesto relaxa então. A minha vida, aqui está: *distentio*, deixar andar, estender-me. Duração torna-se lassidão, é a sua natureza.»

A experiência de languidez, para Lyotard, prende-se não só com a moleza, com a sua qualidade lânguida à medida que vai esgotando o ser, mas igualmente com o tempo como distensão, como estender-se, procrastinação. Na languidez, sofro de um atraso relativamente a mim mesmo, o meu sofrimento é experienciado como aquilo a que Lyotard chama «espera»: «As *Confissões* são escritas sob o signo temporal da espera.» O peso do passado faz-me esperar, e esperando, elangueço. Torno-me velho; usarei os fundos das minhas calças dobrados. Estou cheio de ânsia.

Lyotard, próximo da morte por leucemia no momento em que escrevia, cita a passagem acima de Agostinho pela segunda vez, e acrescenta:

> «... *ipse est languor meus*, esta é a minha languidez. Reside nisto toda a vantagem da fé: tornar-me um enigma

para mim mesmo, envelhecer, esperar por uma solução, a resolução vinda do Outro. Tem piedade de mim, Javé, pois enlanguesço. Cura-me, pois os meus ossos estão gastos.»

Frantz Fanon (1925-1961)

A 7 de dezembro de 1961, o *New York Times* publicou um curto obituário de oitenta palavras de Fanon que começa assim:

> Nações Unidas, Nova Iorque, 6 de dezembro — Soube-se que o dr. Frantz Omar Fanon, um líder da Frente de Libertação Nacional argelina, morreu hoje de leucemia no National Institutes of Health em Bethesda, Maryland. Tinha 37 anos.

Assim como é revelador de quão pouco o *New York Times* sabia acerca de Fanon, este obituário levanta a questão óbvia: que raio estava Fanon — o herói das lutas pela libertação anticolonial e crítico severo de todas as formas de racismo e imperialismo — a fazer num hospital mesmo à saída de Washington?

Fanon fora diagnosticado com leucemia, em Tunes, no final de 1960. Incapaz de encontrar tratamento adequado no Norte de África, Fanon recusou-se inicialmente a viajar para os Estados Unidos, que ele via como a terra dos linchamentos e racismo, preferindo viajar para Moscovo. Quando voltou a Tunes, começou a ditar o seu segundo grande livro, *Os Condenados da Terra*, à sua esposa Josie. Embora escrito com a «pressa lamentável» de um moribundo, como Fanon o descreveu, este livro extraordinariamente apaixonado tornou-se a chamada «Bíblia do Terceiro-Mundismo».

Fanon sofreu uma recaída severa em outubro de 1961. Exausto, macilento e sem conseguir falar, viajou inicialmente para Roma, onde Sartre o encontrou pela última vez. Sartre escreveu um prefácio controverso a *Os Condenados da Terra*, que a mulher de Fanon conseguiu retirar de algumas edições posteriores do livro.

Com a ajuda de Ollie Iselin, uma agente da CIA no Norte de África, Fanon voou para os Estado Unidos, a 3 de outubro de 1961. Apesar dos esforços dos médicos norte-americanos, a condição de Fanon piorou. Leu as primeiras críticas, favoráveis, de *Os Condenados da Terra*, dizendo: «Isso não me vai trazer a minha medula óssea de volta.» Há alguns que insistem que Fanon foi executado pela CIA. Pese embora existam poucas provas que sustentem esta tese, detalhes destes parecem nunca se interpor no caminho de uma boa teoria da conspiração.

O corpo de Fanon foi trazido de volta para Tunes num *Lockheed Electra II*. O seu último desejo foi ser sepultado em solo argelino, no país para o qual se mudou, em 1953, e cuja luta pela libertação da França consumiu os anos finais da sua vida. A 12 de dezembro, uma pequena coluna de camaradas da FNL (*Front de Libération Nationale*) transportou o seu corpo através da fronteira tunisina para a Argélia, onde foi enterrado com todas as honras a uns meros 600 metros do limite territorial argelino.

No dia em que a notícia da morte de Fanon chegou a Paris, todos os exemplares de *Os Condenados da Terra* foram apreendidos pela polícia, porque se acreditava que o livro era uma ameaça à segurança nacional.

Gilles Deleuze (1925–1995)

No centro do trabalho de Deleuze está um conceito de vida que não é simplesmente orgânico. Escreve que «são os organismos que morrem, não a vida». Deleuze é um pensador vitalista na tradição de Bergson e Nietzsche, uma tradição que, nas palavras de Espinosa (Deleuze designa Espinosa como «o Cristo dos filósofos»), «em nada pensa menos que na morte». Esta vida é sentida afetivamente através da experiência da criação afirmativa, uma intensidade que produz o sentimento de alegria.

Como compreender, então, a morte de Deleuze por defenestração no seu apartamento de Paris? Ao que parece, a defenestração não é incomum em pacientes que sofrem de enfisema, como Deleuze. Sentem-se sufocados, a afogar-se na verdade, e ficam desesperados por ar. Num impulso súbito, uma queda a alta velocidade parece ser uma forma de forçar o ar a entrar nos pulmões, que tentam desesperadamente engolir uma golfada de vida. (Pelos vistos, é por esta razão que as alas das unidades respiratórias dos hospitais estão tipicamente localizadas no primeiro andar ou possuem barras nas janelas.)

Deleuze não atribuía especial importância à sua autobiografia e declarava, com razão, que as vidas dos académicos raramente tinham algum interesse. O seu colega de longa data em Paris, Lyotard, disse exatamente o que devia ser dito após a sua defenestração num fax enviado ao *Le Monde*:

> «Ele era demasiado forte para experienciar desapontamentos e ressentimentos — afeções negativas. Neste *fin-de-siècle* niilista, ele era afirmação. Até em relação à doença e à morte. Porquê falar dele no passado? Ele ria. Ele ri. Ele está aqui. É a tua tristeza, idiota, diria ele.»

Michel Foucault (1926–1984)

Foucault previu que «talvez um dia este século venha a ser conhecido como deleuziano». Deleuze devolveu o elogio publicando um livro sobre Foucault dois anos depois da morte deste. Foucault gostava da observação do poeta francês René Char «desenvolve a tua estranheza legítima» e foi capaz de aplicar isto teoreticamente e na prática numa série de visitas à Universidade da Califórnia, em Berkeley, nos finais da década de 70 e inícios da de 80. Foucault adorava a abertura da cultura *gay* em São Francisco. Em Los Angeles, numa entrevista a um jornal *gay*, *The Advocate*, Foucault disse:

> «A sexualidade é parte do nosso comportamento. É parte da liberdade do nosso mundo. A sexualidade é algo que nós próprios criamos. É a nossa própria criação, e muito mais do que a descoberta do lado secreto do nosso desejo. Temos de compreender que os nossos desejos implicam novas formas de relação, novas formas de amor, novas formas de criação. O sexo não é uma fatalidade; é uma possibilidade para a vida criativa. Não é suficiente afirmar que somos *gays*, mas temos ainda de criar uma forma de vida *gay*.»

Ao mesmo tempo, Foucault ia desenvolvendo as ideias sobre a formação do eu e os usos do prazer que encontraram expressão no segundo e terceiro volumes da *História da Sexualidade*. Em particular, preocupava-se bastante com a ideia do cuidado de si helenístico e romano e com as técnicas de autodomínio presentes no mundo pagão prévio à emergência do cristianismo. Foucault documentou cuidadosamente as práticas alimentares, económicas, filosóficas e sexuais relativamente às quais os eus se formavam e gozavam os seus prazeres.

É verdade que a liberdade é o conceito central na obra de Foucault, mas não se trata aqui de uma mera abstração filosófica ou retórica política. O que interessava Foucault era o cuidado de si como prática da liberdade, como algo formado e desenvolvido: uma estranheza legítima.

Podemos talvez perguntar: qual a diferença entre paganismo e cristianismo? Foucault estabelece uma distinção entre o que ele chama de «hermenêutica do desejo» cristã e «estética da existência» pagã. Num seminário na Universidade de Nova Iorque, em 1980, Foucault parece ter dito que a diferença entre Antiguidade tardia e cristianismo primitivo pode ser reduzida às seguintes questões: o patrício pagão pergunta: «Dado ser quem sou, quem é que posso foder?» Isto é, dado o meu estatuto na sociedade, quem é que seria apropriado tomar como meu amante, que rapariga ou rapaz, mulher ou homem? Em contraste, o cristão pergunta: «Dado que não posso foder ninguém, quem sou eu?» Isto é, para os cristãos, a questão do que significa ser humano surge primeiramente aos olhos de Deus. Para pensadores como Paulo e Agostinho, é em relação à perfeição de Deus que eu me torno consciente de mim mesmo como imperfeito e pecador e começo a desenvolver a autoconsciência profunda da má consciência.

Foucault foi hospitalizado pela primeira vez em junho de 1984 com os sintomas de uma gripe desagradável e persistente, fadiga, tosse horrível e enxaqueca. «É como estar no meio de uma neblina», afirmou. No entanto, Foucault não afrouxou o seu incansável ritmo de pesquisa e continuou a trabalhar até ao fim no segundo e terceiro volumes da *História da Sexualidade*, que foi publicada pouco antes da sua morte. Embora tenha sido uma das primeiras vítimas do vírus, parece que Foucault sabia que tinha SIDA. O seu amigo, o historiador clássico Paul Veyne, disse:

«Foucault não tinha medo da morte, como por vezes disse a amigos, quando a conversa se desviava para o suicídio, e os acontecimentos provaram, ainda que de uma forma diferente, que ele não se estava a vangloriar. Ainda que de uma outra forma, a sabedoria antiga tornou-se uma questão pessoal para ele. Ao longo dos últimos oito meses da sua vida, escrever os seus dois livros desempenharam para ele o mesmo papel que os textos filosóficos e os diários pessoais desempenharam na filosofia antiga — o do trabalho realizado pelo eu no eu, a autoestilização.»

Foucault tinha gosto em ler Séneca no final da vida e faleceu a 25 de junho como um filósofo clássico. A ambição do estudo realizado por Foucault da Antiguidade tardia pré-cristã era mostrar como uma vida pode tornar-se uma obra de arte. Foi ambição deste livro mostrar como muitas vezes a maior obra de arte de um filósofo é a maneira como morre.

Jean Baudrillard (1929–2007)
Apontando para a sua deformação profissional como um professor de sociologia e para um dos seus fundadores, Émile Durkheim, Baudrillard escreve: «A filosofia conduz à morte, a sociologia conduz ao suicídio.»

No seu último livro, *Cool Memories V*, escrito quando foi diagnosticado com o cancro que acabou por matá-lo, Baudrillard afirma que nunca teve qualquer imagem da morte. Para ele, é esta a melhor atitude na medida em que a morte permanece uma surpresa, algo de alheio e mágico, um estranho rival num duelo com a vida. Escreve de forma incisiva:

«A morte arruma tudo muito bem, já que o próprio facto da nossa ausência torna o mundo claramente menos digno de ser habitado.»

Jacques Derrida (1930-2004)

Numa entrevista longa, fascinante e agora algo entristecedora ao *Le Monde* de 19 de agosto de 2004, republicada após a sua morte, Derrida descreve o seu trabalho em termos de um «etos de escrita». Para mim, Derrida foi o leitor supremo de textos filosóficos e o seu exemplo centra-se na lição de leitura: paciente, meticulosa, aberta, inquiridora e infinitamente criativa. No seu melhor, a escrita de Derrida é capaz de inquietar as expectativas do leitor e transformar completamente a sua compreensão do filósofo e da filosofia sob exame. O que foi confusamente chamado «desconstrução», um termo que Derrida sempre viu com suspeita, seria melhor considerado como um etos de leitura e escrita. O trabalho de Derrida exemplifica uma vigilância filosófica intransigente que está em constante guerra com a ortodoxia intelectual dominante, aquilo que ele gostava de chamar — num espírito socrático, penso eu — a *doxa*, opinião ou autoimagem narcísica da época.

O trabalho de Derrida possui um curioso desassossego, poderíamos talvez dizer uma ansiedade. Um filósofo americano muito famoso, simpatizante de Derrida, disse-me uma vez: «Ele nunca sabe quando parar ou chegar ao fim.» Na entrevista ao *Le Monde*, descreve-se como estando em guerra consigo mesmo. Esteve sempre em movimento intelectualmente, sempre desejoso de novos objetos de análise, aceitando novos convites, confrontando novos contextos, dirigindo-se a novos auditórios, escrevendo novos livros.

A sua habilidade para, num debate, limitar-se a ouvir e produzir longas, detalhadas e fascinantes análises em resposta, era de cortar a respiração. Como muitos outros, vi-o fazer isso em muitas ocasiões e sempre com paciência, delicadeza, modéstia e civilidade. Todo o carácter do etos do seu trabalho era o exato oposto da complacência profissional insípida que define tanta filosofia e tantos filósofos.

Derrida achava que a sabedoria ciceroniana de que filosofar é aprender a morrer era bastante repulsiva pelo seu narcisismo. Ele insistia: «Continuo impossível de educar [*inéducable*] quanto à sabedoria da aprendizagem da morte.» Filosofar, pelo contrário, é aprender a viver. Nas palavras que iniciam *Espectros de Marx*, de 1993, Derrida, num exercício de ventriloquia, tão presente no seu trabalho, fala noutra voz: «Finalmente aprendi a viver.»

No entanto, aprender a viver não erradica o terror da morte. Em 2002, pouco depois do lançamento de um documentário sobre ele e a sua obra, Derrida deu uma entrevista ao *Los Angeles Weekly* e teve de enfrentar uma série especialmente idiota de perguntas. O entrevistador perguntou-lhe: «Deve um filósofo ter uma biografia?» Ao que Derrida respondeu: «Como pode um filósofo não ter uma biografia?» Em resposta à questão «o que é importante para si hoje em dia?», Derrida respondeu sinceramente e com uma candura extraordinária:

> «Uma constante consciência de que estou a envelhecer, de que vou morrer e que a vida é curta. Estou sempre atento ao tempo que ainda me resta, e embora tenha tendência para ser assim desde novo, torna-se mais sério quando se chega aos 72. Até agora ainda não fiz as pazes com a inevitabilidade

da morte, e duvido que venha a fazer, e esta consciência permeia tudo o que penso. É terrível o que se passa no mundo, e todas essas coisas estão na minha mente, mas elas existem a par deste terror da minha própria morte.»

Talvez tenha sido de modo a aliviar este terror que Derrida escreveu repetidamente sobre as mortes dos amigos e filósofos de quem era, umas vezes próximo (Maurice Blanchot, Levinas), outras não (Foucault, Deleuze), mas por quem sentia uma afinidade eletiva.

O tema do luto tornou-se um tema maior da sua obra após a morte de Barthes, em 1980, e ainda mais com a morte inesperada, em dezembro de 1983, do seu amigo e colega Paul de Man. Em *Mémoires for Paul de Man*, Derrida escreve com grande paixão e acutilância sobre a experiência da memória do luto. Para Derrida, estar enlutado por um amigo é carregar o rasto da sua memória dentro de nós de uma forma que não pode ser simplesmente internalizada. É como se o amigo morto continuasse a viver de uma forma que assombra o eu como um espectro. O eu não é curado ou fica bom após a morte do outro, mas ferido e dividido contra si mesmo. Isto desafia aquilo que Freud chama de «luto normal», em que é suposto o ego recuperar a sua integridade e unidade depois de «ultrapassar» a morte do amado. Em contraste, Derrida argumenta em prol daquilo que ele chama «luto impossível», em que justamente não superamos a morte do outro, mas em que continuamos a viver na nossa memória enlutada. Para ser claro, Derrida insiste que o luto impossível não é nem a ressurreição do outro, nem a sua posse narcísica pelo eu. Antes, o amigo ou o amado continua a viver dentro de mim como um fantasma que perturba a linha que separa os mortos dos vivos. Sobretudo nos textos da sua última década, Derrida mostrou-se muito preocupado com fantasmas, espectros e almas do outro mundo.

Pese embora Derrida recusasse a visão clássica de que filosofar é aprender a morrer, Cícero surge na epígrafe ao importante livro de 1994, *Políticas da Amizade*. Derrida cita as palavras «... *et quod difficilius dictu est, mortui vivunt*» («... e o que é mais difícil de dizer, os mortos vivem»). Ou seja, os mortos continuam a viver, eles vivem em nós de um modo que perturba qualquer autossatisfação, mas que nos inquieta e convida a refletir neles um pouco mais. Talvez se pudesse dizer que sempre que um filósofo é lido, ele ou ela não está morto. Se quiseres comunicar com os mortos, lê um livro.

Guy Debord (1931-1994)
O autor de *A Sociedade do Espetáculo* e principal impulsionador da Internacional Situacionista suicidou-se com um tiro no coração na sua isolada casa de campo, em França. Embora alguns tenham afirmado que a sua morte constituiu a derradeira declaração situacionista, em que o falecimento de Debord se tornou uma mercadoria a ser usada para vender livros num mundo de trocas capitalista, consta que se suicidou para acabar com o sofrimento provocado por uma forma de polineurite causada por um consumo excessivo de álcool. Na sua autobiografia, *Panegyric* (1989), Debord escreve:

> «Entre o pequeno número de coisas de que gostei e soube como fazer, aquilo que melhor sei fazer é seguramente beber. Mesmo se li muito, bebi ainda mais. Escrevi muito menos do que pessoas que escrevem; mas bebi muito mais do que a maioria que bebe.»

Dominique Janicaud (1937-2002)

Na manhã de 18 de agosto de 2002, em Èze, na Côte d'Azur, em França, Janicaud morreu em virtude de uma paragem cardíaca depois de ter ido nadar. Estava próximo do sopé do que é agora chamado o *caminho de Nietzsche*, a trilha acidentada, subindo mais de mil metros desde o Mediterrâneo até ao velho castelo e vila, onde Nietzsche costumava caminhar durante os sete invernos que passou em Nice, na década de 80 do século XIX, e onde compôs passagens de *Assim Falava Zaratustra*. Fui aluno de Janicaud e fiz esta subida com ele um par de vezes memoráveis.

Èze fica junto à costa mesmo ao lado da sua amada Nice, onde Dominique vinha ensinando filosofia desde 1966, recusando imensos convites para a deixar e ir para Paris e outros lugares. Viveu e trabalhou numa casa encantadora no cimo da encosta do *arrière-pays*, próximo do vale do Var. No dia anterior ao seu falecimento, concluíra o primeiro rascunho de uma introdução à filosofia escrita para a sua filha, Claire, que planeava começar a estudar filosofia na escola secundária. Dominique estava tão descontente com o formalismo académico das várias introduções à filosofia que decidiu escrever a sua.

Para Janicaud, a questão primordial da filosofia é o «ser ou não ser?» de Hamlet. Por outras palavras, as muitas questões aparentemente abstratas da filosofia andam em círculo e têm as suas raízes na questão existencial de quem somos e do que existe. A experiência de um tal questionamento pode provocar, nas palavras de Janicaud:

> «Assombro perante o ser, perante o próprio facto de existir ser, este espanto pode ser saudado e considerado precioso,

uma vez que será possivelmente o ato mais filosófico de todos.»

O que é crucial aqui é que este assombro pode ser experienciado diante da *questionabilidade* das coisas. Não sabemos ao certo quem somos e o que é: são questões para nós. É claro, foi neste ponto que começámos o livro, umas 190 mortes e uns milénios atrás. A filosofia é um contínuo regresso aos primórdios. É por isso que a história da filosofia e dos filósofos não é um registo redundante de erros passados, mas uma série de tentações intelectuais irresistíveis a partir das quais podemos finalmente aprender como viver.

Simon Critchley (1960–?)
Sai de cena, perseguido por um urso.

Palavras finais
A condição de criatura

A morte é o último grande tabu. Não a podemos olhar de frente com medo de ver a caveira por baixo da pele. Vários inquéritos mostram que quando se trata de atitudes perante a morte, o que as pessoas mais querem é morrer rapidamente, sem dor e, como diz o ditado, «sem serem um fardo». O que este último lugar-comum esconde, penso eu, é o facto de ninguém querer ser um fardo porque, em última instância, não confiam que os filhos ou os seus entes queridos cuidem deles. O medo da morte é o medo da debilidade na doença, preso num asilo degradante, ignorado por amigos embaraçados e ocupados, por familiares distantes.

O facto da finitude desfaz muitos dos truísmos que norteiam a nossa vida. Um minucioso inquérito a nível nacional pela Opinion Dynamics Corporation de 2003 declara que pelo menos 92% dos americanos acreditam em Deus, 85% acreditam no céu e 82% acreditam em milagres. Mas a verdade é que tais crenças religiosas, juntamente com um céu após a morte, não traz grande consolação na relação com a morte. O único sacerdócio em que as pessoas *realmente* acreditam é o da medicina, cujos fármacos e tecnologias sacramentais têm como único propósito tão-somente garantir a longevidade, o único bem inquestionável da existência contemporânea ocidental.

Se fossem necessárias provas de que muitos crentes religiosos não praticam realmente o que pregam, elas poderiam ser encontradas na ignorância dos ensinamentos religiosos quanto à morte, em especial os ensinamentos cristãos, razão pela qual enfatizei este facto em algumas das entradas deste livro.

O cristianismo não se prende com mais nada senão preparar-se para morrer. Consiste num treino rigoroso para a morte, uma espécie de morte em vida que atribui pouco valor à longevidade. O cristianismo, nas mãos de um Paulo, de um Agostinho ou de um Lutero, representa uma forma de nos reconciliarmos com a brevidade da vida humana e abandonar o desejo de saúde, de bens terrenos e poder temporal. Nada é mais hostil à grande maioria daqueles que se dizem cristãos do que o verdadeiro cristianismo. O motivo reside no facto de eles levarem, na verdade, vidas de um discreto ateísmo desesperado amarradas a um desejo de longevidade e a um terror da aniquilação.

É neste ponto que o ideal da morte filosófica tem um tão grande poder de persuasão, subvertendo os xiboletes negadores da morte do nosso tempo. A mortalidade é aquilo em relação ao qual pode ser dito que molda a nossa identidade. É em relação à realidade da morte, à minha como à dos outros, que o eu se torna verdadeiramente ele próprio. Talvez só aceitando a perda do eu poderá haver um eu a ganhar. Quer dizer, e claro que isto é estupidamente óbvio, a morte representa o limite em relação ao qual a vida é vivida. Aceitar a nossa própria mortalidade, significa, pois, aceitar o nosso próprio limite.

Para mim, este ponto é crucial, já que significa igualmente aceitar o que talvez se possa chamar a nossa *condição de criatura* [*creatureliness*]. Ser uma criatura, na teologia tradicional, é estar numa posição de dependência relativamente a Deus. Quero propor uma variante menos teística desta noção. Designadamente, que a existência humana é limitada. É moldada por forças evolutivas fora do nosso controlo e pelo impulso de um desejo que ameaça sufocar-nos nas garras do seu romance familiar.

Não podemos devolver os dons da natureza e cultura que não pedimos. Nem podemos saltar por cima da sombra da nossa mortalidade. Mas podemos transformar a maneira pela qual aceitamos estes dons e conseguimos manter-nos por inteiro sob a luz que projeta essa sombra. A minha aposta é que, se começarmos por aceitar a nossa natureza limitada, talvez sejamos capazes de abandonar certas fantasias de omnipotência infantil, riqueza mundana e poder pomposo que culmina em agressivos conflitos pessoais e guerras sangrentas entre deuses rivais e exclusivos. Ser uma criatura significa aceitar a nossa dependência e limitação de um modo que não resulte em desamor e desespero. É antes a condição para a coragem e perseverança.

Voltando à citação de Montaigne com que iniciei a minha introdução, filosofar é aprender o hábito de ter a morte continuamente presente nos nossos lábios. Deste modo, podemos começar a enfrentar o terror do aniquilamento que nos escraviza e conduz ao escapismo ou à evasão. Ao falar de morte e até rindo da nossa fraqueza e mortalidade, aceitamos a limitação da nossa natureza de criatura que é a própria condição da liberdade humana. Tal liberdade não constitui um estado passivo de ser ou a mera ausência da necessidade ou constrangimento. Pelo contrário, representa uma contínua atividade que requer a aceitação da necessidade e a afirmação do constrangimento motriz da nossa mortalidade. Não é fácil, eu sei. Filosofar é aprender a amar o que é difícil.

Detalhes geográficos e agradecimentos

O *Livros dos Filósofos Mortos* viu o seu primeiro esboço ser inteiramente concebido e escrito entre um apartamento na West Sunset Boulevard e o Getty Research Institute em Los Angeles, de novembro de 2006 a junho de 2007. Aos meus olhos, o texto é marcado pela atmosfera estranha daquela cidade e os seus inescapáveis clichés: os melancólicos ventos de Santa Ana, ruas amplas desertas à noite flanqueadas por altas palmeiras e luz solar tão brilhante que se torna indistinguível da escuridão. Para mim, Los Angeles é a cidade do *film noir*, em particular do *Sunset Boulevard* (1950) de Billy Wilder. Morte, escuridão e desespero espreitam detrás de várias cortinas que os seres humanos usam para bloquear o acesso ao mundo exterior: grandes óculos de lentes envolventes, persianas venezianas em todas as janelas e vidros fumados em SUV pretos, geralmente alemães.

Mesmo à saída do Santa Monica Boulevard, na sombra dos Paramount Studios, os turistas são convidados a visitar o «Hollywood Forever Cemetery». Publicita-se como um «Resting Place of Hollywood Immortals» [Lugar de repouso dos imortais de Hollywood], como Rudolph Valentino, Douglas Fairbanks, Jayne Mansfield e Cecil B. De Mille, que faz uma aparição final em *Sunset Boulevard*. O cemitério orgulha-se de possuir as últimas inovações tecnológicas, como transmissões mundiais dos serviços fúnebres via Internet. Aos que tiverem curiosidade em fazer a visita semanal ao cemitério é-lhes pedido que contactem alguém chamado Karie Bible pelo 323 769 0195. No seu peculiar terror de aniquilação, Los Angeles é seguramente uma cidade candidata à capital mundial da morte.

Gostaria de agradecer a George Miller pela sugestão de escrever este livro há uns anos e por editar o manuscrito com precisão e cuidado. Gostaria ainda de agradecer a Bella Shand, pelo seu contínuo apoio e conselho editorial especializado, e a Angela Rose por lidar com as minhas muitas questões inúteis. Gostaria de agradecer a Christine Lo e Vicki Harris por acompanharem este livro ao longo da produção, e a Elisa Berg por permitir uma edição australiana simultânea na Melbourne University Press.

Escrever este livro só foi possível graças à generosidade do Getty Research Institute, que me acolheu como académico em 2006-2007. Gostaria de agradecer em especial à minha assistente de investigação, Courtney Biggs, pela sua preciosa ajuda na descoberta de fontes obscuras e por lidar com as minhas imprecisas exigências bibliográficas. Queria também agradecer a Jack Miles, Peter Goodrich e Christopher Tradowsky por lerem o meu primeiro esboço e pelas sugestões valiosas. Os funcionários da biblioteca do Getty Institute foram também bastante prestáveis e alguns dos meus colegaram forneceram informação preciosa, especialmente Silvia Berti, Todd Cronan, Bertram Kaschek e Thomas Lentes.

Fora dos muros do «gueto Getty», gostaria de agradecer a Giovanni Levi pelo considerável auxílio com a filosofia chinesa, a Shehab Ismail por algumas pistas em torno de pensadores medievais islâmicos, a Lisabeth During por uma citação que me ajudou a começar, a Genevieve Lloyd por um par de conversas memoráveis, e a James Plath, Cecilia Sjöholm, Anne Deneys-Tunney, Niklaus Largier, David McNeill, John Millbank, Mark Wrathall e Andrew Thomas. Em particular, a Raymond Geuss por algumas correções, extremamente úteis ao meu trabalho académico numa fase crucial da escrita, que foram silenciosamente introduzidas no texto. Gostaria ainda de agradecer aos brilhantes e assíduos alunos e assistentes do meu seminário «Filosofar é aprender a morrer», na New School for Social Research, no outono de 2007. Por fim, gostaria de agradecer a Jamieson Webster por me relembrar que: «É claro, a obsessão masculina prende-se com uma questão, saber se estão vivos ou mortos.» Graças a ela, sinto-me ligeiramente mais próximo dos primeiros do que dos últimos. Pelo menos, por agora.

Bibliografia

Obras de Referência

Foram feitas referências frequentes à edição universitária online da *Encyclopaedia Britannica*, que está repleta de pequenas maravilhas e raramente falha em resolver uma questão factual (http://www.search.eb.com). Além disso, usei constantemente *The Encyclopedia of Philosophy* de Paul Edwards (8 vols., Macmillan, Nova Iorque, 1967). Embora existam disponíveis outras e mais recentes e admiráveis enciclopédias e dicionários de filosofia, julgo que a qualidade geral da escrita de Edwards se mantém insuperável, em particular quando se trata de história da filosofia. Usei igualmente a *Stanford Encyclopedia of Philosophy* (http://plato.stanford.edu). Alguns volumes do *Dictionary of Literary Biography* (The Gale Group, Farmington Hills, 1978 e em diante) foram extremamente úteis, especialmente o volume 90 intitulado *German Writers in the Age of Goethe*, o volume 115 intitulado *Medieval Philosophers*, o volume 129 intitulado *Nineteenth-century German Writers*, o volume 252 intitulado *British Philosophers 1500–1799*, o volume 279 intitulado *American Philosophers 1950–2000*. Os leitores poderão divertir-se ao ler o «Causes of Death of Philosophers» de

Hugh Mellor, que contém algumas entradas com humor, e outras com menos humor. Aqui ficam alguns exemplos de causas hipotéticas das mortes de filósofos: «Adorno: uma *frankfurter* estragada. Bergson: élan mortal. Fichte: uma *takeover* do não-Ego. Heidegger: Não chegar a tempo *[Not being in time]*. Lutero: dieta de vermes *[Worms]*. Wittgenstein: tornar-se o tardio *[late]*. Wittgenstein. (http://people.pwf.cam.ac.uk/dhm11/deathindex.html)

Não posso negar que molhei os dedos dos pés, e por vezes ambos os pés até aos joelhos, nas águas rebeldes da Wikipédia. Este é um recurso vasto e crescente, bastante desigual, nem sempre de confiança, mas que está cheio de artigos e pistas fascinantes. (http://en.wikipedia.org/wiki/Main_Page).

Bibliografia Geral

Abelardo, Pedro e Heloísa, *The Letters of Abelard and Héloïse*, trad. de Betty Radice (Penguin, Londres, 1974).

Adams, H. P., *The Life and Writings of Giambattista Vico* (George Allen & Unwin, Londres, 1935).

Adorno, Theodor, *Minima Moralia: Reflections from Damaged Life*, trad. de E. F. N. Jephcott (Verso, Londres, 1974).

Aldrich, Virgil C., «Messrs. Schlick and Ayer on Immortality», *The Philosophical Review*, vol. 47, n.º 2 (março de 1938), pp. 209-13.

Alexiou, Margaret, *The Ritual Lament in Greek Tradition*, 2.ª ed. (Rowman & Littlefield, Lanham, 2002).

Algalarrondo, Hervé, *Les derniers jours de Roland B.* (Stock, Paris, 2006).

Althusser, Louis, *L'Avenir dure longtemps. Les faits* (Stock/IMEC, Paris, 1992).

American Piety in the 21st Century: New Insights to the Depths and Complexity of Religion in the US. Selected Findings from the Baylor Religion Survey (Baylor University Press, Waco, Texas, 2006).

Andrews, Carol (ed.), *The Ancient Egyptian Book of the Dead*, trad. de Raymond O. Faulkner (British Museum Press, Londres, 1985).

Annas, Julia e Jonathan Barnes, *The Modes of Scepticism: Ancient Texts and Modern Interpretations* (Cambridge University Press, Cambridge, 1985).

Arendt, Hannah, *The Life of the Mind*, 2 vols. (Harcourt Brace Jovanovich, Nova Iorque, 1978).

Aristófanes, *The Clouds*, trad. de W. Arrowsmith (The New American Library, Nova Iorque, 1962).

Armstrong, A. H. (ed.), *The Cambridge History of Later Greek and Early Medieval Philosophy* (Cambridge University Press, Cambridge, 1967).

August, Eugene, *John Stuart Mill. A Mind at Large* (Charles Scribner's Sons, Nova Iorque, 1975).

Agostinho, *The Confessions of Saint Augustine*, trad. de John K. Ryan (Image Books, Nova Iorque, 1960).

Bacon, Francis, *Of Empire* (Penguin, Londres, 2005).

Bartelink, G. J. M., «Die literarische Gattung der "Vita Antonii". Struktur und Motive», *Vigiliae Christianae*, vol. 36, n.º 1 (março de 1982), pp. 38–62.

Bartelink, G. J. M. (org.), *Vie d'Antoine* (Éditions du Cerf, Paris, 1994).

Baudrillard, Jean, *Cool Memories V 2000–2004*, trad. de Chris Turner (Polity, Cambridge, 2006).

Becker, Ernest, *The Denial of Death* (Free Press Paperbacks, Nova Iorque, 1997).

Benjamin, Walter, *Illuminations*, ed. Hannah Arendt, trad. de Harry Zohn (Fontana/Collins, Londres, 1982).

Berkeley, George, *The Works of George Berkeley D.D.; Formerly the Bishop of Cloyne. Including his Posthumous Works*, ed. Alexander Campbell Fraser (Clarendon Press, Oxford, 1901).

Bernhard, Thomas, *The Voice Imitator*, trad. de Kenneth J. Northcott (University of Chicago Press, Chicago & Londres, 1997).

Berti, Silvia, «Radicali ai margini: materialismo, libero pensiero e diritto al suicido in Radicati di Passerano», *Rivista storica italiana*, vol. 3 (2004), pp. 794-811.

Boécio, *The Consolation of Philosophy*, trad. de V. E. Watts (Penguin, Londres, 1969).

Boswell, James, *The Life of Samuel Johnson*, ed. Roger Ingpen, 2 vols. (Sturgis & Walton, Nova Iorque, 1909).

Bowlby, John, *Charles Darwin: A New Life* (Norton, Nova Iorque, 1992).

Briggs, Ward W. (ed.), *Dictionary of Literary Biography*, vol. 211, *Ancient Roman Writers* (Gale, Detroit, 1999).

Brochard, Victor, *Les Sceptiques grecs* (Vrin, Paris, 1932).

Burlaei, Gualteri, *Vita et Moribus Philosophorum* (Bibliothek des litterarischen Vereins in Stuttgart, Tubinga, 1886).

Butler, Alban, *Butler's Lives of the Saints*, ed. Michael Walsch (Harper, São Francisco, 1991).

Bradatan, Costica, *The Other Bishop Berkeley: An Exercise in Reenchantment* (Fordham University Press, Nova Iorque, 2006).

Brandt, Reinhard, *Philosophie in Bildern: Von Giorgione bis Magritte* (Dumont, Colónia, 2000).

Camus, Albert, *The Myth of Sisyphus*, trad. de Justin O'Brien (Penguin, Londres, 1979).

Capaldi, Nicholas, *John Stuart Mill: A Biography* (Cambridge University Press, Cambridge, 2004).

Cave, Terence, *How to Read Montaigne* (Granta, Londres, 2007).

Chesterton, G. K., *Saint Thomas Aquinas* (Image Books, Nova Iorque, 1956).

Chickering, Howell D., Jr., «Some Contexts for Bede's Death-Song», *PMLA*, vol. 91, n.º 1 (janeiro de 1976), pp. 91–100.

Choron, Jacques, *Death and Western Thought* (Macmillan, Nova Iorque, 1963).

Chuang Tzu, *The Inner Chapters*, trad. de A. C. Graham (Hackett, Indianápolis & Cambridge, 2001).

Cícero, *De Finibus Bonorum et Malorum*, trad. de H. Rackham (Harvard University Press, Cambridge, MA, 1971).

Cícero, *On Duties*, eds. M. T. Griffin e E. M. Atkins (Cambridge University Press, Cambridge, 1991).

Cícero, *Selected Letters*, trad. de D. R. Shackleton Bailey (Penguin, Londres, 1986).

Clark, Ronald W., *The Survival of Charles Darwin: A Biography of a Man and an Idea* (Random House, Nova Iorque, 1984).

Clemente de Alexandria, *Stromateis*, trad. de John Ferguson (Catholic University Press of America, Washington DC, 1991).

Cohen-Solal, Annie, *Sartre: A Life* (Heinemann, Londres, 1987).

Confúcio, The Analects, trad. de D. C. Lau (Penguin, Londres, 1979).

Critchley, Simon, *Very Little . . . Almost Nothing: Death, Philosophy and Literature*, 2.ª ed. (Routledge, Londres & Nova Iorque, 2004).

Critchley, Simon, e William R. Schroeder (eds.), *A Companion to Continental Philosophy* (Blackwell, Oxford, 1998).

Critchley, Simon, e Robert Bernasconi (eds.), *The Cambridge Companion to Levinas* (Cambridge University Press, Cambridge, 2002).

Cronan, Todd, «Biological Poetry: Santayana's Aesthetics», *Qui Parle*, vol. 15, n.º 1 (outono/inverno 2004), pp. 115-45.

Crow, Carl, *Master Kung: The Story of Confucius* (Hamish Hamilton, Londres, 1937).

Cua, Antonio S., *Encyclopedia of Chinese Philosophy* (Routledge, Nova Iorque & Londres, 2002).

Davidson, Donald, *The Essential Davidson* (Clarendon Press, Oxford, 2006).

Damrosch, Leo, Jean-Jacques Rousseau: Restless Genius (Houghton Mifflin, Boston & Nova Iorque, 2005).

Deferrari, Roy J. (ed.), *Early Christian Biographies. Lives of St. Cyprian, by Pontius; St. Ambrose, by Paulinus; St. Augustine, by Possidius; St. Anthony, by St. Athanasius; St. Paul the First Hermit, St. Hilarion, and Malchus, by St. Jerome; St. Epiphanius, by Ennodius; with a Sermon on the Life of St. Honoratus, by St. Hilary*, trad. de Roy J. Deferrari et al. (Catholic University of America Press, Washington DC, 1952).

Dematteis, Philip B. e Leemon B. McHenry (eds.), *Dictionary of Literary Biography*, vol. 279, *American Philosophers, 1950–2000* (Thomson Gale, Detroit, 2003).

Dematteis, Philip B. e Peter S. Fosl (eds.), *Dictionary of Literary Biography*, vol. 252, British Philosophers, 1500–1799 (Gale, Detroit, 2002).

Deniker, P. e J.-P. Olié, «La Mort d'Hélène Althusser: un cas d'homicide altruiste rapporté par le mélancolique», *Annales Médico-Psychologiques*, vol. 152, n.º 6 (1994), pp. 389-92.

Derrida, Jacques, *Mémoires: for Paul de Man*, trad. de Cecile Lindsay, Jonathan Culler e Eduardo Cadava (Columbia University Press, Nova Iorque, 1986).

Diels, Hermann, *I Dossographi Greci*, trad. de L. Torraca (Cedam, Pádua, 1961).

Diógenes Laércio, *The Lives of Eminent Philosophers*, trad. de R. D. Hicks, 2 vols. (Harvard University Press, Cambridge, MA, 2005-6).

Döll, Helmit, «Hegels Tod», *Zeitschrift für ärztliche Fortbildung*, vol. 79, n.º 5 (1985), pp. 217-19.

Edwards, Paul (org.), *The Encyclopedia of Philosophy*, 8 vols. (Macmillan, Nova Iorque, 1967).

Emerson, Ralph Waldo, *Selected Essays*, ed. Larzer Ziff (Penguin, Londres, 1982).

Enfield, William, *The History of Philosophy from the Earliest Times to the Beginning of the Present Century. Drawn up from Brucker's Historia Critica Philosophiæ*, 2 vols. (J. F. Dove, Londres, 1819).

Engels, Fr., «Funeral Oration for Marx», *Der Sozialdemokrat*, n.º 13 (22 de março, 1883).

Enright, D. J. (org.), *The Oxford Book of Death* (Oxford University Press, Oxford & Nova Iorque, 1983).

Epicteto, *Discourses and Enchiridion*, trad. de T. Wentworth Higginson (Walter J. Black, Nova Iorque, 1944).

Epicuro, *The Epicurus Reader: Selected Writings and Testimonia*, trad. de B. Inwood e L. P. Gerson (Hackett, Indianápolis & Cambridge, 1994).

Erasmo de Roterdão, *Praise of Folly and Letter to Martin Dorp*, trad. de Betty Radice (Penguin, Londres, 1971).

Eribon, Didier, *Michel Foucault*, trad. de Betsy Wing (Harvard University Press, Cambridge, MA, 1991).

Eusébio, *The History of the Church*, trad. de G. A. Williamson e A. Louth (Penguin, Londres, 1989).

Evans-Wentz, W. Y. (org.), *The Tibetan Book of the Dead* (Oxford University Press, Oxford & Nova Iorque, 2000).

Feigl, Herbert, *et al.*, «Homage to Rudolf Carnap», *PSA: Proceedings of the Biennial Meeting of the Philosophy of Science Association* (1970), pp. XI–LXVI.

Feuerbach, Ludwig, *The Fiery Brook: Selected Writings of Ludwig Feuerbach*, trad. de Zawar Hanfi (Anchor Books, Garden City, Nova Iorque, 1972).

Ficino, Marsilio, *The Letters of Marsilio Ficino*, vol. 3, trad. por Language Department of the School of Economic Science, Londres (Shepheard-Walwyn, Londres, 1981).

Filodemo, *Storia dei Filosofi: La Stoà da Zenone a Panezio (Pherc. 1018)*, org. Tiziano Dorandi (E. J. Brill, Leiden, 1994).

Fontenay, Elisabeth de, *Diderot: Reason and Resonance* (George Braziller, Nova Iorque, 1982).

Freeman, Kathleen, *Ancilla to the Pre-Socratic Philosophers. A Complete Translation of the Fragments in Diels, Fragmente der Vorsokratiker* (Harvard University Press, Cambridge, MA, 1948).

Fung, Yu-Lan, *A History of Chinese Philosophy*, vol. 1 (Princeton University Press, Princeton, Nova Jérsia, 1983).

Garrett, Don, *The Cambridge Companion to Spinoza* (Cambridge University Press, Cambridge & Nova Iorque, 1996).

Gejrot, Tomas, «Descartes' sjukdom och död i Stockholm 1650», *Läkartidningen*, vol. 63, n.º 51 (1966), pp. 4917-21.

Géraud, M., e M. Bourgeois, «Friedrich Hölderlin (1770--1843). Réévaluation psychiatrique à l'occasion du cent cinquantenaire de sa mort», *Annales Médico-Psychologiques*, vol. 152, n.º 3 (março de 1994), pp. 173-8.

Gohlman, William E., *The Life of Ibn Sina* (State University of New York Press, Albany, 1974).

Goodman, Lenn E., *Avicenna* (Routledge, Londres, 1992).

Gouhier, Henri, *Blaise Pascal: Commentaires* (Vrin, Paris, 1966).

Graham, A. C., *Disputers of the Tao* (Open Court, Chicago, 1989).

Gramsci, Antonio, *A Gramsci Reader: Selected Writings 1916-1935*, ed. David Forgacs (Lawrence and Wishart, Londres, 1988).

Gregório de Nissa, *The Life of St. Macrina*, trad. de W. K. Lowther Clarke (The Society for Promoting Christian Knowledge, Londres, 1916).

Grondin, Jean, *Hans-Georg Gadamer: A Biography*, trad. de Joel Weinsheimer (Yale University Press, New Haven & Londres, 2003).

Guthrie, W. K. C., *A History of Greek Philosophy*, 6 vols. (Cambridge University Press, Cambridge, 1977).

Hackett, Jeremiah (org.), *Dictionary of Literary Biography*, vol. 115, *Medieval Philosophers* (Gale, Detroit & Londres, 1992).

Hägg, Thomas e Philip Rousseau, *Greek Biography and Panegyric in Late Antiquity* (University of California Press, Berkeley & Londres, 2000).

Han, Feizi, *Basic Writings*, trad. de B. Watson (Columbia University Press, Nova Iorque, 2003).

Hannay, Alastair, *Kierkegaard: A Biography* (Cambridge University Press, Cambridge, 2003).

Hardin, James e Christoph E. Schweitzer (orgs.), *Dictionary of Literary Biography*, vol. 90, *German Writers in the Age of Goethe, 1789–1832* (Gale, Detroit, 1989).

Hardin, James e Christoph E. Schweitzer (orgs.), *Dictionary of Literary Biography*, vol. 94, *German Writers in the Age of Goethe: Sturm und Drang to Classicism* (Gale, Detroit, 1990).

Hardin, James e Siegfried Mews (orgs.), *Dictionary of Literary Biography*, vol. 129, *Nineteenth-Century German Writers, 1841–1900* (Gale, Detroit & Londres, 1993).

Hardin, James e Siegfried Mews (orgs.), *Dictionary of Literary Biography*, vol. 133, *Nineteenth-Century German Writers to 1840* (Gale, Detroit, 1993).

Hartman, Geoffrey, *The Fateful Question of Culture* (Columbia University Press, Nova Iorque, 1997).

Havens, George R., «The Dates of Diderot's Birth and Death», *Modern Language Notes*, vol. 55, n.º 1 (janeiro de 1940), pp. 31-5.

Heidegger, Martin, *Being and Time*, trad. de John Macquarrie e Edward Robinson (Blackwell, Oxford, 1980).

Hipólito, *Philosophumena or the Refutation of all Heresies*, 2 vols. (Society for Promoting Christian Knowledge, Londres, 1921).

Hoffmann, Yoel, *Japanese Death Poems* (Charles E. Tuttle & Co., Rutland & Tóquio, 1986).

Hölderlin, Friedrich, *Der Tod des Empedokles*, ed. M. B. Benn (Oxford University Press, Oxford, 1968).

Hölderlin, Friedrich, *Essays and Letters on Theory*, trad. de T. Pfau (SUNY Press, Albany, Nova Iorque, 1988).
Hume, David, *Essays Moral, Political, and Literary*, ed. Eugene F. Miller (Liberty Fund, Indianápolis, 1987).
Hume, David, *On Suicide* (Penguin, Londres, 2005).
Israel, Jonathan I., *Radical Enlightenment. Philosophy and the Making of Modernity: 1650-1750* (Oxford University Press, Oxford, 2001).
Jacquette, Dale, «Schopenhauer on Death», *The Cambridge Companion to Schopenhauer*, ed. Chris Janaway, pp. 293-317 (Cambridge University Press, Cambridge, 1999).
Jäger, Lorenz, *Adorno: A Political Biography*, trad. de Stewart Spencer (Yale University Press, New Haven & Londres, 2004).
James, William, *Some Problems of Philosophy: A Beginning of an Introduction to Philosophy* (University of Nebraska Press, Lincoln & Londres, 1996).
Janicaud, Dominique, *Philosophy in 30 Days*, trad. de L. During (Granta, Londres, 2005).
Jankélévitch, Vladimir, *Penser la Mort* (Liana Levi, Paris, 1995).
Jansen, H. H., «Krankheit und Tod Friedrich Schillers», *Pneumologie*, vol. 55, Supplement 1 (março 2001), pp. S1-S5.
Jones, Ernest, *The Life and Work of Sigmund Freud*, vol. III, *The Last Phase 1919-1939* (Basic Books, Nova Iorque, 1957).
Kapleau, Philip, *The Zen of Living and Dying* (Shambhala, Boston & Londres, 1998).
Kierkegaard, Søren, *The Sickness Unto Death: A Christian Psychological Exposition for Upbuilding and Awakening*, org. e trad. de Howard V. Hong e Edna H. Hong (Princeton University Press, Princeton, 1980).

Kübler-Ross, Elisabeth, *On Death and Dying. What the Dying Have to Teach Doctors, Nurses, Clergy, and Their Own Families* (Scribner, Nova Iorque, 2003).

Kübler-Ross, Elisabeth, *Death: The Final Stage of Growth* (Scribner, Nova Iorque, 1986)

Kühn, Rudolf A., «Schillers Tod», *Zeitschrift für ärztliche Fortbildung*, vol. 87, n.º 12 (1993), pp. 1005-7.

Lanczik, M. H., «Die Psychose Friedrich Hölderlins aus der Sicht Karl Leonhards», *Fortschritte der Neurologie Psychiatrie*, vol. 63, n.º 5 (maio de 1995), pp. 206-8.

Lavi, Shai J., *The Modern Art of Dying* (Princeton University Press, Princeton, Nova Jérsia, 2005).

Leaman, Oliver, *Moses Maimonides* (Routledge, Londres & Nova Iorque, 1990).

Lee, R. Warden, «Grotius: The Last Phase, 1635-45», *Transactions of the Grotius Society*, vol. 31 (1945), pp. 193-215.

Leibniz 1646-1716. Aspects de l'homme et de l'oeuvre (Éditions Aubier-Montaigne, Paris, 1968).

Leibniz, Gottfried Wilhelm, *Protogaea,* trad. de Claudine Cohen e Andre Wakefield (University of Chicago Press, Chicago, 2007).

Liddell, Henry George, e Robert Scott (orgs.), *A Greek-English Lexicon* (Clarendon Press, Oxford, 1968).

Locke, John, *An Essay Concerning Human Understanding*, ed. A. S. Pringle-Pattison (Clarendon Press, Oxford, 1934).

Long, A. A. (ed.), *The Cambridge Companion to Early Greek Philosophy* (Cambridge University Press, Cambridge, 1999).

Long, A. A., e D. N. Sedley, *The Hellenistic Philosophers*, 2 vols. (Cambridge University Press, Cambridge, 1987).

Luciano, «Dialogues of the Dead», in *Lucian*, vol. 7, trad. de M. D. MacLeod (Harvard University Press, Cambridge, MA, 1961).

Lucrécio, *On the Nature of the Universe*, trad. de R. E. Latham (Penguin, Londres, 1994).

Lyotard, Jean-François, *The Confession of Augustine*, trad. de Richard Beardsworth (Stanford University Press, Stanford, CA, 2000).

Macey, David, *Frantz Fanon. A Life* (Granta, Londres, 2000).

Maquiavel, Nicolau, *The Prince*, trad. de George Bull (Penguin, Londres, 1981).

MacIntyre, Alasdair, *Edith Stein: A Philosophical Prologue* (Continuum, Londres, 2006).

Maimónides (Moses ben Maimon), *Ethical Writings of Maimonides*, org. Raymond L. Weiss e Charles E. Butterworth (Dover Publications, Nova Iorque, 1975).

Mansfeld, J., e D. T. Runia, *Aëtiana: The Method and Intellectual Context of a Doxographer* (Brill, Leiden, 1997).

Marcel, Le Chanoine, *La Mort de Diderot d'après des documents inédits* (Libraire ancienne Honoré Champion, Paris, 1925).

Marco Aurélio, *Meditations*, trad. de Maxwell Staniforth (Penguin, Londres, 2004).

McCormick, John, *George Santayana: A Biography* (Knopf, Nova Iorque, 1987).

McDermott, Timothy, *How to Read Aquinas* (Granta Books, Londres, 2007).

McKenna, Kristine e Derrida, Jacques, «The Three Ages of Jacques Derrida. An interview with the father of Deconstruction», *L.A. Weekly*, 8–14 de novembro de 2002.

Mei, Yi-Pao, *Motse, The Neglected Rival of Confucius* (Arthur Probsthain, Londres, 1934).

Ménage, Gilles, *The History of Women Philosophers*, trad. de Beatrice H. Zedler (Lanham, Nova Iorque & Londres, 1984).

Merleau-Ponty, Maurice, *Signs*, trad. de Richard C. McCleary (Northwestern University Press, Evanston, IL, 1964).

Mettrie, Julien Offray de la, *Textes choisis*, ed. Marcelle Tisserand (Éditions Sociales, Paris, 1954).

Metzger, Bruce M. e Roland E. Murphy (eds.), *The New Oxford Annotated Bible with Apocryphal/Deuterocanonical Books* (Oxford University Press, Nova Iorque, 1994).

Mill, John Stuart, *Autobiography of John Stuart Mill* (Columbia University Press, Nova Iorque, 1924).

McAlister, Linda Lopez, *Hypatia's Daughters. Fifteen Hundred Years of Women Philosophers* (Indiana University Press, Bloomington & Indianápolis, 1996).

Monk, Ray, *Bertrand Russell. The Spirit of Solitude, 1872–1921* (The Free Press, Nova Iorque, 1996).

Monk, Ray, *Bertrand Russell. The Ghost of Madness, 1921–1970* (The Free Press, Nova Iorque, 2001).

Monk, Ray, *Ludwig Wittgenstein. The Duty of Genius* (Penguin, Londres, 1991).

Montaigne, Michel de, *Essays*, vol. 1, trad. de John Florio (J. M. Dent, Londres, 1965).

Montaigne, Michel de, *The Complete Essays of Montaigne*, trad. de Donald M. Frame (Stanford University Press, Stanford, CA, 1976).

Moody, Raymond, *Life after Life* (Bantam, Nova Iorque, 1976).

Muldoon, Paul, *Madoc: A Mystery* (Farrar, Nova Iorque, 1991).

Müller-Doohm, Stefan, *Adorno: A Biography*, trad. de Rodney Livingstone (Polity, Cambridge, 2005).

Nagel, Thomas, «Death», *Nous*, vol. 4, n.º 1 (fevereiro de 1970), pp. 73-80.

Netton, Ian Richard, *Al-Farabi and His School* (Routledge, Londres & Nova Iorque, 1992).

Nietzsche, Friedrich, *Ecce Homo. How One Becomes What One Is*, trad. de R. J. Hollingdale (Penguin, Londres, 1980).

Pascal, *Pensées*, trad. de A. J. Krailsheimer (Penguin, Londres, 1966).

Pascal, Gilbert, *The Life of Mr. Paschal* (J. Bettenham, Londres, 1744).

Paulo, *The Writings of St. Paul*, ed. Wayne A. Meeks (W. W. Norton & Company, Nova Iorque, 1972).

Petrónio, *Satyricon*, ed. & trad. de R. Bracht Branham (Everyman, Londres, 1996), p. 66.

Phillips, Adam, *Darwin's Worms* (Basic Books, Nova Iorque, 2000).

Filóstrato e Eunápio, *Lives of the Sophists. Lives of Philosophers*, trad. de Wilmer Cave Wright (Harvard University Press, Cambridge, MA, 2005).

Platão, *Euthyphro, Apology, Crito, Phaedo, Phaedrus*, trad. de Harold North Fowler (Harvard University Press, Cambridge, MA, 1914).

Platão, *The Last Days of Socrates*, trad. de Hugh Tredennick (Penguin, Londres, 1954).

Plotino, *Porphyry on Plotinus. Ennead I*, trad. de A. H. Armstrong (Harvard University Press, Cambridge, MA, 1966).

Plutarco, *Moralia. Index* (Harvard University Press, Cambridge, MA, 2004).

Plutarco, *The Lives of the Noble Grecians and Romans*, trad. de John Dryden, rev. de Arthur Hugh Clough (Modern Library, Nova Iorque, 1992).

Pollock, Frederick, *Spinoza: His Life and Philosophy* (Duckworth, Londres, 1899).

Quincey, Thomas de, *On Murder*, ed. Robert Morrison (Oxford University Press, Oxford, 2006).

Quincey, Thomas de, *The English Mail-Coach and Other Essays* (J. M. Dent & Sons, Londres, 1961).

Ricoeur, Paul, *On Translation*, trad. de Eileen Brennan (Routledge, Londres & Nova Iorque, 2006).

La Rochefoucauld, François de, *Maxims*, trad. de Stuart D. Warner e Stéphane Douard (St. Augustine's Press, South Bend, IN, 2001).

Rogers, Ben, *A. J. Ayer: A Life* (Vintage, Londres, 2000).

Rogow, Arnold A., *Thomas Hobbes. Radical in the Service of Reaction* (W. W. Norton & Company, Nova Iorque & Londres, 1986).

Rosenzweig, Franz, *The Star of Redemption*, trad. de William W. Hallo (Notre Dame Press, Notre Dame, IN, 1985).

Roudinesco, Elisabeth, *Jacques Lacan* (Columbia University Press, Nova Iorque, 1997).

Rousseau, Jean-Jacques, *Reveries of the Solitary Walker*, trad. de Peter France (Penguin, Londres, 2004).

Rowley, Hazel, *Tête-à-Tête: The Tumultuous Lives and Loves of Simone de Beauvoir & Jean-Paul Sartre* (HarperCollins, Nova Iorque, 2005).

Russell, Bertrand, *Why I Am Not a Christian and Other Essays on Religion and Related Subjects*, ed. Paul Edwards (George Allen & Unwin, Londres, 1957).

Rzepka, Charles J., «De Quincey and Kant», *PMLA*, vol. 115, n°. 1 (janeiro de 2000), pp. 93-4.

Safranski, Rüdiger, *Martin Heidegger: Between Good and Evil*, trad. de Ewald Osers (Harvard University Press, Cambridge, MA, 1999).

Sandford, Stella, *How to Read Beauvoir* (Granta Books, Londres, 2006).

Scala, Spencer M. di, «Giovanni Gentile: Una Biografia», *The Journal of Modern History*, vol. 70, n.º 1 (março de 1998), pp. 210-11.

Schilpp, Paul Arthur (org.), *The Philosophy of Rudolf Carnap* (Open Court, La Salle, IL, 1887).

Schopenhauer, Arthur, *On the Suffering of the World*, trad. de R. J. Hollingdale (Penguin, Londres, 2004).

Séneca, *On the Shortness of Life*, trad. de C. D. N. Costa (Penguin, Londres, 1997).

Shapiro, Herman (org.), *Medieval Philosophy. Selected Readings from Augustine to Buridan* (Modern Library, Nova Iorque, 1964).

Espinoza, Baruch de, *Ethics*, trad. de E. Curley (Penguin, Londres, 1996).

Stanley, Thomas, *The History of Philosophy*, 3 vols. (Garland, Nova Iorque & Londres, 1978).

Stevens, Wallace, *The Palm at the End of the Mind* (Vintage, Nova Iorque, 1967).

Stone, I. F., *The Trial of Socrates* (Picador, Londres, 1989).

Stratton, George Malcolm, *Theophrastus and the Greek Physiological Psychology before Aristotle* (George Allen & Unwin, Londres, 1917).

Taylor, M. e D. Lammerts, *Grave Matters* (Reaktion, Londres, 2002).

Tenneman, Gottlieb, *Geschichte der Philosophie*, 11 vols. (Leipzig, 1789–1819).

The Three Impostors, trad. de Alcofribas Nasier, http://www.infidels.org/library/historical/unknown/ three_impostors.html.

Tiedemann, Dietrich, *Geist der spekulativen Philosophie von Thales bis Berkeley*, 6 vols. (Marburgo, 1791–7).

Urvoy, Dominique, *Ibn Rushd (Averroes)* (Routledge, Londres, 1991).

Voltaire, *Miracles and Idolatry*, trad. de Theodore Besterman (Penguin, Londres, 2005).

Ward, Benedicta, *The Sayings of the Desert Fathers* (Mowbray, Londres & Oxford, 1975).

Weil, Simone, *Cahiers*, Volume 3, *Février 1942–Juin 1942, La porte du transcendant*, texto estabelecido e apresentado por Alyette Degrâces, Marie Annette Fourneyron, Florence de Lussy *et al.* (Gallimard, Paris, 2002).

Weinberger, Eliot, «Empedocles and Valmiki», *Fulcrum*, n.º 5 (2006), pp. 33–8.

White, Caroline (trad..), *Early Christian Lives* (Penguin, Londres, 1998).

Wilkes, Johannes, «Friedrich Nietzsche: Die Geschichte seiner Krankengeschichte», *Psychiatrische Praxis*, vol. 27, n.º 3 (abril de 2000), pp. 147–50.

Williams, Rowan, *The Poems of Rowan Williams* (William B. Eerdmans, Grand Rapids, MI, & Cambridge, 2002).

Wolf, A. (org.), *The Oldest Biography of Spinoza* (Kennikat Press, Port Washington, Nova Iorque, & Londres, 1927).

Xenofonte, *Memorabilia & Oeconomicus*, trad. de E. C. Marchant, *Symposium & Apology*, trad. de O. J. Todd (Harvard University Press, Cambridge, MA, 1979).

Yates, Frances A., *The Art of Memory* (Ark, Londres, 1984).

Young-Bruehl, Elisabeth, *Hannah Arendt: For Love of the World* (Yale University Press, New Haven & Londres, 1982).

Zourabichvili, François, *Le vocabulaire de Deleuze* (Ellipses, Paris, 2003).